Schwarze Theologie in Südafrika

Europäische Hochschulschriften

Publications Universitaires Européennes
European University Studies

Reihe XXIII

Theologie

Série XXIII   Series XXIII

Théologie
Theology

Bd./Vol.192

PETER LANG
Frankfurt am Main · Bern

Lucia Scherzberg

Schwarze Theologie in Südafrika

Zum ökumenischen Stellenwert einer kontextuellen Theologie

PETER LANG
Frankfurt am Main · Bern

CIP-Kurztitelaufnahme der Deutschen Bibliothek

Scherzberg, Lucia:

Schwarze Theologie in Südafrika : zum ökumen.
Stellenwert e. kontextuellen Theologie / Lucia
Scherzberg. - Frankfurt am Main ; Bern : Lang,
1982.
  (Europäische Hochschulschriften : Reihe 23,
  Theologie ; Bd. 192)
  ISBN 3-8204-7207-X
NE: Europäische Hochschulschriften / 23

ISSN 0721-3409
ISBN 3-8204-7207-X
©Verlag Peter Lang GmbH, Frankfurt am Main 1982

printed in Germany

Inhaltsverzeichnis

4. Kapitel

THEOLOGIE ZWISCHEN BEFREIUNG UND VERSÖHNUNG - ZUR BEFREIEN-
DEN PRAXIS UND THEOLOGISCHEN REFLEXION EINER 'SCHWARZEN

Vorwort

> Selig, die hungern und dürsten nach der Gerechtigkeit
> denn sie werden satt werden.
> Selig, die Frieden stiften;
> denn sie werden Söhne und Töchter Gottes genannt werden.
>
> (Mt 5,6.9)

Peter Eicher hat in einem Vortrag über 'Die eschatologische
Entsicherung. Theologische Kritik der bürgerlichen Sicher-
heitspolitik' am 6.5.1982 in der Katholischen Studentengemeinde in Münster diese Seligpreisungen der Bergpredigt 'gegen den Strich' gelesen:

> Die satt sind, sind selig darin, zu hungern und zu dürsten nach der
> Gerechtigkeit.
> Die Söhne und Töchter Gottes genannt werden, sind selig darin, Frie-
> den zu stiften.

Die Spannung dieser beiden Lesarten steht für die Schwierig-
keit und die Hoffnung, die den Dialog der Christen der 1. und
3. Welt auszeichnen - in einer prinzipiell friedlosen und ungerechten Welt sind uns Gottes Frieden und Gerechtigkeit gegeben und aufgegeben.

Mit dieser Arbeit möchte ich den Blick schärfen für die realen
Probleme Südafrikas, die Bedrohung des Weltfriedens durch den
sog. Nord-Süd-Konflikt und für die Schwierigkeiten, die die
ökumenische Kommunikation behindern - aber auch der unausrott-
baren Hoffnung auf Gerechtigkeit und Frieden, Einheit der Kirche und Einheit der Menschheit Ausdruck verschaffen.

Danken möchte ich Dr. John May, Prof. Dr. Peter Lengsfeld und
allen Mitarbeitern/-innen des Kath. Ökumenischen Instituts in
Münster, Prof. Dr. Hans Jochen Margull+ und insbesondere Mi-
chael Fischer, der mir geholfen hat, die größten 'technischen'
Hindernisse auf dem Weg zum druckfähigen Manuskript zu überwinden.

Münster, im Mai 1982   Lucia Scherzberg

Einleitung

Die Idee, in der vorliegenden Weise an eine Arbeit über Schwarze Theologie in Südafrika heranzugehen, entstammt einer Dissertation über lateinamerikanische Theologie der Befreiung: Arturo
Blatezky, Sprache des Glaubens in Lateinamerika. Eine Studie zu
Selbstverständnis und Methode der "Theologie der Befreiung".[1]
Die Einteilung in vier Hauptpunkte - in meiner Arbeit identisch
mit den Kapiteln - habe ich im wesentlichen von Blatezky über-
nommen, allerdings an einigen Stellen den südafrikanischen Verhältnissen angepaßt und nicht annähernd so erschöpfend und differenziert ausgeführt wie er. Wie später noch zu zeigen sein
wird, weisen Schwarze Theologie und lateinamerikanische Befrei-
ungstheologie ähnliche Grundstrukturen auf, die es mir ermög-
lichten, Blatezkys methodisches Vorgehen zu rezipieren.
Folgende vier Kapitel bilden das Grundgerüst der Arbeit:

- Theologie aus Schwarzem Bewußtsein - zum Entstehungsort Schwarzer Theologie
- Theologie zwischen Kontextualität und Universalität - zum Theologieverständnis in Schwarzer Theologie
- Theologie und die Wahrnehmung gesellschaftlicher Konflikte - Gesellschaftsanalyse als Basis Schwarzer Theologie?
- Theologie zwischen Befreiung und Versöhnung - zur befreienden Praxis
  und theologischen Reflexion einer 'Schwarzen Kirche'

Das erste Kapitel fragt nach einem Befreiungsbewußtsein innerhalb der südafrikanischen Gesellschaft, dem Schwarze Theologie
ihre Entstehung verdankt. Faßbar wird dieses Befreiungsbewußtsein in der Black Consciousness-Bewegung (Bewegung des Schwarzen Bewußtseins) im Südafrika der späten 60er und der 70er Jahre.
Schwarzes Bewußtsein soll als eine Geisteshaltung und als eine
soziale Realität in Form einer organisierten Bewegung dargestellt, sein Verhältnis zu weißer Vorherrschaft und sein Einfluß auf Schwarze Theologie herausgearbeitet werden.

---

[1] vgl. A. Blatezky, Sprache des Glaubens in Lateinamerika. Eine Studie zu
Selbstverständnis und Methode der "Theologie der Befreiung", Frankfurt/M-
Bern 1978

Das Selbstverständnis Schwarzer Theologie als einer Theologie
der Befreiung, das aus der Erfahrung des Schwarzseins und
Schwarzem Bewußtsein erwächst, kommt im zweiten Kapitel zur
Sprache. Mit aller Vorsicht kann hier von einer fundamental-
theologischen Fragestellung gesprochen werden, insofern die Erörterung des Selbstverständnisses die Frage nach der Grundlegung Schwarzer Theologie impliziert.
Die Konzentration auf das Thema der Befreiung, das sich im Got-
tesbild, im Begreifen der Person Jesu und des Evangeliums entfaltet, und die afrikanische Prägung Schwarzer Theologie werden in ihrer Funktion für das Verständnis von Theologietreiben
untersucht. So kommt dem zweiten Kapitel in bezug auf Methode
und Inhalte Schwarzer Theologie gewissermaßen ein programmati-
scher Charakter zu.

Als Grundlage einer theologischen Reflexion des Handelns der
Kirche in der Gesellschaft gilt - so das zweite Kapitel - eine
sozialwissenschaftliche Analyse der südafrikanischen Situation.
Das dritte Kapitel versucht nun herauszuarbeiten, in welcher
Weise Schwarze Theologen dieser selbstgestellten Forderung entsprechen, d.h. wie sie die gesellschaftlichen Konflikte wahr-
nehmen und beurteilen. Die Schwierigkeiten, die sich für mich
aus diesem Vorhaben ergaben, habe ich in der Einleitung des Kapitels angesprochen.

Das Handeln der Kirche in der Gesellschaft und dessen theologische Reflexion bestimmen den Inhalt des vierten Kapitels. Südafrikas Christen stehen vor der Aufgabe von Befreiung und Versöhnung in ihrem Land und suchen sie zu bewältigen in und mittels einer befreienden Praxis, einer bekennenden Kirche und einer Theologie des Kreuzes. Im Vergleich zum zweiten Kapitel
kann, wiederum mit aller Vorsicht, gesagt werden, daß hier eher
dogmatische und sozialethische Fragen statt fundamentaltheologi-
scher im Vordergrund stehen.

Mein Erkenntnisinteresse in dieser Arbeit besteht nicht nur in
der Erfassung wesentlicher Inhalte und Aussagen Schwarzer Theologie, sondern auch in der Erörterung des ökumenischen Stellen-

wertes einer solchen Theologie, die sich den 'wirklichen Menschen' einer konkreten Gesellschaft verpflichtet weiß. So weist
jedes Kapitel einen Abschnitt auf, dessen Gewicht auf der Darstellung Schwarzer Theologie und Schwarzen Bewußtseins liegt,
und einen zweiten, der die Ergebnisse des vorangegangenen in
einem Reflexionsschritt auf ihre ökumenische Bedeutung hin be-
fragt.

Die Auswahl der Texte Schwarzer Theologen orientierte sich recht
pragmatisch am Kriterium der Zugänglichkeit. Im wesentlichen habe ich Texte der reformierten bzw. lutherischen Theologen
Allan Boesak und Manas Buthelezi herangezogen, sowie in gerin-
gerem Maße solche der anglikanischen bzw. kongregationalisti-
schen Theologen Desmond Tutu und Bonganjalo Goba. Kurze Bemer-
kungen zur Person finden sich im Anhang.

Auch wenn zum Zweck der Vereinfachung zuvor pauschal von
Schwarzer Theologie und Schwarzen Theologen gesprochen wurde,
möchte ich von Anfang an dem Mißverständnis wehren, es gebe
die Schwarze Theologie als ein einheitliches System theologischer Aussagen. Der Grundduktus der Arbeit folgt dem Gang der
theologischen Reflexion Allan Boesaks. Dennoch glaube ich, dem
theologischen Denken der anderen keine Gewalt angetan zu haben,
da ich mich nach Kräften bemüht habe, gemeinsame Grundaussa-
gen und verschiedene Akzentsetzungen hervortreten zu lassen.
Wenn mir dies gelungen ist, halte ich allein schon die Ge-
meinsamkeit der vier unterschiedlichen Theologen auf der
Ebene des Theologieverständnisses und theologischer Reflexion
für eine eindrucksvolle Manifestation einer über die Konfes-
sionsgrenzen reichenden gemeinsamen Betroffenheit und theologischen Aussagefähigkeit.

1. Kapitel

THEOLOGIE AUS SCHWARZEM BEWUSSTSEIN - ZUM ENTSTEHUNGSORT
SCHWARZER THEOLOGIE

"Schwarzes Bewußtsein kann beschrieben werden als ein Gewahrwerden der
Schwarzen, daß ihr Schwarzsein ihr Menschsein ausmacht."[1]

Wer sich mit Schwarzer Theologie in Südafrika beschäftigen will,
wird nicht umhin können, sich mit dem Phänomen der Bewegung des
Schwarzen Bewußtseins auseinanderzusetzen, das an der Wiege
Schwarzer Theologie stand. Wie noch zu zeigen sein wird, betrachten Schwarze Theologen ihre Theologie als einen Teil der
Bewegung des Schwarzen Bewußtseins - jenen Teil, der Gott und
die christlichen Werte mit der Situation der Schwarzen in Südafrika in Beziehung setzt.
Schwarzes Bewußtsein wurzelt in der Erfahrung der Situation des
Schwarzseins in Südafrika mit allen ihren Konsequenzen. So verstanden ist Schwarzsein mehr als eine Hautfarbe.
Im folgenden gilt es, die Bewegung des Schwarzen Bewußtseins
in ihren historischen Wurzeln und ihrer Bedeutung für das Südafrika der Gegenwart wenigstens ansatzhaft zu umreißen. Das
bedeutet im einzelnen, die zentralen Ideen Schwarzen Bewußtseins zu erläutern (1.1) ebenso wie die soziale Wirklichkeit
der Bewegung in Form von politischen Leitideen, Strategien, Organisationen und Ereignissen im Kontext der schwarzen Widerstandstradition Südafrikas (1.2).
Schwarzes Bewußtsein impliziert eine Veränderung in der Beurteilung 'weißer' Politik sowie in der Haltung gegenüber weißen Menschen (1.3).
Für unser Thema besonders interessant ist die Frage nach den
Auswirkungen Schwarzen Bewußtseins auf Kirche(n) und Christentum in Südafrika, konkret in der Entstehung einer Schwarzen
Theologie (1.4).

---

[1] A. Boesak, Unschuld, die schuldig macht. Eine sozialethische Studie über
Schwarze Theologie und Schwarze Macht, Hamburg 1977, 1

Abschnitt 2 stellt das Problem des Rassismus in Südafrika in einen weltweiten Zusammenhang. Rassismus birgt ein Spaltungspoten-
tial in sich, das sowohl die Einheit der Menschheit als auch die
Einheit der Kirche verhindert, letzteres insofern, als die ohnehin schon gespaltene Kirche Jesu Christi auch 'Farbgrenzen'
quer durch die Konfessionen hindurch aufweist. So deutet bereits die Reflexion des Entstehungsortes Schwarzer Theologie
hin auf die Spannung zwischen Situationsgebundenheit und 'ökumenischer Reichweite', in der sie sich befindet.

1.   Die Bewegung des Schwarzen Bewußtseins (Black Con-
      sciousness) in Südafrika

1.1   Die Erfahrung des Schwarzseins

1.1.1 ... mehr als eine Hautfarbe

Die Aussage, 'schwarz' sei mehr als eine Hautfarbe, hat zumeist
einen doppelten Klang: einerseits meint Schwarzsein eine Existenz am Rande, andererseits ein neues Bewußtsein des eigenen
Wertes.[2] Zur Verdeutlichung dieses Doppelklanges möchte ich ein
Gedicht von Stanley Motjuwadi, einem schwarzen südafrikanischen
Dichter, zitieren, das in den Jahren zwischen 1968 und 1973 entstanden ist, zeitlich gesehen also an der Wiege der Bewegung
des Schwarzen Bewußtseins bzw. ihrer beginnenden Konsolidierung.
Die Interpretation dieses Gedichtes kann Aufschluß geben über
einige zentrale Aspekte Schwarzen Bewußtseins, insbesondere
dann, wenn man sie in Beziehung setzt zu Aussagen anderer dies-

---

[2] vgl. Boesak, Unschuld 31-33; A. Small, Schwarzsein gegen den Nihilismus:
Eine Zurückweisung des schwarzen Rassismus, in: B. Moore (Hg.), Schwarze
Theologie in Afrika, Göttingen 1973, 24f; M. Buthelezi, Ansätze afrika-
nischer Theologie im Kontext von Kirche in Südafrika, in: I. Tödt (Hg.),
Theologie im Konfliktfeld Südafrika, Stuttgart-München 1976, 129, 132;
St. Biko, I write what I like, hg. v. A. Stubbs C.R., London u.a. 1979,
24f, 48f; G. Albrecht, Soweto oder Der Aufstand der Vorstädte, Reinbek
1977, 232-235

bezüglicher Texte und Informationen über Südafrika.

White Lies

Humming Maggie.
Hit by a virus,
the Caucasian Craze,
sees horror in the mirror.
Frantic and dutifully
she corrodes a sooty face,
braves a hot iron comb
on a shrubby scalp.
I look on.

I know pure white,
a white heart,
white, peace, ultimate virtue.
Angels are white
angels are good.
Me I'm black,
black as sin stuffed in a snuff-tin.
Lord, I've been brainwhitewashed.

But for Heaven's sake God,
just let me be.
Under cover of my darkness
let me crusade.
On a canvas stretching from here
to Dallas, Memphis, Belsen, Golgotha,
I'll daub a white devil.
Let me teach black truth.
That dark clouds aren't a sign of doom,
but hope. Rain. Life.
Let me unleash a volty bolt of black,
so all around may know black right.[3]

Die schwarze Frau in diesem Gedicht entsetzt sich vor ihrem Spiegelbild - ihrer schwarzen Haut und ihrem krausen Haar. Mit allen Mitteln versucht sie, sich dieser Identitätsmerkmale zu entledigen, befallen von dem Wahn, so 'hell', d.h. so weiß wie möglich zu werden ("the Caucasian Craze"). Wohl wissend um das Selbstzerstörerische dieses Wahns, denkt das Subjekt des Gedichtes, mit dem der Dichter sich sicherlich identifiziert, trotzdem ebenso in den alten Kategorien von schwarz und weiß. Zu weiß assoziiert man Reinheit ("I know pure white"), Licht,

---

[3] St. Motjuwadi, White Lies, in: R. Royston (Hg.), Black Poets in South Africa, London u.a. ²1978, 12

Engel ("Angels are white"), Unschuldigsein, Rechtschaffensein
("angels are good") - zu schwarz Dunkelheit, Ruß ("sooty"),
Schmutz, Illegalität, Schlechtigkeit ("black as sin"). Weißsein ist nahezu identisch mit 'Wertvoll-Sein' ("ultimate virtue"). Alles andere erhält seinen Wert nur gemessen an seiner
Annäherung an weiß. Dieser Maßstab ist von Schwarzen so ver-
innerlicht worden, daß sie ihn trotz seiner selbstzerstöreri-
schen Wirkung als ihren eigenen angenommen haben - "I've been
brainwhitewashed". Der Aspekt der Selbstzerstörung ist im Anklang an Gehirnwäsche enthalten, der Aspekt des Akzeptierens
im Anklang an 'to whitewash = tünchen' - Übertünchen, Weißen
des eigenen Schwarzseins.

An dieser Stelle bleibt zu verdeutlichen, wie diese inneren
Haltungen und sprachlichen Artikulationen die gesellschaftliche Situation schwarzer Menschen in Südafrika reflektieren.
Schwarzsein bestimmt die ganze Existenz, angefangen bei der Zu-
weisung bestimmter Orte als Lebensraum bis hin zum alltägli-
chen Umgang mit anderen Menschen. Erziehung und Bildung, Ehe-
schließung, Einkommen und Arbeitsverhältnisse, Wohnungssitua-
tion, medizinische Versorgung etc. werden von der Hautfarbe
bestimmt.[4] Schwarzsein bedeutet, als Angehöriger einer Mehrheit von ca. 19 Mio Schwarzen gegenüber einer Minderheit von
ca. 4,5 Mio Weißen[5] Bürger zweiter Klasse ohne politische Rechte zu sein. Es bedeutet, oft unter dem Existenzminimum leben
zu müssen, für viele, an Unterernährung zu sterben in einem
Land, das 1980 mit 7% eine der höchsten Wachstumsraten der
Welt vorweisen konnte:

---

[4] vgl. Boesak, Unschuld 31, 66; Buthelezi, Ansätze 131; ders., Eine afrikanische oder eine Schwarze Theologie, in: Moore, Schwarze Theologie 46f;
ders., Die Bedeutsamkeit der Schwarzen Theologie, in: Arnoldshainer Protokolle 6, 1978: Rassismus in Deutschland, 64f; D. Tutu, Versöhnung ist
unteilbar, Wuppertal 1977, 52

[5] Eine Bevölkerungsstatistik befindet sich in Anm. 14 im 3. Kapitel

A. Braun berichtet, daß nach Schätzungen im Winter 1980 in Südafrika in
den sogenannten Homelands ca. 50 000 Kinder gestorben sind. Die Sterblich-
keitsrate liegt dort bei 240 von 1000 Menschen (im Niger, einem der ärm-
sten Länder der Welt, sind es 200). Bei den Weißen sterben von 1000 Menschen 9, meist an Krankheiten, die im Zusammenhang mit Überernährung stehen.[6]

Weißsein ist unter diesen Umständen gleichbedeutend mit einem
besseren ökonomischen und politischen Status, mit besserer Erziehung und Bildung, besseren Wohnverhältnissen, kurz: gleichbedeutend mit 'Besser-als-schwarz-Sein'. Entsprechend weist die
südafrikanische Sprachregelung den Schwarzen die Bezeichnung
'Nicht-Weiße' (non-whites, Nie-Blankes) zu.

Schwarzes Bewußtsein setzt genau an dem Punkt an, an dem Schwarze die Identifizierung von Weiß- und Wertvollsein und damit ihre
eigene Minderwertigkeit akzeptiert haben. Eingedenk des wahren
Gehalts des Satzes, daß der größte Verbündete des Unterdrückers
der Geist der Unterdrückten ist[7], bedeutet Schwarzes Bewußtsein,
den Inferioritätskomplex, die Sklavenmentalität abzustreifen.
Schwarze realisieren ihren Wert aus sich selbst heraus, nicht
in der Ausrichtung auf Weiße.

> "It (Black Consciousness; LS) is a manifestation of a new realization
> that by seeking to run away from themselves and to emulate the white
> man, blacks are insulting the intelligence of whoever created them
> black."[8]

Schwarzes Bewußtsein ist zunächst ein nach innen gerichteter
Prozeß, in dessen Verlauf Schwarze erkennen, daß nicht sie das
Problem sind, sondern der weiße Rassismus, daß ihr Elend nicht
auf das eigene subjektive Versagen zurückgeführt werden kann,
sondern auf die Unterdrückung durch Weiße. Anders ausgedrückt
gilt es zu erkennen, daß historische Strukturen der Unterdrük-
kung nicht gottgewollt, sondern von Menschen geschaffen, d.h.

---

[6] vgl. A. Braun, Die hungrigen Massen in den Homelands. Dürre und eine verfehlte Wirtschaftspolitik führen in Südafrika zum Massensterben, in: FR
vom 6.10.1980

[7] vgl. Boesak, Unschuld 6; Biko, I write 68

prinzipiell veränderbar sind.

Aus diesen Erkenntnissen resultiert ein neues Verhältnis zur
eigenen Kultur und Geschichte, die bisher nur ein Gegenstand
der Verachtung waren, ebenso wie ein neues Verständnis von der
Wichtigkeit politischen Handelns und der eigenen Verantwortlichkeit für die (politische) Zukunft Südafrikas.[9]

Sich um die eigene Geschichte kümmern heißt aufzuräumen mit dem
Unsinn, daß in Südafrika die Geschichte erst mit dem Jahr 1652
begonnen hat, heißt die weiße Geschichte als eine 'Siegerge-
schichte', die die Opfer verschüttet hat, zu entlarven - in der
Sprache des Gedichtes: auf eine Leinwand, die sich von Südafrika bis Dallas (Ermordung John F. Kennedys), Memphis (Ermordung
Martin Luther Kings), Bergen-Belsen und Golgotha erstreckt, einen weißen Teufel klatschen, schwarze Wahrheit lehren, statt
weißer Lügen.

Mit der neuen Sicht der Geschichte verbindet sich eng eine neue
Achtung der eigenen Kultur. Förderung schwarzer Kultur sowie die
Analyse der Auswirkungen der Kolonisierung strafen die weiße
Behauptung schwarzer Barbarei Lügen und können aufzeigen, daß
zentrale Auffassungen schwarzer Kultur trotz aller Verzerrungen
bis heute wirksam geblieben sind - z.B. die Vorstellung von der
Ganzheit des Lebens und darin eingeschlossen die Hochschätzung
menschlicher Beziehungen. Aus diesen seelischen Kraftquellen
können Schwarze eine ungeheuere Stärke entwickeln.[10]

---

[8] Biko, I write 49

[9] vgl. zum vorhergehenden Abschnitt Boesak, Unschuld 6, 75, 164; Biko, I
write 23, 29f, 50, 95; Albrecht, Soweto 232f; A. Boesak, Coming in out of
the Wilderness, in: S. Torres/V. Fabella (Hg.), The Emergent Gospel, New
York 1978, 80f; M. Buthelezi, The Christian Presence in Today's South Africa, in: JThSA (1976) H. 16, 7

[10] vgl. St. Biko, Schwarzes Bewußtsein und die Suche nach wahrer Humanität,
in: Moore, Schwarze Theologie 60f; Small, Schwarzsein 29; Black People's
Convention. Programmatische Erklärungen, in: Dokumente der südafrikanischen
Befreiungsbewegung von 1943-1976, Bonn: ISSA 1977, 225; M. Buthelezi, Wahre Humanität in theologischer Sicht, in: Moore, Schwarze Theologie 117-119

So gesehen ist Schwarzsein wirklich eine Geisteshaltung, Schwarzes Bewußtsein ein Weg des schwarzen Menschen zu sich selbst. "Und am Ende steht, daß er von niemandem den Versuch dulden kann, die Bedeutung seines Menschseins zu schmälern."[11]
Befreiung zu sich selbst oder innere Befreiung kann folglich nicht getrennt werden von äußerer, physischer Befreiung, ohne zu einer imaginierten Freiheit zu werden. Das neue Selbstbewußtsein der Schwarzen ist eine Bedrohung für den Status quo, alleine schon dadurch, daß es den Wahn der Minderwertigkeit durchbrochen hat, dessen Anerkennung die Rechtfertigung für die Unterdrückung war.[12] Äußere Befreiung aber erfordert politisches Handeln, Organisierung und politische Programme (s. 1.2).

1.1.2 Schwarze Solidarität

Schwarzes Bewußtsein impliziert die Solidarität aller schwarzen Menschen als Voraussetzung für die psychische und physische Befreiung.[13] Das Bewußtsein des eigenen Wertes, die Versöhnung mit dem eigenen schwarzen Selbst führt zur Versöhnung mit den schwarzen Brüdern und Schwestern. Alle ethnischen Gruppen Südafrikas sind zur Gemeinschaft der Unterdrückten aufgerufen, gemeint sind Coloureds, Inder und Schwarzafrikaner der verschiedenen Stämme. Nach dem 'Population Registration Act' von 1950 wird jeder Bürger Südafrikas formell durch ein Amt für Rassenklassifizierung einer rassischen Gruppe zugeteilt. Als Angehörige verschiedener Rassen gelten Weiße, Asiaten, Farbige (Coloureds/Kleurlinge)

---

[11] Biko, Schwarzes Bewußtsein 56

[12] vgl. Biko, I write 49; Buthelezi, Christian Presence 7f; Albrecht, Soweto 235; Das politische Manifest der SASO (1972) und Konvent des Schwarzen Volkes. Verfassung, in: Dokumente 215 bzw. 220; E. Runge, Südafrika - Rassendiktatur zwischen Elend und Widerstand, Reinbek 1974, 136

[13] vgl. zum gesamten Abschnitt Biko, I write 4f, 48f; Boesak, Unschuld 33; ders., Coming in 80; ders., Liberation Theology in South Africa, in: K. Appiah-Kubi/S. Torres (Hg.), African Theology en route, New York 1979, 172; Albrecht, Soweto 231; Dokumente 224; Tutu, Versöhnung 17f

und Bantu[14].

Schwarzes Bewußtsein läßt diese verschiedenen Gruppen ihre
Identität nicht mehr an ihrer gegenseitigen Abgrenzung nach
Helligkeitsgraden, d.h. ihrer Annäherung an Weißsein festma-
chen, sondern an ihrem gemeinsamen Schwarzsein.

Aus dem 'Politischen Manifest' der South African Students'
Organization (SASO) von 1972:

> "Wir definieren 'Schwarze' als die Gruppe von Menschen, die in der Ge-
> sellschaft Südafrikas durch Gesetz und Tradition politisch, wirt-
> schaftlich und gesellschaftlich diskriminiert werden und sich zu ei-
> ner Gemeinschaft im Kampf um die Durchsetzung ihrer Ziele zusammen-
> tun. ...
> Das Konzept von Black Consciousness lehrt die Schwarzen, sich ihrer
> Macht bewußt zu werden. Darum sind Gruppenbewußtsein und Solidarität
> wichtige Aspekte der Black Consciousness."[15]

Indem Schwarze ihre Macht als geeinte Gruppe entdecken, entschärfen sie ein wichtiges Herrschaftsinstrument der weißen
Regierung. Nach dem Konzept 'divide et impera' war eine Soli-
darisierung der verschiedenen ethnischen Gruppen bisher immer
wirksam verhindert worden. Rechte und Privilegien werden
streng nach Hautfarbe abgestuft verteilt - Coloureds besitzen
einige Vorrechte vor Schwarzafrikanern, z.B. das Recht auf
Haus- und Grundbesitz im 'weißen' Gebiet. Für sie bedeutet nun
Schwarze Solidarität einerseits Zurückweisung von Privilegien,
andererseits aber auch Auflösung ihres Minderheitenstatus'
durch ihre Zugehörigkeit zur schwarzen Mehrheit.[16]

---

[14] vgl. Th. Hanf/H. Weiland/G. Vierdag, Südafrika: Friedlicher Wandel? Möglichkeiten demokratischer Konfliktregelung - Eine empirische Untersuchung, München-Mainz 1978, 24. Der Begriff 'Schwarze' wird im folgenden
im Sinne Schwarzen Bewußtseins gemeinsam für Asiaten (Inder), Coloureds
und Schwarzafrikaner verwandt; für die einzelnen Gruppen stehen die
eben genannten Begriffe.

[15] Dokumente 215, 216

[16] vgl. Boesak, Liberation 172 sowie R. Weiss (Hg.), Frauen gegen Apartheid, Reinbek 1980, 131: Interview mit Fatima Meer, der ersten Präsidentin der 1975 gegründeten Black Women's Federation

Der Weg, den Schwarzes Bewußtsein zur Befreiung der schwarzen
Bevölkerung einschlägt, ist kein Weg für Weiße. Weit davon
entfernt, um die Anerkennung der Weißen zu buhlen oder noch
länger eine weiße Vertretung schwarzer Interessen - etwa durch
die liberalen Gruppierungen im Parlament - für sinnvoll zu halten[17], haben Schwarze erkannt, daß nicht sie das Problem sind,
sondern der weiße Rassismus.
Dieser Rassismus ist nicht nur im Konzept der Apartheid institutionalisiert, er bestimmt nicht nur die gesamte Existenz der
Schwarzen, sondern auch die der Weißen. Die Erfahrung des
Schwarzseins ist für Weiße nicht nachvollziehbar. Alle Weißen,
ungeachtet ihrer Gesinnung, profitieren vom südafrikanischen
Gesellschaftssystem. So scheiden sie als Bündnispartner in der
Befreiungsbewegung zunächst aus.[18]
Den Vorwurf, Schwarzes Bewußtsein müsse deshalb als Rassismus
unter umgekehrten Vorzeichen bezeichnet werden, weisen dessen
Vertreter sowie Schwarze Theologen einmütig zurück. Niemand
bestreitet den Weißen das Recht, in Südafrika zu leben - ebenso werden sie in einer neuen demokratischen, nicht mehr rassenorientierten Gesellschaft gleichberechtigte Bürger sein.[19]
Ein gleichberechtigtes Miteinander von Schwarzen und Weißen
aber ist ein Ziel, nicht schon erfahrene Realität. In dialek-
tischen Kategorien gesprochen, kann in der Apartheidgesell-

---

[17] vgl. hierzu die ausführliche Darstellung dieses Problems in 1.3 in diesem Kapitel

[18] vgl. Biko, I write 10-12, 19-26, 61-72; Boesak, Unschuld 34f; Dokumente
216, 220; Albrecht, Soweto 228, 237; Runge, Südafrika 140

[19] In den mir zugänglichen Dokumenten der Bewegung wird Südafrika als ein
Land betrachtet, in dem Schwarze und Weiße gleichberechtigt miteinander leben sollen, so z.B. im Politischen Manifest der SASO, in der Verfassung des Konvents des Schwarzen Volkes, in der Black Renaissance
Convention, in den Programmatischen Erklärungen des o.g. Konventes,
alle in: Dokumente 215, 221, 223, 226 sowie in Resolutionen der Grün-
dungstagung der Black Women's Federation, in: Weiss, Frauen 126;
vgl. ebenfalls Boesak, Unschuld 117-144; Small, Schwarzsein 25

schaft, in der der weiße Rassismus die (mächtige) These darstellt, die wirkungsvolle Antithese nur eine starke Solidarität der Schwarzen sein. Ein Zusammenleben von Schwarz und Weiß
in Frieden ist nur möglich, wenn aus These und Antithese in
langem Ringen eine Synthese entstanden ist.[20] In der Formulierung Allan Boesaks:

> "Schwarze wissen mit realistischer Klarheit, daß ein Weißer nicht Bru-
> der sein kann, solange er Unterdrücker ist."[21]

Der Weg zu einem Zusammenleben in Frieden ist eine wirkliche
Umkehr (metanoia), in deren Prozeß Schwarze mit sich selbst
versöhnt werden, und Weiße, ebenfalls mit sich selbst versöhnt, in dem Schwarzsein der anderen deren Menschsein aner-
kennen. Schwarzes Bewußtsein versteht sich also als ein Weg zum
Ziel, nicht schon als Lösung.
Aus diesen Gründen lehnen Vertreter des Schwarzen Bewußtseins,
wie z.B. Steve Biko eine forcierte Integration Schwarzer in
die südafrikanische Gesellschaft ab, wie sie etwa von den op-
positionellen Parteien vertreten wird. Sie betrachten eine solche Integration lediglich als eine Anpassung Schwarzer an eine
in allen wesentlichen Punkten - Politik, Wirtschaft, Kultur,
Normen und Werte etc. - von Weißen bestimmte und geprägte Gesellschaft. Integration in diesem Verständnis ist eine Ein-
bahnstraße - Schwarze werden in die weiße Gesellschaft inte-
griert, niemals Weiße in eine schwarze.[22]
Im Sinne Schwarzen Bewußtseins meint Integration das Recht aller Mitglieder einer Gesellschaft zur vollen Entfaltung ihrer
Persönlichkeit und die Partizipation am Aufbau einer gemeinsamen Kultur. Allerdings wird eine solche Kultur in ihren Grund-
zügen von der Mehrheit in einer Gesellschaft bestimmt sein -
d.h. in einem Land in Afrika, dessen Einwohner mehrheitlich
Afrikaner sind, wird die Kultur unausweichlich von afrikanischen Werten geprägt sein.

---

[20]vgl. Biko, I write 51; ders., Schwarzes Bewußtsein 53; Albrecht, Soweto
231f

- 14 -

Schwarze Solidarität endet nicht an den südafrikanischen Grenzen.[23] Sie weist hin auf den gemeinsamen Befreiungskampf aller
versklavten und kolonisierten Völker. Schwarzes Bewußtsein als
Bewußtsein des eigenen Wertes ist alles andere als ein Hemm-
schuh zur Verwirklichung dieser Solidarität. In Anlehnung an
Frantz Fanon formuliert Steve Biko dies so, daß im Gegenteil
ein nationales Bewußtsein, das nicht zu verwechseln ist mit Nationalismus, der Bewegung ihre internationale Dimension ver-
leiht. In Abschnitt 1.3.2 werden noch die Implikationen dieser
die Grenzen überschreitenden Solidarität für das Verhältnis zu
den Weißen zu erörtern sein.

1.2   Schwarzes Bewußtsein als soziale Realität

Im folgenden wird danach zu fragen sein, in welcher Weise die
Bewegung des Schwarzen Bewußtseins gesellschaftliche Wirklichkeit geworden ist, m.a.W. wie sie sich in den Kontext der südafrikanischen Widerstandstradition einordnet und wie in die politische Opposition der Gegenwart, welche Organisationsformen
sie angenommen und wie sie sich in Ereignissen wie den Unruhen
in Soweto ausgewirkt hat.

1.2.1 Politische Leitideen und Strategien im Kontext der Wi-
       derstandstradition in Südafrika

Theodor Hanf u.a. haben in ihrer Untersuchung über die Möglichkeiten eines friedlichen Wandels der südafrikanischen Gesellschaft innerhalb der schwarzen Widerstandstradition drei unterschiedliche Typen historischer Erfahrung ausgemacht, die weitgehend verschiedenen politischen Leitideen, Strategien und Organisationsformen heutiger schwarzer Politik entsprechen.[24]

---

[21] Boesak, Unschuld 35

[22] vgl. Biko, I write 24; Dokumente 217; Albrecht, Soweto 231f

[23] vgl. Biko, I write 49f, 71f; Boesak, Unschuld 33

[24] vgl. Hanf, Südafrika 255-294

Sie nennen als erste die "Erfahrung der Unterwerfung"[25] unter
eine fest etablierte weiße Herrschaft, so z.B. in den früheren
Burenrepubliken Transvaal und Oranje-Freistaat, in denen Schwarze de facto Leibeigene weißer Farmer waren.

In anderen Gebieten des Landes, in der alten Kapkolonie, konnte
man die "Erfahrung des Aufstiegs zur politischen Gleichberechtigung" finden. Relativ liberale britische Politik führte zu
einem qualifizierten Wahlrecht. Um die Jahrhundertwende galten
'zivilisierte' Schwarze, d.h. solche mit Eigentum und Bildung,
als gleichberechtigte Bürger, wobei mit dem wachsenden Einfluß
der Schwarzen die Kriterien verschärft wurden.

Eine dritte Erfahrung ist "die des Aufbaus machtvoller schwarzer Nationen und Staaten"[26]. Diese Staaten, deren bedeutendster
sicherlich das Zulu-Reich unter König Shaka war, setzten dem
weißen imperialen Herrschaftsanspruch einen so erbitterten militärischen Widerstand entgegen, daß ihre Macht z.T. erst nach
jahrzehntelangen Kämpfen gebrochen wurde (das Zulu-Reich wurde
erst 1879 durch die englische Kolonialmacht zerstört; 1906 gab
es noch einmal einen blutig niedergeschlagenen Aufstand der
Zulus).

Die heutige schwarze Bevölkerung der Städte muß aufgrund ihrer
Zusammensetzung vor allen drei historischen 'Erfahrungshinter-
gründen' gesehen werden.

Die drei korrespondierenden politischen Leitideen lassen sich
eigentlich erst in jüngerer Zeit voneinander isolieren, genauer: seit der Vernichtung des organisierten schwarzen Widerstandes zum Beginn der 60er Jahre und der forcierten Propagie-
rung der Homeland-Politik.[27] Zuvor verband alle schwarzen oppo-

---

[25] auch zum folgenden Zitat: a.a.O. 257

[26] a.a.O. 258

[27] Die sog. 'Homelands', auch 'Bantustans' genannt, sind als Kern der Apartheidpolitik zu bezeichnen. Sie repräsentieren die 'getrennte Entwicklung'
im Makrobereich. Schwarzafrikaner dürfen nur in den ihnen zugewiesenen Reservaten Land besitzen. Jeder ethnischen Gruppe ist ein bestimmtes Gebiet

- 16 -

sitionellen Gruppen zumindest die Leitidee einer geeinten südafrikanischen Nation mit gleichen Rechten und Pflichten für alle
Bürger.

a) Die wenn auch widerwillige "Akzeptierung der Homelandpolitik"[28] durch einige schwarze politische Führer, die sich mit der
geplanten Unabhängigkeit der Homelands tendenziell einverstan-
den erklären, wurzelt in der Erfahrung der Unterwerfung. Die
Akzeptierung ist als Tribut an die burische Macht und als Ausdruck schwarzer Unterlegenheit anzusehen.

b) Die Leitidee des einigen, demokratischen und vielrassischen
Südafrika ist im politischen Denken immer noch virulent. In der
langen Tradition dieser Idee haben sich verschiedene Variationen
mit unterschiedlichen organisatorischen Formen herausgebildet.

Der Tendenz nach lassen sich drei Strömungen unterscheiden,
die von 1912 bis 1959 innerhalb einer Organisation, des African
National Congress (ANC), neben- und gegeneinander existierten:
eine christlich geprägte liberal-demokratische, eine marxisti-
sche und eine afrikanisch-nationalistische Richtung.
Durch die Verschlechterung der Ausgangsposition des Kampfes für
ein geeintes Südafrika (Entzug des Wahlrechts für Schwarze auch
in der Kapkolonie, Vorantreibung der Segregationspolitik) und
den stärker werdenen Einfluß der südafrikanischen Kommunisti-

---

zugeteilt.
Alle Homelands zusammen umfassen lediglich 13,7% der Fläche Südafrikas.
Die Regierung in Pretoria hat vorgesehen, die Homelands nach und nach in
die 'Unabhängigkeit' zu entlassen - eine Unabhängigkeit, die aufgrund völ-
liger finanzieller Abhängigkeit vom weißen Südafrika nur auf dem Papier
steht.
Nach der 'Bantu Homelands Citizenship Bill' gilt jeder Schwarzafrikaner,
unabhängig von seinem tatsächlichen Wohnort als Bürger eines dieser Gebiete und ist dort wahlberechtigt, wenn er über 21 Jahre alt ist.
Praktisch ist diese Politik der 'Makro-Apartheid' nicht durchführbar, da
die weißen Städte unabdingbar auf die Arbeitskraft der Schwarzen angewiesen und die Homelands nicht in der Lage sind, eine solche Menge von Menschen zu ernähren. Vgl. Tödt, Theologie 258; Weiss, Frauen 149f

[28] Hanf, Südafrika 259

schen Partei veränderten sich die politischen Ziele des ANC in
den vierziger und schließlich den fünfziger Jahren von der Aus-
weitung des qualifizierten Wahlrechts hin zur vollen politischen Gleichberechtigung; von der Abschaffung der Rassen-
schranke in Wirtschaft und Arbeit zur Anerkennung schwarzer Gewerkschaften, Abschaffung der Diskriminierung in Beruf und
Wirtschaft, Verbesserung des Wohlfahrtswesens etc. bis hin zur
Verstaatlichung der Industrie, zur Umverteilung von Reichtum und
zur nicht rassenorientierten Neuverteilung von Land.[29]
Gleichzeitig mit der marxistischen wuchs die afrikanisch-nationalistische Strömung seit den späten 40er Jahren an. Sie fand
ihr Sprachrohr hauptsächlich in der 'Youth-League' des ANC, die
sich 1959 als Pan Africanist Congress (PAC) vom ANC abspaltete.
Wichtig ist dieser Richtung die psychische Emanzipation der
Schwarzen sowie die Hochschätzung traditionaler afrikanischer
Kultur und die Unterstreichung ihrer sozialistischen Züge.[30]

Am 8. April 1960 wurden beide Organisationen verboten und in
der Folge zahlreiche ihrer Führer und Anhänger verhaftet. Seit-
dem arbeiten sie im Exil weiter - der ANC hat im Sommer 1980
nun auch ein Büro in der BRD eingerichtet (s. Anm. 38).
Durch die Zerschlagung der schwarzen Opposition konnte die Leitidee des einigen, vielrassischen Südafrika erst gegen Ende der
60er Jahre wieder in einer organisierten Form zum Ausdruck kommen - in der Bewegung des Schwarzen Bewußtseins. Zentrale Ideen
der beiden alten Bewegungen sind in ihr ausgeprägt: sowohl die
Betonung traditional-afrikanischer Kultur als auch z.B. die Ver-

---

[29] vgl. Hanf, Südafrika 260f sowie Die Forderungen der Afrikaner an Südafrika. Die Atlantik-Charta aus der Sicht der Afrikaner aus der Südafrikanischen Union und die "Bill of Rights", verabschiedet von der Jahreskonferenz des ANC 1943; African National Congress, "Aktionsprogramm", angenommen auf der Jahreskonferenz 1949; Die Freiheitscharta, angenommen vom
Volkskongreß in Kliptown, Johannesburg 1955, alle in: Dokumente 15-19 bzw.
33 bzw. 36-39

[30] vgl. Hanf, Südafrika 261; Manifest der Jugendliga des "African National
Congress", das Manifest des PAC von 1959, beide in: Dokumente 20-30 bzw.
126-132

- 18 -

staatlichung der Großindustrie.

c) Die dritte Leitidee, deren Bedeutung erst seit den 70er Jahren hervortritt, ist die Verwirklichung eines neuen Südafrika
unter Ausnutzung der legalen Möglichkeiten, die das Homeland-
system bietet. Jede Möglichkeit, die schwarzen Interessen dienen könnte, muß ausgeschöpft werden, und wenn es sich um ein
scheinbares Eingehen auf das Konzept der 'getrennten Entwicklung' handelt. Hauptsächlicher Vertreter dieser Richtung ist
Gatsha Buthelezi (verwandt, aber nicht zu verwechseln mit Manas
Buthelezi), Chiefminister des Homelands KwaZulu, und die von
ihm geführte Inkatha-Bewegung.[31]

Den verschiedenen politischen Leitideen lassen sich nun, wenn
auch nicht ausschließlich, verschiedene Strategien oppositio-
neller schwarzer Politik zuordnen.

a) Die Akzeptierung der Homelandpolitik führt gezwungenermaßen
zu einer "Strategie der Kooperation"[32], deren Ziel es ist, für
die Einwilligung in die Unabhängigkeit der Homelands möglichst
viel an Gegenleistung von der Regierung in Pretoria zu erhalten,
z.B. die Erweiterung der Territorien.

b) Die "Strategie des Protests" hat eine bedeutendere und län-
gere Tradition. Im Lauf der Jahrzehnte nahm diese Strategie verschiedene Formen an: in den Anfängen des ANC die des friedlichen
Protestes durch Petitionen, Resolutionen etc., nach der Macht-
ergreifung der burischen Nationalpartei Ende der 40er und in den
50er Jahren die des zivilen Ungehorsams - passiver Widerstand,
Arbeitsniederlegungen, Nichtbeachtung der Paßgesetze u.ä. -
bis hin zu gewaltsamem Widerstand Anfang der 60er Jahre und in
der Gegenwart.

Nach der Abspaltung des PAC erreichte der passive Widerstand
einen Höhepunkt. Die repressiven Maßnahmen der südafrikanischen
Regierung gipfelten im Sharpeville-Massaker vom 21. März 1960

---

[31] vgl. Hanf, Südafrika 263

[32] auch zum folgenden Zitat: a.a.O. 264

unter den Teilnehmern eines Demonstrationszuges gegen die Paßgesetze, im Verbot von ANC und PAC am 8. April 1960 und in der Verhaftung und Verurteilung politischer Führer und Anhänger der Organisationen, z.B. Robert Sobukwes vom PAC.[33]

Der gewaltsame Widerstand, der von beiden Organisationen aus dem
Untergrund betrieben wurde, konnte bis spätestens Mitte der 60er
Jahre von der Regierung niedergeschlagen werden. Nelson Mandela,
ein führendes Mitglied des ANC und wohl der populärste Wider-
standskämpfer Südafrikas, wurde zu lebenslanger Haft verurteilt.
Seit 1964 ist er auf der Gefangeneninsel Robben Island inhaftiert.

Als erst nach gut einem Jahrzehnt wieder in der Bewegung des
Schwarzen Bewußtseins Formen der alten Strategie des Protestes
aufflackerten (Sympathiekundgebungen für die FRELIMO in Mosambik), reagierte die Regierung erneut mit Versammlungsverbot,
Verhaftungen und Bannverfügungen. Steve Biko, der von den Ini-
tiatoren der Bewegung am bekanntesten gewordene, wurde 1973 gebannt, von August bis Dezember 1976 aufgrund des Terrorismusge-
setzes von 1967 ohne Anklage inhaftiert, erneut in Haft gebracht im August 1977. Er starb am 12. September 1977 im Poli-
zeigewahrsam an einer schweren Hirnverletzung. Niemand wurde
seines Todes für schuldig befunden.[34]

Angesichts der Erfolglosigkeit der bisherigen Proteststrategien

---

[33] Robert Sobukwe wurde zu drei Jahren Gefängnis verurteilt, die durch Son-
dergesetze auf sechs Jahre verlängert wurden. Am 26. Februar 1978 starb
er unter Hausarrest in Kimberley. Vgl. a.a.O. 265 sowie F. Ansprenger, Befreiungsbewegungen in der Republik Südafrika, Bonn: KAEF 1978, 9

[34] vgl. zum ganzen Abschnitt Hanf, Südafrika 266; Biko, I write 1f; Ansprenger, Befreiungsbewegungen 11.
Das Terrorismusgesetz (Terrorism Act) von 1967 räumt höheren Polizeibe-
amten die Möglichkeit ein, für Personen, die im Verdacht stehen, Informationen über Terrorismus zu besitzen, unbeschränkte Einzelhaft anzuord-
nen. 'Terrorismus' trifft als Bezeichnung auch für Handlungen zu, die die
Verwaltung der Staatsangelegenheiten stören. Vgl. Weiss, Frauen 146; H.R.
Bilger, Südafrika in Geschichte und Gegenwart, Konstanz 1976, 698 (s. auch
Anhang)

gegenüber einer wohlorganisierten weißen Macht ist der ANC inzwischen zu einer Strategie des gewaltsamen Widerstandes über-
gegangen, der nach Ansicht von Experten im Juni 1980 in ein neues Stadium getreten ist. Konkret bezieht sich dies auf die An-
griffe des ANC auf zwei Kohleverflüssigungsanlagen (SASOL), die
in Flammen aufgingen. Da Südafrika auf dem Gebiet des Trans-
portwesens zu 80% von Ölimporten abhängig ist, trafen diese An-
schläge einen Lebensnerv des weißen Südafrika. Schon für die
erste Hälfte der 80er Jahre hatte man mit einer wachsenden Unabhängigkeit von ausländischem Öl und damit einer steigenden
Immunität gegenüber Ölboykotten gerechnet.[35]
Die Unruhen in den schwarzen Städten, die 1976 in Soweto ihren
Anfang nahmen und bis heute immer wieder aufflackerten, werden
in Abschnitt 1.2.3 zur Sprache kommen.
c) Die dritte Strategie ist nach Hanf die der Massenmobilisie-
rung, d.h. der ständigen Bemühung um Verbreitung der politischen
Ziele im Bewußtsein der sog. kleinen Leute, um der Widerstands-
bewegung eine echte Massenbasis und Organisationsstärke zu geben. Diese Strategie fand in den 40er Jahren auch im ANC ihre
Fürsprecher, konnte sich aber nicht durchsetzen. Seit Mitte der
70er Jahre sieht Hanf sie am ehesten in der bereits erwähnten
Inkatha-Bewegung Gatsha Buthelezis verwirklicht, die nach Mitgliederzahl und Organisation den ANC selbst zu dessen besten
Zeiten übertrifft.[36]

1.2.2 Organisationsformen der Bewegung im Kontext schwarzer politischer Opposition der Gegenwart

Ungeachtet ihrer wichtigen politischen Bedeutung steht die Bewegung des Schwarzen Bewußtseins neben einer ganzen Anzahl anderer Organisationen und Tendenzen.

---

[35] vgl. Unrest and Subversion, in: ARB 17 (1980) 5712; J. Fischer, Wolken
über Südafrika, in: EvKomm 13 (1980) 379 sowie die Berichte der FR vom
3., 13., und 16.6.1980

[36] vgl. Hanf, Südafrika 266f

a) Die Homelandführer, außer G. Buthelezi, haben sich jeweils ihre politischen Parteien geschaffen, die über die betreffenden Homelands hinaus keinen nationalen Anspruch erheben.[37] Ihre Politik der entweder schon erfolgten oder unter besseren Bedingungen erfolgenden Akzeptierung der 'Unabhängigkeit' stößt auf heftige Kritik bei den städtischen Schwarzen, die dadurch zu Ausländern im weißen Südafrika werden, auf Zustimmung bei stark ethnisch orientierten Menschen und bei Gebildeten, die sich günstige Positionen in den Homelands erhoffen.

b) ANC und PAC spielen in der politischen Meinungsbildung Schwarzer weiterhin eine gewichtige Rolle - ihre Ziele und ihre Führer genießen immer noch ein großes Prestige. Der ANC hat nicht zuletzt durch die bereits erwähnten SASOL-Anschläge auf seine Stärke aufmerksam gemacht. Zum ersten Male gibt es eine breite öffentliche, auch von Weißen unterstützte Amnestiekampagne für Nelson Mandela. Auch die BRD hat 1980 dem ANC durch die Genehmigung zur Einrichtung eines Informationsbüros eine gewisse Aufmerksamkeit gewidmet.[38] Ihre erste organisatorische Struktur fand die Bewegung des Schwarzen Bewußtseins in der South African Students' Organi-

---

[37] vgl. a.a.O. 268f

[38] Der ANC ist die erste afrikanische Befreiungsbewegung, der dies ermöglicht wurde. Andere Befreiungsorganisationen, z.B. in Angola, Mosambik, Guinea-Bissao und Zimbabwe waren seitens der BRD recht frostig behandelt worden, was sich als großer Nachteil erwies, als sie in ihren Ländern die Regierungsgewalt übernehmen konnten.
Der Generalsekretär des ANC, Alfred Nzo, führte das Interesse, das Politiker und Gewerkschaften - selbst konservative Abgeordnete wie Richard Jäger und Gerhard Schröder - an Gesprächen mit dem ANC im Juni 1980 bekundet hatten, auf die jüngst erfolgten SASOL-Anschläge zurück, die eine Probe von der Stärke des ANC gegeben hätten. Vgl. Berichte der FR vom 16.6.1980.
Vertreter des ANC waren auch auf der Welt-Konsultation des ÖRK über den Kampf gegen den Rassismus in den 80er Jahren vom 16.-21. Juni 1980 in Noordwijkerhout anwesend sowie auf der 32. Frankfurter Buchmesse im Oktober 1980, die das Schwerpunktthema: Afrika - ein Kontinent auf dem Weg zu sich selbst hatte. Vgl. Berichte der FR vom 20.6.1980 und P. Ripken, Versagen die reichen Kirchen ihren Segen? Schwerwiegende Konflikte bei der Antirassismusdebatte des Weltkirchenrats, in: FR vom 7.7.1980

zation (SASO)[39], die 1969 nach dem Auszug schwarzer Studenten-
vertreter aus dem gemischtrassischen University Christian Move-
ment (UCM) gegründet wurde und in Steve Biko ihren ersten Präsidenten hatte. Die gemischtrassischen Organisationen wie UCM
und National Union of South African Students (NUSAS) mußten
sich den Vorwurf der weißen Lenkung und der Nichtbeachtung der
Interessen schwarzer Studenten gefallen lassen.
Zugrundeliegende Leitideen von SASO waren Schwarzes Bewußtsein
und Schwarze Solidarität. Demgemäß stand sie Schwarzafrikanern,
Coloureds und Asiaten offen.
Die Zahl der Mitglieder wuchs sehr schnell an - nach fünf Jahren hatte SASO ca. 9000 Mitglieder bei einer Gesamtpopulation
von ca. 10 000 schwarzen Studenten. Eine Reihe von Projekten
wurde durchgeführt - eine Alphabetisierungskampagne, kostenlo-
ser Nachhilfeunterricht, Arbeitseinsätze von Studenten zum Bau
von Schulen, Dämmen, sanitären Anlagen, Rechts- und Sozialver-
sicherungsberatung für schwarze Arbeitnehmer, Unterstützung
aus politischen Gründen relegierter Studenten, um nur einige
Beispiele zu nennen.
Die Studenten wollten mit diesen Projekten zum einen ihre akademische Ausbildung zum Nutzen der Bevölkerung einsetzen, zum
andern nicht einen isolierten akademischen Kampf gegen die weiße Regierung führen.[40] 1976 versuchte SASO ein Konzept für die
gesellschafts- und wirtschaftspolitische Wirklichkeit eines
neuen Südafrika unter dem Stichwort 'Black Communalism' zu entwerfen. Privat- und staatswirtschaftliche Elemente - Verstaatlichung der Schlüsselindustrie, Landverteilung und genossen-
schaftliche Produktion, aber Beibehaltung des privaten Groß-
handels und weiterer privater Industrie - waren in diesem

---

[39] vgl. zum folgenden Hanf, Südafrika 270f; Ansprenger, Befreiungsbewegungen 11; Biko, I write 3-7, 8-16; Dokumente 208-211; Runge, Südafrika
136-140

[40] vgl. Biko, I write 7: "We have a responsibility not only to ourselves but
also to the society from which we spring."; Runge, Südafrika 138; Dokumente 210

Konzept enthalten, das auch nach Ansicht einiger Führer der Bewegung noch nicht ganz ausgereift war.

1974 wurden viele SASO-Mitglieder verhaftet und einige Führer
1976 zu mehrjährigen Haftstrafen auf Robben Island verurteilt.

Um die Verbreiterung der Bewegung des Schwarzen Bewußtseins
über Schul- und Hochschulbereich hinaus zu ermöglichen, wurde
1971 die Black People's Convention (BPC) gegründet, die man
gewissermaßen als Erwachsenenorganisation der Bewegung bezeichnen kann.[41] 1973 belegte die Regierung die meisten ihrer Spre-
cher mit dem Bann.

1973 entstanden als Dachverband für Selbsthilfeprojekte im sozialen Bereich die Black Community Programmes (BCP), die bis
1975 Jahrbücher über ihre Arbeit herausgaben ('Black Review').

Im Sommer 1976, z.Zt. der Unruhen schlossen sich Eltern
schwarzer Schüler in der vornehmlich innerhalb kirchlicher
Kreise organisierten Black Parents' Association (BPA) zusammen.
Vorsitzender war Manas Buthelezi, lutherischer Bischof von Johannesburg.

1975 wurde die Black Women's Federation gegründet, die sich
vor allem mit der Benachteiligung schwarzer Frauen beschäftigte. Ihre erste Präsidentin, Fatima Meer, wurde 1976 gebannt.[42]

Am 19. Oktober 1977 verbot die südafrikanische Regierung alle genannten Organisationen zusammen mit noch mindestens 13 anderen. Eine eindeutige Exilrepräsentation der Bewegung gibt es
nicht. Eng verbunden mit Sprechern des Schwarzen Bewußtseins
treten die Exilvertreter des 1963 von dem reformierten Theologen C. F. Beyers Naudé gegründeten und 1977 ebenfalls verbo-
tenen Christlichen Instituts (CI) auf. Das CI hatte sich mit
der Forschung und der Information über die soziopolitischen
Verhältnisse in Südafrika befaßt.

---

[41] vgl. auch zum folgenden Ansprenger, Befreiungsbewegungen 11f; zur BPC
Hanf, Südafrika 270f; Dokumente 218

[42] vgl. Weiss, Frauen 124-127

Nicht verboten wurde 1977 die schwarze Gewerkschaft Black Allied Workers' Union, die 1971 in Kontakt mit der Bewegung des
Schwarzen Bewußtseins entstanden war. Nach Ansprenger kann sie
als eine der wichtigsten schwarzen Gewerkschaften betrachtet
werden. Schwarze Gewerkschaften waren zu diesem Zeitpunkt in
Südafrika zwar nicht verboten, es existierte aber ein Verbot,
Schwarzafrikaner mit Angehörigen anderer Rassen zusammen in eine Gewerkschaft aufzunehmen. Zudem durften schwarze Gewerkschaften nicht registriert werden und waren damit in ihrer Arbeit praktisch stillgelegt, da nur registrierte Gewerkschaften
für die Unternehmer obligatorische Tarifpartner darstellen. In
den letzten Jahren hat sich die Situation der schwarzen Gewerkschaften partiell verändert, vgl. dazu das 3. Kapitel.[43]

c) Gatsha Buthelezi, ehemals Mitglied der ANC-Youth League und
nun Chiefminister des den Zulu zugewiesenen Homelands KwaZulu,
hat in der Mitte der 70er Jahre die bereits 1928 als kultureller Verband der Zulu gegründete 'Nationale kulturelle Befreiungsbewegung - Inkatha yeNkululeko yeSizwe' in eine moderne
politische Organisation auf Massenbasis umgewandelt.
Inkatha knüpft an die Tradition des ANC an, ihr Ziel ist kulturelle Befreiung der Schwarzen. Als Hauptmerkmal ihrer Strategie kann ein Pragmatismus genannt werden - z.B. in der Frage
der Ausnutzung der Institutionen der Homelands oder in der Frage ausländischer Investitionen in Südafrika. Auch in wichtigen
Positionen, z.B. der Option für eine Mehrheitsherrschaft in
Südafrika, hält Inkatha sich kompromißbereit. Zumindest für
KwaZulu strebt Inkatha eine Einparteiendemokratie an, sowie eine Wirtschaftsordnung mit privat- und staatswirtschaftlichen
Elementen. Weiterhin bemüht sich die Organisation, Allianzen
mit anderen Homelands einzugehen, ebenso mit den Parteien der
Coloureds und Asiaten.

---

[43] vgl. Ansprenger, Befreiungsbewegungen 15, 18; nach Hanf, Südafrika, 294
wird der Black Allied Workers' Union nicht ein solches Gewicht beige-
messen.

Zwischen Inkatha, insbesondere G. Buthelezi, und den anderen
schwarzen politischen Tendenzen, vor allem der Bewegung des
Schwarzen Bewußtseins, ist es wiederholt zu gegenseitiger hef-
tiger Kritik und Konfrontation gekommen. Etwas verkürzt gesagt, erhebt erstere an letztere den Vorwurf, eine Bewegung ohne Basis zu sein, und letztere an erstere , durch das Eingehen
auf die Homeland-Politik de facto mit der Regierung zu kolla-
borieren.[44]

1.2.3 Schwarzer Widerstand in den Städten - Soweto und die Folgen

Die schwarzen Städte erhalten ihre Bedeutung dadurch, daß sich
der Kampf der verschiedenen politischen Tendenzen um Einfluß
hauptsächlich in ihnen abspielt. Hier lebt ein Drittel aller
Schwarzen, zusammengewürfelt aus allen ethnischen Gruppen -
hier findet man den sichtbaren Beweis des Scheiterns der Apartheidpolitik im Makrobereich. Die Wirtschaft des Landes ist zu
größten Teilen von den Bewohnern der schwarzen Städte abhängig.
  Diese Städte liegen in jeder Beziehung am Rande der 'weißen'
Großstädte, meist ein wenig entfernt, aus der Sichtweite gerückt, auf keiner Touristenkarte verzeichnet, obwohl es sich
um regelrechte Großstädte, im Falle von Soweto (South Western
Township) um eine Millionenstadt, handelt. Sie erwecken "den
Eindruck sorgfältig geplanter und administrativer Ärmlichkeit
von überwältigender Tristesse"[45]. Ihre Merkmale sind Wohnungs-
not, schlechte Transportmöglichkeiten zu den Arbeitsplätzen in
den 'weißen' Städten, eine hohe Kriminalitätsrate, Unsicherheit
bezüglich des Aufenthaltsrechtes, keine Freizeitmöglichkeiten.
Anhand welcher Kriterien auch immer man die Lebensqualität einer Stadt einschätzen mag, in den schwarzen Städten Südafrikas

---

[44] vgl. zum ganzen Abschnitt Ansprenger, Befreiungsbewegungen 13f, 26, 33-
35; Hanf, Südafrika 272-277; Biko, I write 146f

[45] Hanf, Südafrika 278

dürfte sie nicht allzu hoch sein.

Seit 1976 ist das politische Klima in diesen Städten von immer wieder neu aufflackernden Unruhen bestimmt.[46] Ihr Beginn datiert auf den 16. Juni 1976; äußerer Anlaß war die Anordnung, Afrikaans zu 50% als Unterrichtssprache an allen schwarzen Secondary Schools (9.-11. Schuljahr) einzuführen. Diese Anordnung ging bereits auf das Jahr 1955 zurück, konnte aber damals aus Mangel an afrikaanssprachigen Lehrern nicht in die Praxis umgesetzt werden. Nichtsdestoweniger bestand das Ministerium für Bantuerziehung 1976 auf der Durchsetzung des Erlasses, nachdem schon in allen Homelands Englisch als Unterrichtssprache verankert worden war.

Der Protest gegen Afrikaans hatte zwei Gründe: Zum einen beherrschen Schüler, Lehrer und Eltern Afrikaans nur mangelhaft, was als Konsequenz schlechte schulische Leistungen und Examina, d.h. die Minderung der ohnehin schon schlechten Zukunftschancen mit sich brächte; zum anderen steht Afrikaans als Symbol für die burische Herrschaft und das Apartheidssystem. Seit dem Sieg der burischen Nationalpartei 1948 ist es zur Sprache der Behörden, der Polizei und des Militärs und so für die Schwarzen zu einem Symbol der Unterdrückung geworden.

Schon seit Mitte Mai boykottierten 2000 Schüler in Soweto den Unterricht; eine schwarze Elternvereinigung, die spätere BPA (siehe S. 22) wurde gegründet; auch gab es lange vor dem 16. Juni Warnungen vor Aufständen an die weiße Regierung, u.a. in einem offenen Brief des damaligen anglikanischen Dekans von Johannesburg, Desmond Tutu, der selbst in Soweto lebte, an Ministerpräsident Vorster vom 8. Mai 1976.[47]

An besagtem 16. Juni formierten nach Hanf über 1000, nach Brück-

---

[46] vgl. zur Darstellung der Ereignisse a.a.O. 284-290; Albrecht, Soweto 9-28; R. Brückner, Südafrikas schwarze Zukunft, Frankfurt/M 1977, 5-23

[47] Abgedruckt in: Tutu, Versöhnung 59-67; vgl. auch Hanf, Südafrika 284f; Albrecht, Soweto 11

ner zwischen zehn- und zwanzigtausend Schüler einen friedlichen Protestzug gegen die Einführung von Afrikaans. Die Polizei löste diese Demonstration gewaltsam auf. Der genaue Ablauf
wird von den genannten Autoren widersprechend dargestellt - zum
mindesten läßt sich sagen, daß die Polizei die Schüler durch
Schüsse in die Menge auseinandertrieb.[48]
Überall in Soweto brachen daraufhin Unruhen aus - Gebäude der
Bantuverwaltung, Geschäfte von Weißen und vor allem Bierhallen
wurden zerstört.[49]

"An diesem und dem folgenden Tag starben, Ermittlungen von Schwarzen zufolge, in Soweto mehr als 500 fast durchweg Jugendliche im Alter von
11-22 Jahren."[50]

Die Unruhen griffen rasch über auf andere schwarze Vorstädte,
auf schwarze Universitäten, auch auf die Coloureds-Universität
in Bellville bei Kapstadt und die Universität für Inder in Durban. Auch hier wurden viele Menschen durch die Polizei getötet,
verletzt und verhaftet.

"Die Zeitungen brachten Fotos von Polizisten, die aus zwanzig Meter Entfernung mit Schnellfeuergewehren auf fünfzehn- bis siebzehnjährige Jugendliche schossen, die lachend Mülleimerdeckel wie Schilde schützend
vor sich hielten. Der S t a r veröffentlichte am 19. Juni ein Foto,
das zeigt, wie ein weißer Polizist einen fliehenden schwarzen Jungen
in den Rücken schießt."[51]

Mit dem Andauern der Unruhen traten politische Themen immer
mehr in den Vordergrund. Hinter dem Afrikaans-Erlaß, der nur
die Funktion des Auslösers erfüllt hatte, stand die Benachteiligung der Schwarzen im Bildungssystem durch die sog. Bantu-

---

[48] vgl. Hanf, Südafrika 285; Brückner, Zukunft 7; Albrecht, Soweto 11

[49] Die Demonstranten wußten darum, daß ein großer Teil des Verwaltungsbudgets
der schwarzen Städte aus dem Alkoholsteueraufkommen finanziert wird, wes-
halb die Behörden den Alkoholkonsum nach Kräften unterstützen. Vgl. Hanf,
Südafrika 285

[50] Albrecht, Soweto 12, vgl. auch 33

[51] a.a.O. 15

Erziehung und hinter dieser wiederum das gesamte Gesellschaftssystem der Apartheid, das die schwarze Erfahrung in allen Le-
bensbereichen prägt.
Die Schüler riefen die Erwachsenen zur Unterstützung auf, was
ihnen nur stellenweise gelang. In Johannesburg fanden mehrere
Streiks statt; ein geplanter Generalstreik allerdings kam nicht
über die Anfänge hinaus.
Ihren Protest gegen die Bantu-Erziehung setzten zahlreiche
Schüler in Soweto und in anderen Städten durch einen Boykott
der Jahresschlußexamina von 1976, teilweise auch der von 1977,
fort.
Es bleibt zu fragen, welches die Folgen der Unruhen gewesen
sind und wie die Ereignisse eingeschätzt werden können. Dazu
kann zweierlei bemerkt werden:

- Die Unruhen bestimmen bis heute das politische Klima in den Städten
  Südafrikas, und
- es ist den Aufständischen zumindest 1976/77 nicht gelungen, die weiße
  Machtposition wesentlich zu erschüttern.

Zum ersten: Zum Jahrestag 1980 brachen in Soweto, Bloemfontein
und Kapstadt erneut Unruhen auf. Vorausgegangen waren wiederum
Streiks von Schülern und vereinzelte Arbeitsniederlegungen, in
Kapstadt sogar ein zweitägiger Generalstreik. Der Innenminister
verhängte vor dem Jahrestag bis Ende Juni ein Verbot aller politischen Versammlungen von mehr als zehn Personen in Johannesburg, Durban, Port Elizabeth und Kapstadt. Soweto wurde für alle in- und ausländischen Pressevertreter gesperrt. Trotz des
Versammlungsverbots kam es zu Demonstrationen und durch Eingrif-
fe der Polizei zu Toten und Verletzten. In Kapstadt richtete
die Polizei in von Coloureds bewohnten Gebieten ein regelrech-
tes Gemetzel unter der Bevölkerung an. Die Veröffentlichung der
Zahl der Getöteten und Verletzten wurde abgelehnt, eine Journalistin, die im Auftrag der Cape Times Recherchen anstellte und
die Ergebnisse veröffentlichte, auf unbegrenzte Zeit inhaftiert.[52]

---

[52] vgl. Berichte der FR vom 23., 27. und 30.5., vom 16., 18. und 19.6.1980

Zum zweiten: Nach Untersuchungen des Christlichen Institutes
und des Institutes für Rassenbeziehungen wurden von Mitte Mai
bis Mitte Oktober 1976 5000 bis 6000 Personen, hauptsächlich
Jugendliche, verhaftet, Hunderte von ihnen wochen- und monate-
lang legal (!) ohne richterliche Vorführung festgehalten, mehrere hundert Minderjährige zu Stockschlägen verurteilt, in einem bekanntgewordenen Fall ein Achtjähriger.[53]
Da unter den Aufständischen keine zentralen Führungsfiguren
ausgemacht werden konnten, vermochten auch zahlreiche Verhaftungen nicht das immer wieder neue Aufflackern der Unruhen zu
verhindern. Hanf zufolge muß aber festgestellt werden, daß zu
keinem Zeitpunkt die weiße Machtstruktur ernsthaft gefährdet
war. Die Polizei war weit davon entfernt, die ihr zur Verfügung stehende Macht voll einzusetzen. Auch wurde von der weißen Bevölkerung der Städte kaum wahrgenommen, was sich nur einige Kilometer weit entfernt von ihr abspielte.
Dennoch blieben die Unruhen nicht ohne Wirkung.[54] In der Wirtschaft des Landes äußerte sich dies deutlich im Rückgang ausländischer Investitionen, verursacht durch einen zunehmenden
Vertrauensschwund des Auslands in die politische Stabilität
Südafrikas.
So zeigte sich die Regierung zu Konzessionen bereit, wie z.B.
der Rücknahme des Afrikaans-Erlasses, der Verpflichtung schwarzer Eltern auf einen vierjährigen Schulbesuch ihrer Kinder
(aber immer noch keine Schulpflicht und Schulgeldfreiheit), zu
der Erleichterung des Pachtrechtes (aber kein Eigentumsrecht),
der Erweiterung der Rechte für Coloureds und Asiaten (aber
kein Wahlrecht), zu administrativen Veränderungen in den
schwarzen Städten (aber kein volles Selbstverwaltungsrecht).

---

und den erschütternden Bericht der o.g. Journalistin, in Übersetzung abgedruckt in: Blätter des iz3w (1980) H. 90, 15f

[53] vgl. Albrecht, Soweto 17

[54] vgl. a.a.O. 25-27; Hanf, Südafrika 88, 287f

Alles in allem war sie bereit zu Minimalkonzessionen.

Als Fundament und als Auswirkung der Unruhen kann sicherlich die Politisierung einer ganzen Generation genannt werden.[55] Die Jugendlichen, die in den Vorstädten auf die Straße gingen, sind in einer 'schottendichten' Apartheid aufgewachsen - sie leben ausschließlich im Getto.[56] Ihr Kontakt zur Außenwelt beschränkt sich auf weiße Behörden und ein von Weißen bestimmtes Erziehungswesen, das zu allem Überfluß noch über ihre Zukunftschancen entscheidet, d.h. über ihre Chancen, der Gettoexistenz wenigstens partiell zu entkommen.

Die Zukunftschancen schwarzer Jugendlicher sind nicht als besonders aussichtsreich zu bezeichnen. Nach einer Zeit günstigen Wirtschaftswachstums und verbesserter Berufsmöglichkeiten für Schwarze verschlechterte sich Mitte der 70er Jahre die wirtschaftliche Situation drastisch, die Wachstumsrate sackte ab, die Inflations- und die Arbeitslosenrate schnellten hoch. In den schwarzen Städten betrug die Arbeitslosigkeit mitunter 20%.

Politisierende Wirkung hatten auch die politischen Veränderungen in Angola und Mosambik, die die Jugendlichen mit Hoffnung erfüllten, und selbstverständlich die Leitideen des Schwarzen Bewußtseins, die bei der Schuljugend längst Gemeingut geworden waren.

Berufliche und familiäre Verpflichtungen, die sich wahrscheinlich hemmend ausgewirkt hätten, fehlten bei den Jugendlichen. In diesem Zusammenhang ist wohl auch die Ursache für die Zurückhaltung der arbeitenden Erwachsenen, trotz aller Sympa-

---

[55] vgl. zum folgenden Hanf, Südafrika 86-88, 288-294; Biko, I write 145; A. Boesak, Ein Fingerzeig Gottes. 12 Südafrikanische Predigten, Hamburg 1980, 21

[56] Biko schreibt: "Born shortly before 1948, I have lived all my conscious life in the framework of institutionalized separate development. My friendships, my love, my education, my thinking and every other fact of my life have been carved and shaped within the context of separate development."; in: Biko, I write 27

thien für die Ziele und Aktionen der Jugendlichen zu suchen.
Die meisten Familien könnten einen Lohnausfall durch Streik
nicht lange durchhalten. Auch herrscht vielfach in der schwarzen arbeitenden Bevölkerung das Bewußtsein, daß die ökonomische Sicherheit der Schwarzen eng an die wirtschaftlichen Interessen und Aktivitäten der Weißen gebunden ist.
In diesem Auseinanderklaffen der Verhaltensweisen zwischen den
Generationen trotz gleicher Erfahrungen und trotz aller Sympathie finden die Unruhen in den schwarzen Städten ihre soziale
Grenze. Ihre politische Grenze liegt in der Zurückhaltung, die
alle schwarzen politischen Kräfte von den alten Kongreßorgani-
sationen bis hin zu den schwarzen Gewerkschaften und einigen
Homelandführern trotz Sympathie übten. Inkatha lehnte die Unruhen wegen ihrer Aussichtslosigkeit völlig ab.

1.2.4 Weiterführende Zusammenfassung

Nach der vorangegangenen Darstellung kann als die zentrale politische Leitidee der Bewegung des Schwarzen Bewußtseins die
Schaffung eines geeinten, demokratischen und multirassischen
Südafrika festgehalten werden. Hinsichtlich dieser Leitidee
und ihrer politischen Strategien, die global als Proteststrategien beschrieben werden können, knüpft die Bewegung an eine
alte Widerstandstradition an, verkörpert durch die Kongreßor-
ganisationen.
Sie besitzt zwar organisatorische Strukturen, hat aber mehr
noch den Charakter einer breiten spontanen Bewegung, deren Füh-
rungsstrukturen und Führerpersönlichkeiten rasch wechseln.
Hier liegen die Stärken und Schwächen einer solchen hauptsächlich von Schülern und Studenten getragenen 'Überbaubewegung'.
Sie kann zwar jederzeit spektakulär in Erscheinung treten,
reicht aber an die realen Machtgrundlagen des Systems nicht
heran. Sie kann zwar verboten, aber nur sehr schwer unter Kontrolle gebracht werden.

"Die Organisationen hat die Regierung verbieten können - die politische
Idee einer Generation kann durch Verbote schwerlich unterdrückt werden."[57]

Die politische Kultur des weißen Südafrika und ihre Beurteilung
durch Schwarzes Bewußtsein wird mich im folgenden beschäftigen.

1.3   Schwarzes Bewußtsein und weiße Politik

In Abschnitt 1.1.2 Schwarze Solidarität ist bereits angesprochen worden, daß innerhalb der Bewegung des Schwarzen Bewußtseins Weiße grundsätzlich nicht mehr als Bündnispartner in
Frage kommen. Dies kann sowohl den Verdacht des schwarzen Rassismus' als auch die Frage hervorrufen, ob nicht die liberalen
Gruppierungen in- und außerhalb des Parlamentes wertvolle Bündnispartner für die schwarze Befreiungsbewegung sein könnten.

Um zunächst auf letzteres einzugehen, möchte ich die betreffenden Gruppierungen kurz charakterisieren und in den Kontext
der gespaltenen politischen Kultur des weißen Südafrika stellen.

1.3.1 Die gespaltene politische Kultur des weißen Südafrika

Der Begriff 'Liberale', wie ich ihn hier benutzen möchte, umfaßt sowohl parlamentarische als auch außerparlamentarische
Organisationen.

Aus der Gruppe der parlamentarischen Organisationen sind hier,
ohne daß auf die zahlreichen Spaltungen, Parteiengründungen und
Zusammenschlüsse näher eingegangen werden kann, die Liberale
Partei und die Progressive Partei zu nennen.[58] Erstere wurde
in den 40er Jahren von liberalen Persönlichkeiten wie dem
Schriftsteller Alan Paton gegründet. Sie propagierte eine ge-
meinsame multirassische Gesellschaft und gleiche politische
Rechte für alle Südafrikaner, unabhängig von ihrer Hautfarbe.
Sie stieß unter den weißen Südafrikanern nie auf besondere Re-
sonanz und löste sich, als 1968 gemischtrassische Parteien per
Gesetz verboten wurden, schon vor dessen Inkrafttreten frei-

---

[57] Hanf, Südafrika 272; vgl. auch Reflections on October 19th, in: Kairos
10 (1978) H. 10, 4

[58] vgl. Hanf, Südafrika 110-113

willig auf.
Eine etwas größere Bedeutung erlangte die 1959 entstandene Progressive Partei (PP). Ihr Ziel war ebenfalls ein multirassi-
sches Südafrika; der Weg dorthin schien ihr aber besser über
ein qualifiziertes, statt über das allgemeine Wahlrecht gewährleistet zu sein. Als sich 1974 und 1977 ein wesentlicher
Teil der übrigen Oppositionsparteien der PP anschloß, hat dies
zwar ihre parlamentarische Stellung erheblich gefestigt, aber
auch ihr Programm verändert. Heute plädiert sie nicht mehr für
den Einheitsstaat und ein qualifiziertes Wahlrecht, sondern
tritt für eine verfassungsrechtliche Regelung ein unter Beteiligung aller Südafrikaner, ohne daß eine Gruppe Dominanz bean-
spruchen kann. Die genaue Form, in der dies geschehen soll,
steht noch nicht fest. Vergegenwärtigt man sich aber die Bevöl-
kerungszahlen Südafrikas, wird deutlich, daß die so liberal
klingende Formulierung: 'Keine Gruppe darf die andere dominie-
ren!' weit entfernt ist von der Idee einer echten Mehrheitsherrschaft auf der Grundlage eines allgemeinen Wahlrechts.
Diese beiden liberalen Parteien müssen im Kontext zweier verschiedener Parteienstrukturen gesehen werden, die wiederum zwei
verschiedenen politischen Leitideen und Selbstverständnissen
und zwei verschiedenen Volksgruppen entsprechen.[59]
Die beiden politischen Kulturen des weißen Südafrika setzen
sich zusammen, aus den Buren, die sich als ein Volk, als 'ware
Afrikaaner', verstehen und deren oberstes Ziel die Volkseinheit
ist, und den anglophonen Südafrikanern, die eine sehr heteroge-
ne Gruppe bilden aus Nachkommen britischer Siedler, Einwande-
rern aus unterschiedlichen Nationen, auch in jüngerer Zeit,
Christen und Juden, wobei allerdings das britische Element eine prägende Funktion besitzt.
Das burische Volk bestimmte seine Identität durch den Kampf um
seine Unabhängigkeit als erste neue Nation auf afrikanischem

---

[59] vgl. a.a.O. 92-105

Boden (1652 erste Einwanderung) gegen den britischen Imperialismus. Nach den verlorenen Burenkriegen schlossen sich 1910
die vormaligen Burenrepubliken gezwungenermaßen mit den britischen Kolonialgebieten zur Südafrikanischen Union zusammen, die
bald ihre faktische Unabhängigkeit als Dominion erreichte.
Durch die Bildung der Union war der Volkstumskampf für die Buren aber keineswegs beendet. Nach den Kriegen begann für sie
trotz einer äußerst ungünstigen Ausgangsposition ein nahezu
unglaublicher politischer und wirtschaftlicher Aufstieg. Ein
verarmtes Bauerntum und industrielles Proletariat gelangte zu
politischer Führung im Verwaltungsapparat und im parastaatli-
chen Bereich, d.h. in der halbstaatlichen Industrie, aber auch
im privatwirtschaftlichen und im gewerkschaftlichen Bereich.
    Seit 1948 wird Südafrika von der burischen Nationalpartei
regiert. Der Aufstieg zum Wohlstand ist für die burische Volksgruppe also eng mit dem Aufstieg zur Macht verbunden.
Die englischsprachige Gruppe dagegen hat politisch stark an
Einfluß verloren, übertrifft die Buren aber weiterhin an Wohlstand und ökonomischer Macht. Hinsichtlich ihres politischen
Selbstverständnisses ist diese Gruppe von genuin britischen
Traditionen geprägt, denen Volkstumsdenken immer fremd war.

"Britische Herrschaft bedeutete sicherlich Herrschaft, aber gleichzeitig liberale und aufgeklärte Herrschaft."[60]

Das Dilemma, in das das anglophone Südafrika unweigerlich geriet, ist dies: Wie war und ist die Aufrechterhaltung der ökonomischen und politischen Privilegierung mit dem Gehalt des
britischen liberalen Erbes zu vereinbaren? Die Spannung zwischen diesen beiden Polen äußert sich nicht in Form von stark
gegeneinander abgegrenzten Gruppen, sondern bestimmt mehr oder
weniger ausgeprägt das politische und soziale Leben aller Angehörigen dieser Gruppe. Bisher hat sich das Dilemma noch zu
keiner Entscheidungssituation zugespitzt, denn

[60] a.a.O. 94

"im Schatten der burischen Macht kann die spätkoloniale Siedlergesell-
schaft ebenso weiterbestehen wie auch die Utopie des zukünftigen ega-
litären Südafrika aller Rassen gedacht und verkündet werden."[61]

Dem kurz skizzierten Selbstverständnis entspricht auf seiten
der Buren die politische Leitidee eines völkischen Nationalismus', die, rein von der zahlenmäßigen Überlegenheit der Buren
her beurteilt, am besten durch größtmögliche politische Einheit verwirklicht werden kann. Spätestens seit der Machtübernahme durch die Nationalpartei hat sich dies auch im Parteiensystem niedergeschlagen. Die Nationalpartei ist eine echte
Volkstumspartei, deren Stärke in der totalen Identifikation
mit der burischen Volksgruppe gründet.
Von der Rolle der Niederländisch-Reformierten Kirchen, denen
die Buren zu 91% angehören, wird noch zu sprechen sein.

Auf seiten der englischsprachigen Südafrikaner kann man als politische Leitidee einen Südafrikanismus nennen, der in seiner
konservativen Variante die Integration der weißen Volksgruppen
in einem geeinten Südafrika propagiert, in seiner liberalen
Variante die Integration über die Rassengrenzen hinaus impliziert. Beide Südafrikanismen sind darauf angewiesen, um burische Unterstützung zu werben. Das Parteiensystem und andere
politische Institutionen weisen ein großes Meinungsspektrum
und eine größere Konfliktbereitschaft auf, was vor allem die
zersplitterte parlamentarische Opposition deutlich zeigt.[62]

1.3.2 Die Beurteilung der Rolle weißer liberaler Politik aus der Perspektive Schwarzen Bewußtseins

Im folgenden gilt es nun herauszuarbeiten, warum für Schwarzes
Bewußtsein Weiße trotz aller beschriebenen Heterogenität als
eine Gruppe gelten, zu der auch die liberalen Gruppierungen,
die nach außen hin aus dem Rahmen der Apartheid herauszufallen

---

[61] a.a.O. 95

[62] vgl. a.a.O. 104f, 106f, 115

scheinen, hinzugerechnet werden. Steve Biko hat versucht zu
analysieren, welche Rolle weiße Liberale im schwarzen Befreiungskampf spielen:
Weiße Liberale haben immer die Verantwortung für den weißen
Rasssimus zurückgewiesen und für sich in Anspruch genommen, die
Unterdrückung ebenso hart zu spüren wie die Schwarzen und stets
für deren Rechte einzutreten, kurz: "black souls in white
skins"[63] zu haben.
Biko beschreibt die Identität der Liberalen als eine gespaltene: auf der einen Seite berührt sie das Unrecht, das Schwarzen
angetan wird, auf der anderen Seite sind sie zumeist daran in-
teressiert, ihre eigenen Privilegien als Weiße nicht zu verlieren, und versuchen so, beides miteinander zu vereinbaren -
die Erhaltung weißer Privilegien und die Einlösung eigener li-
beral-demokratischer Vorstellungen. Aus dieser Haltung heraus
gründeten Liberale gemischtrassische Kreise, die die Möglichkeiten einer gesellschaftlichen Veränderung erörtern. Um dieses Dilemma noch deutlicher zu erfassen, möchte ich ausführlich
Steve Biko zitieren:

> "First the black-white circles are almost always a creation of white li-
> berals. As a testimony to their claim of complete identification with
> the blacks, they call a few 'intelligent and articulate' blacks to
> 'come around for tea at home' where all present ask each other the
> same old hackneyed question 'how can we bring about change in South
> Africa?'. The more such tea-parties one calls the more of a liberal
> he is and the freer he shall feel from the guilt that harnesses and
> binds his conscience. Hence he moves around his white circles -
> whites-only hotels, beaches, restaurants and cinemas - with a lighter
> load, feeling that he is not like the rest of the others."[64]

Im Grunde seines Herzens spürt der Liberale, daß seine Interessen an weißen Privilegien bei der regierenden Nationalpartei
bestens aufgehoben sind und bestätigt damit den Wahlkämpfern
dieser Partei einen guten Spürsinn, die genau mit dieser Argu-

---

[63] Biko, I write 19

[64] a.a.O. 22 (Hervorh. v. mir; LS)

mentation der Interessensicherung in englischsprachigen Krei-
sen auf Stimmenfang gehen.[65] Zur Erinnerung: Im Schatten der
burischen Macht läßt sich das Unvereinbare scheinbar doch zu-
sammenbringen.

> "Although he (der Liberale; LS) does not vote for the Nats (now that
> they are in the majority anyway), he feels quite secure under the pro-
> tection offered by the Nats and subconsciously shuns the idea of a
> change."[66]

Auf diesem Hintergrund betrachtet, trägt das generelle Mißtrau-
en gegen Weiße als Bündnispartner weniger die Züge eines Rassismus' unter umgekehrten Vorzeichen als vielmehr die einer
realistischen Einschätzung des tiefen Grabens zwischen Schwarz
und Weiß. Weißsein heißt viel zu sehr, in Privilegien geboren
zu sein, wenn auch nicht freiwillig, als daß Schwarze mit offenen Armen auf Weiße zugehen könnten.
Schwarzes Bewußtsein bedeutet die Zurückweisung des liberalen
Anspruchs, _für_ Schwarze zu sprechen und so erneut einen weißen
Führungsanspruch zu formulieren.[67] Solange Weiße meinen,
Schwarzen den richtigen Weg zu ihrer Befreiung zeigen zu müssen, reproduzieren sie immerfort die alten Inferioritäts- und
Superioritätsmuster. Schwarze haben endgültig erkannt, daß die
Befreiung nur ihr eigenes Werk sein kann.[68] Sie fragen nicht
mehr nach weißer Anerkennung, sondern haben verstanden, daß
auch die Weißen zu einem Leben in Frieden in Südafrika erst

---

[65] vgl. Hanf, Südafrika 104

[66] Biko, I write 22; vgl. auch 65 und bes. 77

[67] vgl. zum folgenden a.a.O. 23, 25, 65; ders., Schwarzes Bewußtsein 52f;
Small, Schwarzsein 26; Boesak, Unschuld 5; Albrecht, Soweto 230, 236f

[68] Diese Erkenntnis spiegelt auch die zeitgenössische schwarze Literatur
wider, in der sich anders als in der Literatur der 60er Jahre kein Appell an die weiße Vernunft mehr findet, vgl. W. Bender u.a., Wandel
durch Sprache. Eine Einführung in die afrikanischen Literaturen, Nachdruck aus dem Börsenblatt Nr. 70 vom 22. August 1980, 2038f.

befreit werden müssen und dazu die Hilfe der Schwarzen bitter
notwendig haben.

Weiße Liberale müssen lernen, daß sie - wenn sie wirklich Liberale sind - um ihre eigene Freiheit kämpfen müssen. Ihr
Adressat kann nur die weiße Welt sein, die für den weißen Rassismus verantwortlich ist, nicht die Schwarzen.

Daß Schwarzes Bewußtsein und der Ausschluß der Weißen aus der
Bewegung ein Weg zum Ziel des geeinten Südafrika sind, läßt
sich auch an folgendem aufweisen. Als die Bewegung ein Bewußtsein ihrer eigenen Stärke und Kompetenz erlangt hatte, zeigte
sie stärker die Bereitschaft, mit Weißen Koalitionen einzugehen. Das Wissen darum, selbst die gewichtigste Stimme zu sein,
verhinderte eine Neuauflage der alten Komplexe.[69]

Am Ende dieses Abschnittes möchte ich an das erinnern, was in
Abschnitt 1.1.2 gesagt wurde. Schwarze Solidarität weist über
die Landesgrenzen Südafrikas hinaus auf den gemeinsamen Kampf
aller unterdrückten Völker. Der Konflikt zwischen Schwarz und
Weiß in Südafrika ist nichts anderes als ein Spiegel der internationalen Konflikte zwischen 'Erster' und 'Dritter' Welt
oder, in den Galtungschen Begriffen, zwischen Zentrum und Peripherie.[70]

Südafrika ist deshalb oft der 'Hohlspiegel der Welt' genannt
oder auch als 'Mikrokosmos' bezeichnet worden. Dies macht es
trotz der weiten Entfernung für uns Europäer so wichtig. Das
Aufkommen von Schwarzem Bewußtsein steht im Kontext der Entko-
lonialisierung weiter Teile Afrikas und ihrer deutlichen Prä-
senz in der internationalen Politik, z.B. auf dem Forum der
Vereinten Nationen. So werden der Befreiungskampf in Südafrika
und eine mögliche Konfliktlösung wegweisend für die Bewältigung

---

[69] vgl. Biko, I write 143, 151

[70] vgl. J. Galtung, Eine strukturelle Theorie des Imperialismus, in: D.
Senghaas (Hg.), Imperialismus und strukturelle Gewalt. Analysen über ab-
hängige Produktion, Frankfurt/M ³1976, 29-104; vgl. auch das 3. Kapitel,
Abschnitt 2.2

des Konfliktes zwischen Zentrum und Peripherie.[71] Steve Biko
hat die Rolle Afrikas innerhalb der weltweiten Konflikte wie
folgt beschrieben:

> "We believe that in the long run the special contribution to the world
> by Africa will be in this field of human relationship. The great
> powers of the world may have done wonders in giving the world an in-
> dustrial and military look, but the great gift still has to come from
> Africa - giving the world a more human face."[72]

1.4 Schwarzes Bewußtsein und Schwarze Theologie

Schwarzes Bewußtsein und Schwarze Theologie sind nicht zwei getrennte Phänomene. Vielmehr ist Schwarze Theologie zu einem
Teil der Bewegung des Schwarzen Bewußtseins geworden - zu je-
nem Teil, der Gott und die christlichen Werte mit der Situation der Schwarzen in Südafrika in Beziehung setzt.[73] Die zentralen Ideen und Ziele Schwarzen Bewußtseins finden sich in
theologischer Formulierung wieder.
Gegenüber der gesellschaftlichen Randexistenz und Inferiorität
der Schwarzen nimmt Schwarze Theologie die Ebenbildlichkeit
Gottes für sie in Anspruch. Schwarze sind verantwortliche Persönlichkeiten vor Gott und in ihrem jeweiligen Personsein von
unendlichem Wert. Indem sie sich als von Gott geliebt und zur
Befreiung gerufen erfahren, verlieren sie ihren Inferioritätskomplex und den Glauben, von Gott nur im Zustand des Weißseins
angesprochen werden zu können.[74]

---

[71] vgl. Biko, I write 49f, 71f; Boesak, Unschuld 33; Buthelezi, Ansätze 36f;
Albrecht, Soweto 246

[72] Biko, I write 47

[73] vgl. D. Tutu, The Theology of Liberation in Africa, in:Appiah-Kubi/Tor-
res, African Theology 163; M. Motlhabi, Schwarze Theologie aus persönlicher Sicht, in: Moore, Schwarze Theologie 92, 95; Biko, I write 31, 54,
59; Dokumente 218, 221

[74] vgl. Boesak, Unschuld 32; ders., Liberation 170; M. Buthelezi, Rettet den
weißen Bruder, in: LM 13 (1974) 83; ders./U. Duchrow, Spricht die Bibel
auch zu weißen Menschen? in: WPKG 64 (1975) 436; ders., Christian
Presence 8; ders., Bedeutsamkeit 67; D. Tutu, Church and Nation in the

Das Genannte soll zunächst zur Veranschaulichung genügen und
wird im 2. Kapitel seine Fortsetzung finden. Ohne dem 4. Kapitel vorzugreifen, gilt es hier, die Situation der Kirchen zwischen Apartheid und Befreiung quasi als Rahmenbedingung zu be-
schreiben. Anhand der christlichen Rezeption des Begriffs
'Black Power' in den USA und in Südafrika kann anschließend
exemplarisch die Bedeutung der Black Power-Bewegung und der
Schwarzen Theologie in den USA für Schwarzes Bewußtsein und
Schwarze Theologie in Südafrika gezeigt werden.

1.4.1 Kirchen zwischen Apartheid und Befreiung

Die Haltung der einzelnen südafrikanischen Kirchen zur Apartheidpolitik muß im Bezugsrahmen des Verhältnisses von Staat
und Kirche betrachtet werden.[75] Sie korreliert mit dem Grad
der Identifikation der jeweiligen Kirche mit der im Besitz der
politischen Macht befindlichen burischen Bevölkerungsgruppe.
Kritik an den Apartheidsstrukturen und Impulse zu deren Überwindung führen die betroffenen Kirchen zwangsläufig in latente
oder auch offene Konflikte mit der Regierung, aber auch mit
den Kirchen, die die Apartheid rechtfertigen und unterstützen.
    Im folgenden werden nach einer kurzen Übersicht über die
existierenden Kirchen und ihre Mitgliederzahl die verschiedenen Tendenzen kirchlichen Verhaltens zur Sprache kommen.
I. Tödt führt zur Frage der Religionszugehörigkeit der südafrikanischen Bevölkerung folgende Angaben aus dem Official
Yearbook der Republik Südafrika von 1974 an[76]:

Perspective of Black Theology, in: JThSA (1976) H. 15, 10; ders., Theology 163

[75]vgl. L. Harding/M. Schulz/H. Vogt, Die Südafrikapolitik der UNO und der
Kirchen, München-Mainz 1977, 74f

[76]Tödt, Theologie 260

Religion	Weiße	Mischlinge	Asiaten	Bantu
(Insgesamt)	3 726 540	2 021 430	618 140	15 036 360
1 Nederduitse Gereformeerd	1 487 080	573 400	(1–3:)	(1–3:)
2 Gereformeerd (Dopper)	113 620	3 940	830	924 820
3 Nederduits Hervormd	224 400	1 620		
4 Anglican	399 950	333 200	5 930	937 720
5 Presbyterian	117 250	7 560	320	329 320
6 Congregational	19 640	144 760	70	185 320
7 Methodist	357 410	115 810	2 540	1 676 080
8 Roman Catholic	304 840	195 630	13 820	1 329 980
9 Lutheraner	40 620	83 510	250	759 740
10 Afrikanische Unabhängige Kirchen				2 761 120
11 Andere Christen	431 990	379 620	26 840	1 506 000
12 Jüdischer Glaube	117 990	110	20	
13 Islam	430	130 050	124 730	
14 Hindu	120	620	422 560	
15 Andere Religionen	111 200	51 590	20 230	4 626 260

Die afrikaanssprachigen Kirchen (1-3) setzen sich zusammen aus
weißen 'Mutter'- und schwarzen 'Tochter'kirchen, die aus der
Mission der weißen Kirchen hervorgegangen sind. Mutter- und
Tochterkirchen haben zwar eine gemeinsame konfessionelle Basis,
aber völlig getrennte Strukturen, wobei die schwarzen Kirchen
finanziell gänzlich abhängig sind von den weißen.
Die reformierten Kirchen spiegeln ziemlich genau die Apartheidsstrukturen der Gesellschaft wider. Im Falle der Nederduits-
Gereformeerde Kerk (NGK) stehen der weißen Kirche eine Kirche
der Coloureds, die NG Sendingkerk, eine 'indische' reformierte
Kirche und eine Kirche für Schwarzafrikaner, die NGK in Afrika
(NGKA) gegenüber.[77]
Die weißen Holländisch-Reformierten Kirchen repräsentieren zu
einem großen Teil die burische Bevölkerungsgruppe, die zu 91%
zu ihren Mitgliedern zählt.[78] Sie spielen eine gewichtige Rolle sowohl für das Alltagsleben der einzelnen Mitglieder als
auch für die Regierung und die Politik der Apartheid.
Bevor eine burisch geprägte Partei existierte, boten die Kir-

---

[77] vgl. a.a.O. 261; A. Boesak, Die Achillesferse der Weißen, in: LM 17
(1978) 595
[78] vgl. Hanf, Südafrika 100

chen der burischen Nation eine Art soziale Rahmenstruktur.
Auch heute noch findet man einen hohen Grad an Identifikation
des einzelnen Kirchenmitgliedes mit seiner Kirche. In einer
Umfrage[79] gaben 71% (!) der Buren an, in hoher Übereinstimmung
mit der Lehre ihrer Kirche zu stehen, gegenüber 1,9% und 6,4%,
die kaum bzw. geringe Übereinstimmung nannten. Ähnliches gilt
für die religiöse Aktivität, die sich in der Umfrage aus der
Häufigkeit des Bibellesens und des Kirchenbesuchs zusammen-
setzte. Demnach muß die religiöse Aktivität bei 41,6% der Buren als sehr hoch, bei 39,3% als hoch und nur bei 4,2% als gering beurteilt werden. (In der Gruppe der anglophonen Südafrikaner war die religiöse Aktivität bei 42,1% als gering bezeichnet worden.)
Auf politischer Ebene galt die Loyalität der Niederländisch-
Reformierten Kirchen stets der Nationalen Partei als der Partei des Burentums. Die Nationale Partei versteht ihre politische Leitidee nicht nur als einen völkischen Nationalismus,
sondern auch als einen 'christlichen Nationalismus'. Auch auf
personeller Ebene besteht eine weitgehende Identität. Nach
Hanf dürfte die boshafte Formulierung, die Niederländisch-
Reformierten Kirchen seien "the National Party at prayer"[80],
kaum eine Übertreibung sein. Reformierte Theologen sind Mitglieder der Regierung (gewesen), z.B. der für die Durchsetzung
des Afrikaans-Erlasses verantwortliche Minister für Bantu-Erziehung, A. Treurnicht.[81] Nach A. Boesak gehören 10% der weißen Geistlichen der reformierten Kirchen dem 'Afrikaaner Broe-
derbond' an, einer politischen Geheimorganisation, deren Einfluß besonders auf dem Gebiet der Personalpolitik nicht unter-
schätzt werden darf. Ihr angehören dürfen nur männliche Buren
über 25 Jahren, die Mitglieder der Niederländisch-Reformierten

---

[79]vgl. a.a.O. 101f

[80]a.a.O. 107

[81]vgl. Albrecht, Soweto 11

Kirchen sind, einen einwandfreien Lebenswandel vorweisen, sich
völlig zum völkischen Nationalismus bekennen und zudem soziale
Schlüsselpositionen mit großem Einfluß besetzen.[82]
Die Politik der Apartheid wird von den weißen reformierten
Kirchen nicht nur personell, sondern auch theologisch unterstützt. Getrennte Entwicklung erscheint als gottgegeben und
schriftkonform. Noch 1974 befand die Generalsynode der weißen
NGK, daß das Neue Testament eine Koexistenz verschiedener Völker nach dem Prinzip der getrennten Entwicklung durchaus zu-
lasse.[83] Näheres dazu im 3. Kapitel, Abschnitt 1.3.3. So hat
der Moderator der Generalsynode in einer Stellungnahme zu den
Ereignissen in Soweto nicht wie andere Kirchenvertreter die
Ursachen der Unruhen im Apartheidssystem gesucht oder die Träger der Unruhen der Solidarität seiner Kirche versichert, sondern nur seinem Bedauern Ausdruck gegeben, daß nicht nur Gebäude, insbesondere Kirchenbauten, zerstört, sondern auch Menschen getötet und die Rassenbeziehungen empfindlich gestört
worden seien.[84]
Die englischsprachigen Kirchen[85] (4-8) sind zumindest verfas-
sungsmäßig multirassisch organisiert. Ihnen kann für die englischsprachige Bevölkerung keine ähnliche Rolle wie den reformierten Kirchen für die burische zugesprochen werden. In der
anglikanischen Kirche ist etwa ein Drittel der anglophonen
Gruppe vertreten, bei Methodisten und Baptisten je ein Viertel,

[82] vgl. Hanf, Südafrika 107; Boesak, Achillesferse 595

[83] vgl. Human Relations and the South African Scene in the Light of Scripture. Official translation of the report Ras, Volk en Nasie en Volkereverhoudinge in die lig van die skrif approved and accepted by the General Synod of the Dutch Reformed Church, October 1974, Cape Town-Pretoria 1976

[84] vgl. K.-H. Dejung/H.Th. Risse (Hg.), Kirchen zwischen Apartheid und Befreiung, Bonn: KAEF 1977, 43f

[85] vgl. Hanf, Südafrika 100, 114; Harding, Südafrikapolitik 75f, 144, 152-
154, auch die Tabellen 202-206; Biko, I write 57, 59

bei Presbyterianern und Katholiken je ein Zehntel. Das Verhalten dieser Kirchen muß als ambivalent beschrieben werden. Sie
sind nicht parteipolitisch engagiert und identifizieren sich
nicht mit den anglophonen Südafrikanern als einer Volksgruppe.
Sie haben äußerlich keine nach Rassen getrennten Strukturen
und sich zumindest gemeinsam im South African Council of Churches (SACC) des öfteren der Rassentrennung gegenüber ableh-
nend gezeigt.
Auf der anderen Seite spiegeln auch sie die gesellschaftliche
Apartheidssituation wider. Die Führungsgremien in allen Kirchen werden - selbst in der explizit gegen die Apartheidpolitik eingestellten anglikanischen Kirche - von Weißen domi-
niert, obwohl jede der Kirchen weitaus mehr schwarze als weiße Mitglieder vorweisen kann. Die römisch-katholische Kirche
gar hat erst im Jahre 1975 (!) den ersten residierenden schwarzen Bischof ernannt. In Hierarchie, Klerus und Orden sind
Schwarze völlig unterrepräsentiert.

Den lutherischen Kirchen[86] (9) ist es bisher nicht gelungen,
ihre Spaltung nach rassischen Gesichtspunkten zu überwinden.
In der Föderation Evangelisch-lutherischer Kirchen im Südlichen Afrika (FELCSA) sind vier weiße und neun schwarze Mitgliedskirchen vertreten. Neben den lutherischen Kirchen Namibias und der schwarzen lutherischen Kirche Zimbabwes gehören
ihr von südafrikanischer Seite aus vier schwarze Kirchen an,
die sich 1975 in der Evangelisch-lutherischen Kirche im Südlichen Afrika zusammengeschlossen haben, zwei schwarze Kirchen
der Herrnhuter Brüdergemeine, sowie drei weiße, vorwiegend
deutsch geprägte, Kirchen. Die weißen Kirchen umfassen mit der
weißen Deutschen Evangelisch-lutherischen Kirche in Südwestafrika nicht einmal 5% aller Lutheraner im Südlichen Afrika.
    Diese Spaltung aus rassischen und ethnischen Gründen ist von
der Vollversammlung der FELCSA 1975 als durch glaubensfremde

---

[86] vgl. Tödt, Theologie 261; Dejung/Risse, Kirchen 4

und -bedrohende Prinzipien verursacht bezeichnet worden, z.B.
durch die totale Identifikation mit einer rassischen Gruppe.
Aus dieser Erkenntnis heraus verabschiedete sie den sog. 'Swakopmund-Appeal', den 'Aufruf an lutherische Christen im Südlichen Afrika zu Einheit und Zeugnis der lutherischen Kirchen
und ihrer Mitglieder in Südafrika'.
Eine außerordentliche Konferenz der FELCSA 1976 unterstrich
den Swakopmund-Appeal durch eine Verurteilung des politischen
Systems in Südafrika, das als unvereinbar mit dem Evangelium
bezeichnet wurde, und durch ein Schuldbekenntnis, die Prinzipien dieser Poltitik in der eigenen Kirche ebenfalls verwirklicht zu haben.[87]
Die Vollversammlung des Lutherischen Weltbundes 1977 in Dar es
Salaam sprach in der Erklärung 'Soziopolitische Funktionen und
Aufgaben der lutherischen Kirchen' dasselbe aus: die Situation
im Südlichen Afrika stelle einen status confessionis dar, d.h.
für deren Veränderung zu arbeiten, stimme mit dem Bekenntnis
der Kirche überein. Um die Einheit der Kirche zu manifestie-
ren, müsse das Apartheidssystem öffentlich abgelehnt werden.[88]

Seit der Entstehung der ersten Afrikanischen Unabhängigen Kirche (10) 1872 haben sich, I. Tödt zufolge, in Südafrika ca.
3000 dieser Kirchen zusammengefunden. Von 1960 bis 1970 stieg
ihre Mitgliederzahl um ca. 60%.

Die traditional religiöse schwarze Bevölkerung (Rubrik: Andere
Religionen) umfaßt etwa ein Drittel aller Schwarzen.[89]

Als konfessionsübergreifende Institution ist der bereits er-
wähnte South African Council of Churches (SACC) zu nennen, der
als eine wichtige Kraft kirchlicher Opposition gegen die Apart-

---

[87] vgl. zum Swakopmund-Appeal Dejung/Risse, Kirchen 4-9; zur außerordentli-
chen Konferenz 1976 a.a.O. 81-83, bes. 82

[88] vgl. U. Duchrow, Konflikt um die Ökumene, München 1980, 78f

[89] vgl. Tödt, Theologie 261

heidgesellschaft angesehen werden kann.[90] Er setzt sich zusammen aus allen protestantischen Kirchen, ausgenommen den weißen reformierten und den weißen lutherischen Kirchen. Die Niederländisch-Reformierte Kirche in Afrika ist dem Rat gegen den Willen ihrer Mutterkirche beigetreten; die Sendingkerk ist formell kein Mitglied. Die römisch-katholische Kirche hat einen Beobachterstatus inne und der größte Teil der Afrikanischen Unabhängigen Kirchen einen Antrag auf Aufnahme gestellt. Den Posten des Generalsekretärs bekleidet zur Zeit der schwarze anglikanische Bischof Desmond Tutu. Seit der 1968 veröffentlichten 'Botschaft an das Volk von Südafrika' ist der SACC immer wieder mit Stellungnahmen gegen die Apartheidstrukturen in Kirchen und Gesellschaft an die Öffentlichkeit getreten, 1974 mit einem indirekten Aufruf zur Kriegsdienstverweigerung, 1979 mit einem Aufruf zu zivilem Ungehorsam, um nur einige Beispiele zu nennen.

Zum Schluß bleibt noch das Christliche Institut im Südlichen Afrika (CI oder CISA) zu erwähnen.
Auf der Cottesloe-Konsultation des Ökumenischen Rates der Kirchen und seiner südafrikanischen Mitgliedskirchen 1960 wurde die Gründung einer Ständigen Konferenz der südafrikanischen Mitgliedskirchen in Erwägung gezogen, die sich mit den gesellschaftspolitischen Problemen Südafrikas befassen sollte. Nach dem Austritt der drei reformierten Kirchen Südafrikas aus dem ÖRK 1961 blieb - genau gesehen - von diesem Plan nur eine Privatinitiative einzelner Theologen übrig, die 1963 das CI mit dem weißen reformierten Theologen C.F. Beyers Naudé als erstem Direktor gründeten. Das CI umfaßte Christen verschiedener Hautfarbe, verschiedener Konfessionen, Volksgruppen, mit und ohne theologische Ausbildung. Durch seine Verfassung und seine Ar-

---

[90] vgl. Dejung/Risse, Kirchen I, III, VIIIf, Anm. 14, 1-3; Hanf, Südafrika 114; Im Zweifel Gott mehr gehorchen, Gespräch mit Dr. Allan Boesak, Südafrika, in: LM 19 (1980) 128f

beit, insbesondere durch das SPRO-CAS Programm (Study Project on Christianity in Apartheid Society) geriet es in ständigen Konflikt mit der offiziellen Regierungspolitik. 1972 bis 1974 unterlag das Institut der Untersuchung und Verleumdung durch die von der Regierung bestellte sog. Schlebusch-Kommission[91]. 1974 erklärte es die Regierung zur 'affected organization', das bedeutet, es durfte keine finanzielle Unterstützung aus dem Ausland mehr empfangen; 1977 wurde es zusammen mit den Organisationen der Bewegung des Schwarzen Bewußtseins verboten.

1.4.2 Black Power in der Theologie? - Der Einfluß von Black
       Power und Schwarzer Theologie in den USA

Ziel dieses Abschnittes ist, die Ähnlichkeit der Interpretation der Begriffe und Phänomene Black Power und Black Consciousness aufzuzeigen. Die hier von mir angeführten Interpretationen von Black Power stammen von Theologen - dem amerikanischen Schwarzen Theologen James H. Cone und dem südafrikanischen Schwarzen Theologen Allan Boesak - und verdeutlichen so ebenfalls die Wichtigkeit dieses Begriffs für Schwarze Theologie.[92]
Der Begriff Black Power wurde das erstemal 1966 von Stokely Carmichael im Rahmen der Bürgerrechtsbewegung in den USA gebraucht. Black Power meint schwarze Selbstbestimmung, schwarze Verantwortlichkeit für das eigene Leben: "... black folk taking care of black folk's business..."[93]. Cone setzt Black Power in eine Beziehung zu dem Tillichschen Begriff 'der Mut zum Sein'. Die Macht, zu dem eigenen 'schwarzen Wesen' ja zu sagen, ist eine Haltung, eine nach innen gerichtete Versicherung des Wer-

---

[91]Die 'Schlebusch-Kommission' sollte die Aktivitäten des CI, der NUSAS, des UCM und des South African Institute for Race Relations untersuchen. Ihr Name rührt her vom Innenminister der RSA, A. Schlebusch

[92]vgl. J.H. Cone, Black Theology and Black Power, New York 1969, bes. 1-30; Boesak, Unschuld 53-94

[93]Cone, Black Theology 6

tes und der Schönheit von Schwarzsein.

Die Absurdität der schwarzen Existenz entsteht dadurch, daß
Schwarze sich in einer Gesellschaft zu verstehen suchen, die
zwar Freiheit und Demokratie auf ihre Fahnen geschrieben hat,
aber nicht für Schwarze. Black Power ist kein schwarzer Rassismus, sondern die Bejahung der Menschlichkeit der Schwarzen
im Angesicht des weißen Rassismus. Carmichael definiert Rassismus als Ausschluß zum Zwecke der Unterdrückung. Diese Definition trifft den weißen Rassismus, nicht den Zusammenschluß
der Schwarzen zur Wiedergewinnung ihrer Identität und zum
Kampf um ihre Rechte. Der weiße Rassismus, der das eigentliche
Problem der USA darstellt, nicht die Schwarzen, ist so tief in
den Strukturen der amerikanischen Gesellschaft und dem Bewußtsein der weißen Menschen verwurzelt, daß nach Ansicht Cones
keiner ihm entrinnen kann.

So liegt die Verantwortung für die weiße Unterdrückung bei allen weißen Menschen, auch bei denen, die ein ruhiges Gewissen
haben oder die sich für die Schwarzen einzusetzen meinen. Ohne das Schweigen der ersteren könnte der Rassismus im politischen, wirtschaftlichen und sozialen Leben, in Erziehungsein-
richtungen, Kirchen etc. gar nicht existieren. Im Verhalten
der sog. Liberalen prägt sich, Cone zufolge, der weiße Super-
ioritätskomplex in besonderer Weise aus: Weiße möchten bestimmen, wann und wie die Sklaverei verschwindet. Cone konstatiert
ebenso wie Steve Biko das Dilemma des Liberalen, der auf der
einen Seite etwas für Schwarze tun, auf der anderen Seite aber
auch seine Privilegien wahren will. Statt zu entscheiden, wes-
sen Partei er ergreift, möchte er es mit keiner Gruppe verder-
ben.

> "... the liberal wants to be a friend, that is, enjoy the rights and
> privileges pertaining to whiteness and also work for the 'Negro'. He
> wants change without risk, victory without blood. ... What the liberal
> really means is, 'What can I do and still receive the same privileges
> as other whites and - this is the key - be liked by negroes."[94]

---

[94] a.a.O. 27 bzw. 28

Nur für solche Weiße, die wirklich bereit sind, ihr Leben für
die Freiheit, auch für ihre eigene, einzusetzen, ist Platz in
der Black Power-Bewegung.

Black Power, die unbedingte Bereitschaft, für die Freiheit und
die Rechte der schwarzen Menschen das eigene Leben zu riskie-
ren, ist nicht ein Zeichen der Verzweiflung, sondern der Hoffnung;

> "... it is hope, not in white people, but in their (der Schwarzen; LS)
> own dignity grounded in God himself. This willingness to die for human
> dignity is not novel. Indeed it stands at the heart of Christianity."[95]

Aus dieser Überzeugung heraus kann Cone sagen, daß Black Power
selbst in seiner radikalsten Form nicht die Antithese des Christentums ist, auch nicht eine beliebige häretische Idee, sondern, als äußerste Provokation formuliert:

> "It is, rather, Christ's central message to twentieth-century
> America."[96]

Südafrikanische Theologen haben lange kaum von Black Power gesprochen oder teilweise nur in negativen Anklängen. Allan Boesak hat als einer der ersten den Begriff Black Power in der
Auseinandersetzung mit Schwarzen Theologen der USA positiv auf-
gegriffen und gezeigt, daß die Interpretation von Schwarzem
Bewußtsein nahezu identisch wird mit dem Begriff oder Phänomen
Black Power.[97]

Black Power ist auch für Boesak die schwarze Antwort auf die
weiße Machtstruktur, auf Rassismus, Ausbeutung und Entfremdung.
Sie zeigt, daß Rassismus ein weißes Problem ist, aber auch insofern ein schwarzes, als die Schwarzen durch ihren Inferioritätskomplex ihre eigene Minderwertigkeit akzeptiert haben. Die
weiße Machtstruktur, in Südafrika konkret in der Apartheid,

---

[95] a.a.O. 30

[96] a.a.O. 1

[97] vgl. auch zum folgenden Boesak, Unschuld 57, 61, 65-67

bestimmt die gesamte schwarze Existenz als eine machtlose.
Black Power ist überall dort in der Geschichte zu finden, wo
um schwarze Befreiung, wenn auch oft erfolglos, gekämpft wurde. Schwarze haben allen Grund, auf diese Geschichte stolz zu
sein, die eine Kimpa Vita (afrikanische Prophetin des Kongo im
18. Jhd.), einen Albert Luthuli (ANC-Führer und Friedensnobel-
preisträger von 1960), einen Malcolm X und einen Martin Luther
King hervorgebracht hat.
Auch im Begriff der Black Power gehören innere und äußere Befreiung zusammen. Macht beginnt mit der Identifikation seiner
selbst, mit der Affirmation des eigenen Selbsts; ohne äußere
Manifestation aber, d.h. ohne die Veränderung sozialer Strukturen, kann sie nicht überleben. Der Prozeß der Selbstfindung
drückt sich aus in Schwarzem Bewußtsein. Schwarzes Bewußtsein
erscheint also als integraler Bestandteil von Schwarzer Macht.

Boesak allerdings kritisiert Cone in einem wichtigen Punkt,
indem er zu bedenken gibt, daß Cone in der Aussage, Black
Power sei die zentrale Botschaft Jesu Christi an das Amerika
des 20. Jhds., einer Identifizierung von Black Power mit dem
Evangelium gefährlich nahe kommt. Hinter dieser Kritik steht
die Frage nach der Identifizierung des Handelns der Schwarzen
mit dem Willen oder dem Handeln Gottes oder m.a.W. die Frage
nach dem Wirken Gottes in der Geschichte.

1.4.3 Weiterführende Zusammenfassung

Als Ergebnis kann festgehalten werden, daß Schwarze Theologie
keinesfalls isoliert von Schwarzem Bewußtsein und Schwarzer
Macht betrachtet werden darf. Im Gegenteil: Gerade in der Realisierung des Wertes der schwarzen Person, der schwarzen Kultur und Geschichte durch die schwarzen Menschen und in der Zurückweisung der weißen Dominanz in Gesellschaft und Kirche hat
Schwarze Theologie ihren Entstehungsort.
Welches Selbstverständnis nun diese Theologie auszeichnet, auf
welcher Grundlage sie sich aufbaut und wie ihre Reflexion eingebunden ist in eine befreiende Praxis der Christen wird in

den folgenden Kapiteln zu erörtern sein.

2.   Rassismus in Südafrika als ökumenisches Problem

Sinn dieses Abschnittes soll sein , der Fülle der Informationen einen Reflexionsschritt folgen zu lassen. Der Gegenstand
der Reflexion kann folgendermaßen umrissen werden:
Rassismus in Südafrika ist weniger ein regionales Problem als
vielmehr der Teil eines Problems 'im Weltmaßstab'. Dies zu begreifen, setzt voraus, daß der unmittelbaren Erfahrung der
schwarzen Situation eine Erfahrung gegenübersteht, die ich
in Anlehnung an W. Huber als Erfahrung der einen Welt benennen
möchte. Ihre Hintergründe und ihre konkrete Gestalt gilt es
hier anzudeuten ebenso wie die Forderungen, die sich aus ihr
heraus an die Theologie ergeben.
Bezogen auf die Kirche heißt die Aufgabe herauszuarbeiten, daß
in der südafrikanischen Situation der Rassismus als das Problem bezeichnet werden muß, das die Zerrissenheit der Kirche
quer durch die Konfessionen hindurch verursacht, die den Hoffnungen auf die eine Kirche in der einen Welt entgegensteht.
   Mit diesem Problem sind nicht nur die südafrikanischen Kirchen konfrontiert, sondern insbesondere auch die reichen Kirchen des Westens. So erweist sich auch auf kirchlicher Ebene
Südafrika als der 'Hohlspiegel der Welt'.

2.1   Die Erfahrung der einen Welt

Die großen theologischen Entwürfe der Geschichte lassen sich,
G. Picht zufolge, dahingehend kennzeichnen, daß sie ihrer weltgeschichtlichen Stunde insofern gerecht wurden, als sie die
Realitäten, die den Gang der Geschichte bestimmten, erkannt
und verstanden hatten. Im Gewand theologischer Reflexion ver-
arbeiteten sie die jeweilige geschichtliche Wirklichkeit.[98]

---

[98] vgl. G. Picht, Einleitung, in: ders./E. Rudolph (Hg.), Theologie - was
ist das?, Stuttgart 1977, 31; zum folgenden vgl. a.a.O. 28-37; W. Huber,
Theologie in der Begegnung, in: Schöpferische Nachfolge. Festschrift

Theologie unserer Zeit ist von daher aufgerufen, sich der Erfahrung zu stellen, die die größte Prägekraft für unsere gegenwärtige Geschichte besitzt, der <u>Erfahrung der einen Welt</u>.
Diese Erfahrung, die 'ganze bewohnte Erde' nur als 'eine Welt'
begreifen zu können, gründet in verschiedenen einzelnen Erfahrungen und hat ambivalenten Charakter:

- Die technisch-wissenschaftliche Zivilisation hat in partieller Hinsicht eine Einheit der Menschheit hervorgebracht, insofern zum einen die Naturwissenschaften und die industri-
  elle Produktion eine 'internationale Gültigkeit' erlangt
  haben, und zum andern die physisch-geographischen Schranken
  zwischen den Kontinenten durch die moderne Verkehrs- und
  Kommunikationstechnik so gut wie verschwunden sind.

- Die politisch-gesellschaftlichen Konflikte unserer Zeit können, ungeachtet ihrer verschiedenen Ausprägungen, hinsichtlich ihrer Entstehung und ihrer Austragung nur im Weltmaßstab gesehen werden. Im Feld des Konfliktes zwischen Zentrum
  und Peripherie oder der Spannungen zwischen den Machtblöcken
  in Ost und West erhalten auch zunächst regional begrenzte
  Konflikte ein internationales Gesicht. Im Konflikt zwischen
  den Nationen des Zentrums und denen der Peripherie führt
  die 'internationale Gültigkeit' der Bedingungen der industriellen Produktion nicht zur Einheit, sondern zur größtmöglichen Diskrepanz, der immer weiteren Öffnung der Schere
  zwischen Arm und Reich.

- Angesichts der Machtmittel, über die die Menschen zu ihrer
  eigenen und der Vernichtung ihrer Umwelt verfügen, hängt von
  der Lösung der o.g. Konflikte das Überleben der gesamten
  Menschheit ab. Aus dieser Bedrohung resultiert die Forderung
  nach der Schaffung einer internationalen Friedensordnung als
  wichtigster Aufgabe der Politik.

---

für H.E. Tödt, hg. v. Chr. Frey u. W. Huber, Heidelberg 1978, 423f; G.
Howe/H.E. Tödt, Frieden im wissenschaftlich-technischen Zeitalter,
Stuttgart 1966, 10f, 35f, 46f; Buthelezi, Ansätze 34-36

Dies soll zunächst genügen. Genaueres, vor allem zum zweiten
Punkt, wird im 3. Kapitel erörtert werden. Festzuhalten bleibt:
Die Erfahrung der einen Welt ist vielfach gebrochen durch die
Erfahrung der Diskrepanz. Beide Erfahrungen jedoch bedingen einander. Die vielfachen Spaltungen der Menschheit erscheinen
erst deutlich im Lichte des Widerspruchs zu der Erfahrung der
einen Welt. Umgekehrt entsteht die Idee einer kollektiven Verantwortung der Menschheit erst in der Antizipation des kollektiven Selbstmordes, der technisch und politisch in den Bereich
des Möglichen gerückt ist.

In diesem Zusammenhang möchte ich an zentrale Gedanken der Philosophie des Schwarzen Bewußtseins erinnern. Schwarzes Bewußtsein impliziert die Erkenntnis des internationalen Charakters
der Rassenkonflikte in Südafrika. Die schwarzen Menschen Südafrikas sind eingebunden in die internationale Auseinandersetzung zwischen Zentrum und Peripherie. Demgemäß geht Schwarze
Solidarität weit über die Grenzen Südafrikas hinaus und
schließt als Ziel auch die Versöhnung mit den Weißen ein.
Innerhalb dieses Abschnittes möchte ich noch ansprechen, wie
die Erfahrung der einen Welt in der zeitgenössischen europäischen Sozialphilosophie reflektiert wird und bediene mich zu
diesem Zweck der wahrhaft umfassenden Analysen Helmut Peu-
kerts.[99]

Die wissenschaftstheoretische Entwicklung dieses Jahrhunderts
hat, ausgehend von der Grundidee einer die Welt exakt abbilden-
den Einheitssprache als Basis der Einheitswissenschaft, zu folgender Erkenntnis geführt. Auch das formale Operieren der Wis-
senschaften, ihre Methoden und Instrumentarien können letztlich nicht von der Grundlage umgangssprachlich formulierter
Übereinstimmungen der Forschergemeinschaft losgelöst werden.
Nichthintergehbare Basis bleibt also die kommunikative Praxis

---

[99] vgl. H. Peukert, Wissenschaftstheorie - Handlungstheorie - Fundamentale
Theologie, Düsseldorf 1976, 67-75, 87-95, bes. 200-205 und 209-211, 242-
263, bes. 272f, 283

- 54 -

von Subjekten, die ihrerseits wieder in das Gefüge gesellschaftlicher und geschichtlicher Prozesse, kurz: in Geschichte
und Gesellschaft eingebunden ist.
Im Bereich der Theologie zeigt Peukert eine ähnliche Entwicklung auf, die zu dem gleichen Ergebnis führt, auf die ich
aber hier nicht näher eingehen will.
Zum entscheidenden Problem wird nun die Entwicklung einer Theorie kommunikativen Handelns, die zugleich die Forderung nach
einer kritischen Theorie der Gesellschaft und der Geschichte
erfüllen muß.
Wenn die Konstitution von Wirklichkeit letztlich als interak-
tive Leistung verstanden werden muß und wenn in sprachlicher
Kommunikation die Agierenden sowohl ein gemeinsames Verständnis unterstellen als auch die Fähigkeit, sich gegenseitig in
die Rolle des anderen hineinzuversetzen, dann kann als Grundstruktur kommunikativen Handelns - zumindest der Tendenz nach
- die gegenseitige Anerkennung der Interaktionspartner als
Gleichberechtigte bezeichnet werden. J. Habermas begreift
dies so, daß jede Kommunikationssituation von normativen Un-
terstellungen getragen ist, die einen Vorgriff auf die ideale
Sprechsituation darstellen. Kommunikatives Handeln, das auf
Gegenseitigkeit (Reziprozität), Gleichberechtigung und Solidarität hin angelegt ist, weist so über die unmittelbare Interaktion hinaus auf eine unbegrenzte Kommunikationsgemeinschaft.
Diese universale Kommunikationsgemeinschaft umfaßt alle, die
an Kommunikation teilnehmen können oder jemals hätten teilnehmen können, d.h. sie reicht über alle partikularen Gesellschaften hinaus und durch die Geschichte hindurch und wird so
zum "äußersten Horizont des Handelns"[100].

Für unser Interesse bleibt hier festzuhalten: Eine Theologie,
die sich als ökumenisch versteht, hat die Aufgabe, angesichts
der Erfahrung der einen Welt an der Überwindung der Spaltungen

_____

[100] a.a.O. 273

der Menschheit mitzuarbeiten. Die besondere Frage, die sie sich
stellen muß, ist die nach den Spaltungen der Kirchen angesichts
der Hoffnungen auf die eine Kirche.

2.2   Die eine Kirche und ihre Spaltungen

Die 4. Vollversammlung des Ökumenischen Rates der Kirchen 1968
in Uppsala formulierte - interessanterweise im Rahmen einer
theologischen Rechtfertigung der Bekämpfung des Rassismus -
die Bedeutung der Erfahrung der einen Welt für die Kirche so,
daß sie (die Kirche) "es wagt..., von sich selbst als dem Zeichen der zukünftigen Einheit der Menschheit zu sprechen"[101].
Sie behauptet die Einheit der Menschen aufgrund ihrer Gleichheit, die im Geschaffensein nach dem Bilde Gottes und der Versöhnung in Jesus Christus begründet ist.
Zu fragen ist hier, ob nicht gerade die christliche Kirche
schon in ihren 'klassischen' Spaltungen in Ost und West, Ka-
tholisch und Protestantisch weniger ein Bild der Einheit denn
der Zerrissenheit der Menschheit zeichnet. Weiterhin bleibt
zu fragen, ob nicht andere als konfessionell geprägte Spaltungen die Kirche der Gegenwart zertrennen und, da Kirche immer Kirche in der Welt ist, inwieweit sie sich den Spaltungen
der Welt angepaßt hat.
Manas Buthelezi sieht die einigende Kraft des Evangeliums er-
schüttert durch die Spaltungen auf sozialer, politischer und
auch kirchlicher Ebene. Die Formulierung 'eins in Christus'
hat ihre Bedeutung weitgehend verloren, da selbst Rassisten
sie trotz ihrer gegenteiligen Praxis unwidersprochen gebrau-
chen dürfen.[102] Besonders interessant wird diese Aussage, wenn

---

[101] Bericht aus Uppsala 1968. Bericht über die vierte Vollversammlung des
Ökumenischen Rates der Kirchen, Uppsala 4.-20. Juli 1968, hg. v. W.
Müller-Römheld, Genf 1968, 20, vgl. auch 21; vgl. weiter J. May, Sprache der Einheit - Sprache der Zwietracht. Der Rassismus als Testfall
ökumenischer Kommunikation, in: P. Lengsfeld (Hg.), Ökumenische Theologie. Ein Arbeitsbuch, Stuttgart u.a. 1980, 266-268

[102] vgl. M. Buthelezi, In Christus - eine Gemeinschaft im Heiligen Geist,

man bedenkt, daß ihre direkten Adressaten nicht etwa Angehörige der staatstragenden reformierten Kirchen waren, sondern die
Teilnehmer der Vollversammlung des Lutherischen Weltbundes
1977 in Dar es Salaam, die mit Buthelezi die gleiche Konfes-
sionszugehörigkeit teilen. Die Bedrohung der Einheit der Kirche rührt, so will es scheinen, weniger von der konfessionellen Spaltung her, ohne diese zu unterschätzen, sondern von
der Erfahrung und der Praxis des Rassismus'.
Diese fundamentale Erfahrung läßt in den Kirchen Südafrikas
und besonders in der Schwarzen Theologie die alten dogmati-
schen Differenzen der Konfessionen in den Hintergrund treten
und die Trennungslinien quer durch die Konfessionen hindurch
verlaufen.[103]
Ebenso wie in den internationalen politischen Konflikten gewinnen die zunächst regional erscheinenden Konflikte, in die
die Kirchen verwickelt sind, an Gewicht für die weltweite
Kirchenöffentlichkeit. Gerade für die reichen Kirchen des Westens gibt es keine Möglichkeit, sich aus dem Konflikt in
Südafrika herauszumanövrieren. Ebenso wie den südafrikanischen
Kirchen, die sich den Vorwurf gefallen lassen müssen, die rassistischen Strukturen der Gesellschaft in ihren eigenen Reihen zu reproduzieren, muß ihnen vorgehalten werden, daß das
internationale Schema der Abhängigkeit zwischen Zentrum und
Peripherie sich in den zwischenkirchlichen Beziehungen wiederholt. Die ökumenische Bewegung, wie auch die einzelnen Kon-
fessionsfamilien werden dadurch in zwei Gruppen gespalten,
die der 'Geberkirchen', der finanziell gesicherten Kirchen des
Zentrums, und in die der 'Empfängerkirchen' der Peripherie.
Paternalistische Haltung auf der einen und Abhängigkeit auf

---

in: ZZ (1978) H. 4, 121

[103] vgl. Im Zweifel 129; Theologie für Afrikaner. Gespräch mit Dr. Manas
Buthelezi, Natal, in: LM 10 (1972) 535; Buthelezi, Bedeutsamkeit 66;
May, Sprache 251-254; zum folgenden vgl. Buthelezi, Ansätze 37-39;
Duchrow, Ökumene 138-149

der anderen Seite setzen sich so ständig fort. Bedenkt man
angesichts der heftigen Auseinandersetzungen um das Antirassismusprogramm des ÖRK, daß dieses Programm ein Versuch war
und ist, aus diesem Beziehungsgefüge auszubrechen, dann wird
zum einen deutlich, wie sich die beschriebenen Haltungen der
Kirchen verfestigt haben und wie sehr das scheinbar regionale Problem der Kirchen Südafrikas auch ein kirchlich-inter-
nationales Anliegen ist. So ist im doppelten Sinne "die ökumenische Kirche ... gerade in der südafrikanischen Situation
deutlich präsent"[104].

Die zentrale Frage, die sich aus dem gesamten Kapitel ergibt,
heißt: Inwieweit prägen sowohl die Erfahrung des Schwarzseins als auch die Erfahrung der einen Welt als Spannung von
Kontextualität und Universalität das Selbstverständnis
Schwarzer Theologie?

---

[104] Buthelezi, Ansätze 38

2. Kapitel

THEOLOGIE ZWISCHEN KONTEXTUALITÄT UND UNIVERSALITÄT - ZUM
THEOLOGIEVERSTÄNDNIS IN SCHWARZER THEOLOGIE

Das zweite Kapitel beschäftigt sich mit der Frage nach dem Verständnis Schwarzer Theologen von Theologie und Theologietreiben. Leitfragen sollen sein: Wie weit kann oder muß Schwarze
Theologie sich auf die beschriebene geschichtliche Situation
einlassen? Inwieweit wirkt sich der Entstehungsort auf das
Verständnis und die Inhalte Schwarzer Theologie aus? Wie si-
tuationsgebunden kann, wie 'universal' muß sie sein? Kann
oder will sie in ihrer Situationsgebundenheit einen Anspruch
auf universale Geltung artikulieren und wenn ja, wie wäre
dieser einzulösen?
Das anstehende Kapitel will auf diese Fragen Antwort geben,
zum einen aus der Perspektive Schwarzer Theologen und ihrem
Verständnis von Theologie (1.), zum andern aus der Perspektive
der Studie 'Rechenschaft über die Hoffnung' der Kommission für
Glauben und Kirchenverfassung und ihren Erkenntnissen über die
Spannung von Kontextualität und Universalität in Glaubensaus-
sagen und Hoffnungszeugnissen (2.).

1.   Universalität in Kontextualität: Schwarze Theologie als
      Theologie der Befreiung

Die Situation schwarzer Menschen in Südafrika erfordert eine
Theologie, die die Erfahrung der Unterdrückung ernst nimmt und
deshalb Befreiung zum Knotenpunkt ihrer wichtigsten Aussagen
über Gott, Jesus Christus und das Evangelium macht. Als eine
Theologie in Afrika wurzelt sie nicht nur in der gegenwärtigen Situation, sondern auch in afrikanischer Tradition. Zu erörtern bleibt die Frage nach der Art und Weise der Rezeption
von Elementen afrikanischer Kultur und deren Stellenwert für
die Schaffung einer einheimischen Theologie.
Situationsgebundenheit und universaler Charakter von Theologie
müssen sich nicht notwendig widersprechen. Als eine schwarze

Theologie der Befreiung steht Schwarze Theologie in der Spannung
von kontextualer Gebundenheit und universaler Geltung. Ja, sie
scheint gerade in ihrer Kontextualität wahrhaft ökumenisch zu
sein. Dies soll im folgenden näher erörtert werden.

1.1 Theologie aus schwarzer Erfahrung

1.1.1 Das Versagen 'westlicher' Theologie

Innerhalb dieses Abschnittes soll grundlegende Kritik Schwarzer
Theologen an 'westlicher' Theologie kurz umrissen werden. Sollte der Eindruck entstehen, daß es sich im wesentlichen um eine
Aneinanderreihung von Behauptungen handelt, bitte ich um ein
wenig Geduld bis zum dritten Kapitel, in dem zumindest einige
der hier aufgestellten Thesen noch einmal einer Untersuchung
unterzogen werden. Hier ist die aufgeführte Kritik nur insofern
interessant, als sie zum Verständnis des spezifischen Anliegens
Schwarzer Theologie dient.
Schwarze Theologen konzentrieren ihre Kritik in drei Punkten:
a) D. Tutu nennt 'westliche' Theologie eine hauptsächlich
akademische Theologie; sie wird betrieben in Hörsälen, Bibliotheken und Studierzimmern. Sie schwebt in der ständigen Gefahr - unbeschadet der Notwendigkeit eines gewissen Spezia-
listentums - die esoterische Beschäftigung einiger weniger Pri-
vilegierter zu werden und so an den realen Lebensproblemen der
Menschen vorbeizugehen. Die Lebenserfahrung der Studenten ist
zumeist kein relevanter Ort für die Entstehung von Theologie,
d.h. die Studenten können sich nur ungenügend als Subjekte
des Theologisierens begreifen. Sie sind daher nicht dafür aus-
gerüstet, vor allem in einer späteren Praxis, Theologie zu <u>tun</u>.[1]
b) 'Westliche' Theologie ist hinsichtlich ihrer zentralen
Gedanken, Normen und Werte ein Produkt europäischer Geschichte. Kulturelle und politische Veränderungen in Europa brachten

---

[1] vgl. Tutu, Versöhnung 15-17; auch: Es bleibt uns nicht viel Zeit. Gespräche mit Dr. Manas Buthelezi, in: LM 16 (1977) 464

auch Veränderungen der Theologie mit sich, beispielsweise in
der Geschichte der Reformation. Wenn die großen theologischen
Entwürfe der Geschichte wirklich ihrer jeweiligen geschichtlichen Realität gerecht wurden, dann konnte die Theologie, die
auf dem Hintergrund europäischer Geschichte entstand, gar
nicht anders als europäisch sein.

So fehlte Europäern - selbst wenn sie es gewollt hätten - jede
Möglichkeit, überhaupt eine afrikanische Theologie zu entwerfen. Die Kritik, die M. Buthelezi hier übt, richtet sich nicht
gegen die europäisch geprägten Inhalte aller europäischen
Theologie als solcher, sondern gegen ihre Übertragung als gan-
zer Traditionsblock auf die entstehenden Kirchen Afrikas und
Asiens, als käme ihnen eine universale Geltung zu.[2]

c) A. Boesak bezeichnet 'westliche' Theologie nicht nur hin-
sichtlich ihrer kulturellen, sondern auch ihrer politischen
Funktion als eine durch und durch weiße Theologie.[3] Bis in die
Gegenwart hinein ist die Geschichte der christlichen Kirchen
und ihrer Theologien nicht loszulösen von der Geschichte der
Sklaverei, des Kolonialismus' und der Unterdrückung. Die
Kreuzzüge und schließlich der beginnende Imperialismus breite-
ten das weiße christliche Abendland aus - Hand in Hand mit der
Vernichtung alter Kulturen und Zivilisationen. Die herausra-
gendsten Ereignisse der Kirchengeschichte, wie etwa die Reformation, ignorierten die schwarze Situation; weder die römisch-
katholische noch die protestantischen Kirchen hielten sie für
eine theologisch relevante Wirklichkeit.[4] Für die Schwarzen
war es letztlich gleichgültig, wer die Oberhand behielt, denn
alle weißen Bekenner waren sich einig, das Schicksal der

---

[2] vgl. Buthelezi, Ansätze 42, 127f

[3] vgl. zum ganzen Abschnitt Boesak, Unschuld 36-41; B. Goba, Doing Theology
in South Africa: A Black Perspective, in: JThSA (1980) H. 31, 25, 31

[4] Boesak zitiert hier H. Gollwitzer, Zur "Schwarzen Theologie", in: EvTh
34 (1974) 47f; vgl. Boesak, Unschuld 37

Schwarzen als das der Knechtschaft zu bestimmen. Biblische
und theologische Gründe mußten zur Rechtfertigung der Sklaverei
herhalten, wobei natürlich nicht verschwiegen werden soll, daß
es auch Theologen und Kirchenvertreter gab, die gegen die Sklaverei Stellung bezogen.
Das Gesagte kann auf die Situation in Südafrika übertragen werden. Die Politik der Apartheid hat dort personell wie theologisch eine starke Unterstützung durch die weißen reformierten
Kirchen erfahren, die allzu häufig begleitet war und ist vom
Schweigen anderer Kirchen (vgl. 1. Kapitel, 1.4.1 und 3. Kapitel, 1.3.3).
Auf diesem Hintergrund wird verständlich, warum in der Perspektive Schwarzer Theologen westliche oder weiße Theologie als
ein nahezu einheitlicher Gegenpol zu Schwarzer Theologie erscheint. Auch wenn es hinsichtlich theologischer Inhalte sicherlich nicht die weiße Theologie gibt und Schwarze Theologen auch gewisse Ausnahmen konzedieren, sind in der Formulierung Boesaks die sozialen Auswirkungen der Theologien der
westlichen Welt, ungeachtet ihrer internen Streitigkeiten, für
die schwarzen Völker Afrikas tendenziell die gleichen gewesen.
    Anders gewendet, in den Worten Buthelezis, bedeutet die
Zugehörigkeit zum gleichen Bekenntnis für Schwarze noch lange
nicht, daß sie von ihren (weißen) Glaubensbrüdern und -schwe-
stern auch als vollwertige Menschen behandelt werden.

> "Der Mensch in der 'Dritten Welt' hat gelernt, daß bestimmte Bekennt-
> nisse und Lehrdefinitionen zu unterschreiben keine Garantie bietet,
> von denjenigen, die zufällig dieselben Lehrformeln unterschreiben,
> auf der Grundlage seiner unversehrten Menschlichkeit akzeptiert zu
> werden. Der kirchliche Schirm von Bekenntnis und Lehre hat als Schutz
> gegen den Regen des Rassismus kläglich versagt."[5]

1.2.2 Die Partikularität der Theologie als Preis ihrer Relevanz

Grundlegend für das Selbstverständnis Schwarzer Theologie ist,

---

[5] Buthelezi, Ansätze 128

daß sie die Situation des Schwarzseins ernst nimmt als den un-
umgänglichen Ort jeglicher theologischer Reflexion durch
schwarze Christen. Wie zu zeigen sein wird, stimmen darin alle
herangezogenen Autoren überein. Nach A. Boesak und M. Buthelezi müht Schwarze Theologie sich, eine Antwort zu sein auf die
Fragen schwarzer Menschen nach ihrer wahren Würde und nach der
Befreiung ihres wahren Ichs.[6] Indem sie ihnen hilft zu realisieren, daß ihr Schwarzsein ihr Menschsein ausmacht, drückt
sie aus, daß Schwarzsein eine wesentliche Konstituente für die
Gestaltung des Glaubens schwarzer Menschen an Jesus Christus
ist, ja, daß Gottes Wort den schwarzen Menschen gerade in den
Ketten seiner Knechtschaft erreicht, nicht im Zustand eines
Pseudo-Weißseins.

Schwarze Theologie erwächst aus den Kräften, die das tägliche
Leben bestimmen und muß so verstanden werden als ein Versuch,
mit der eigenen Situation theologisch fertigzuwerden. B. Goba
qualifiziert sie als eine hermeneutische Praxis, die auf das
Verstehen der eigenen Erfahrung im Lichte des Evangeliums
zielt und als solche verwickelt ist in den Kampf des schwarzen
südafrikanischen Volkes um Befreiung aus ökonomischer, politischer, psychologischer und kultureller Abhängigkeit.[7]

Boesak entwickelt aus dem Gesagten folgende These, die zur
wichtigsten Arbeitshypothese dieses Kapitels werden soll:[8]
Alle authentische Theologie entsteht in einem bestimmten Kontext, d.h. innerhalb einer Gemeinschaft, die in ihrer Geschichte bestimmte Erfahrungen mit Gott macht. So versteht sich
Schwarze Theologie als eine kontextuelle Theologie. Das Ver-

---

[6] vgl. Boesak, Unschuld 10, 33; ders., Liberation 170; Buthelezi, Schwarze
Theologie 46f; ders., Rettet 83; ders./Duchrow, Bibel 136

[7] vgl. Goba, Doing Theology 25f, 34f

[8] vgl. Boesak, Unschuld 14f; ders., The Relationship of Text and Situation,
Liberation and Reconciliation in Black Theology, in: Voices of the Third
World 2 (1979) H. 1, 32f

ständnis des Wortes Gottes und die Theologie hängen immer davon ab, in welcher Situation man das Wort hört und Theologie
treibt. Diese Erkenntnis ist sicherlich nicht neu - Schwarze
Theologie betont lediglich, daß es unsinnig wäre, eine bestimmte Theologie für alle Zeiten und Orte für verbindlich zu
erklären.

> "Each theological concept develops within a particular context and our
> theological thinking - the way we read the Gospel, ..., the way we in-
> terpret our situation in the light of the Gospel - has everything to
> do with what we eat and how many times a day we eat, what salary we
> earn.... The situation in which we live, the context in which we live
> profoundly influences the way we do our theology."[9]

Theologie verändert sich mit den Bedingungen und Lebensumstän-
den derer, die Subjekt und Adressat der Theologie sind.[10] Ihre
Partikularität resultiert aus der Begrenztheit ihrer Betreiber,
der Begrenztheit ihrer Anwendung auf bestimmte Situationen und
aus ihrem Bemühen, auf ganz bestimmte Fragen Antwort zu geben.
Um dazu fähig zu sein, darf sie sich nicht als das letzte Wort
dünken, sondern muß sich 'inkarnieren' in die ökonomischen, politischen und soziokulturellen Strukturen, die das Leben der
'wirklichen Menschen' bestimmen. Sie akzeptiert,

> "... that all theology is provisional and cannot lay claim to a univer-
> sal validity, for any relevant theology must accept the scandal of its
> particularity, which, after all, is the price of its relevance."[11]

1.2   Befreiung im Brennpunkt Schwarzer Theologie

Befreiung durchzieht gleichsam als Leitmotiv sämtliche Grund-
aussagen Schwarzer Theologie. In diesem Abschnitt werde ich im
wesentlichen dem Gang der theologischen Reflexion A. Boesaks
folgen - die entsprechenden Textpassagen bei D. Tutu und B. Goba

---

[9] Boesak, Liberation 171f

[10] vgl. Tutu, Church 5f; ders., Theology 164-166

[11] Tutu, Theology 165

weisen m.E. keine größeren Differenzen auf; M. Buthelezi dagegen setzt häufiger andere Akzente. Letzterer spricht nicht
explizit von Schwarzer Theologie als Theologie der Befreiung
in einem methodologischen Sinne, sondern legt ein stärkeres
Gewicht auf den Begriff der Identität. Das Thema der Befreiung
verliert dadurch aber nicht an Bedeutung, was im einzelnen unter den verschiedenen Unterpunkten zu erörtern sein wird.
Unbeschadet der unterschiedlichen Begrifflichkeit liegt dem
Verständnis aller vier Theologen von Theologie eine gemeinsame Struktur zugrunde, die ich in Abschnitt 1.2.5 herauszuarbeiten versucht habe. Im folgenden werden die Gottesvorstellun-
gen (1.2.1), das Verständnis Jesu Christi (1.2.2) und des
Evangeliums (1.2.3), die Antizipation der Befreiung der Unterdrücker (1.2.4) und schließlich die Bedeutung des Begriffs Befreiung für ein Konzept von Theologietreiben (1.2.5) zur Sprache kommen.

1.2.1 Der Gott des Exodus

A. Boesak nennt als Gottes wichtigste Eigenschaft sein Dasein
als Befreiergott, als der Gott des Exodus.[12] Seine Geschichte
mit Israel ist wesentlich eine Befreiungsgeschichte. Die Herausführung Israels aus dem Sklavenhaus Ägypten, d.h. eine historische Erfahrung der Befreiung, wurde zum Fundament und Kern
der Beziehung Israels zu seinem Gott. Jahwe und Israel defi-
nierten ihre gemeinsame Geschichte als die von Befreier und
Befreiten, Jahwe in seiner Namensoffenbarung, Israel in zahlreichen Bekenntnisformeln, die das ganze Alte Testament durch-
ziehen. Gottes Name ist JHWH, der Gott, der da ist, der für
sein Volk da ist, dessen Für-sein-Volk-Dasein sich in der Befreiung aus Ägypten erweist. Das Elend seines Volkes veranlaßt ihn, herabzusteigen und es der Hand seiner Unterdrücker
zu entreißen (Ex 3,7f).

---

[12] vgl. besonders Boesak, Unschuld 20-23; auch: ders., Text and Situation
30-34; ders., Liberation 173f

Für Israel konnte der Exodus als fundamentales Heilsereignis
weder durch den Bund mit Jahwe noch durch Jahwes Gegenwart im
Heiligtum verdrängt werden. Im kleinen geschichtlichen Credo
(Dtn 26,5b-9; 6,20-25) wird die Geschichte als Handeln Jahwes
an seinem Volk bekannt (im doppelten Sinne), wobei dieses
'Credo' niemals abgeschlossen war, sondern neu erfahrenes
Heilshandeln Gottes immer fortschrieb.
Die Kritik an der Institutionalisierung des Königtums, die Li-
turgie des Pessach-Festes, die Verkündigung der Propheten wa-
ren geprägt von der Erfahrung des Exodus, die als Zeichen der
Hoffnung und als Legitimation für die Forderung nach sozialer
Gerechtigkeit diente.[13]
Für das Verständnis Schwarzer Theologie hält Boesak folgendes
fest:

- Eine historische Erfahrung der Befreiung konstituierte und prägte
  die Beziehung Israels zu seinem Gott Jahwe.
- Gottes Liebe kann nicht von seiner Gerechtigkeit getrennt werden,
  die sich in seiner Beziehung zum Menschen und in der Beziehung der
  Menschen untereinander konkretisiert.

Für Boesak gibt es folglich auf die schwarze Christen bedrän-
gende Frage: Gott, auf welcher Seite stehst du? oder noch pro-
vozierender: Gott, bist du schwarz oder weiß? eigentlich nur
eine Antwort. 'Gott ist ein Neger."[14], wie Bischof McNeal Tur-
ner in Südafrika schon 1894 formulierte. Schwarze Christen erkennen in der Situation Israels in Ägypten ihre eigene Situation als Unterdrückte wieder und betrachten Gottes Wort und
Tat der Befreiung als an sie gerichtet, d.h. sie wissen Gott
auf ihrer Seite. Hier scheint der 'garstige Graben', der die

---

[13] Zur Darstellung des Exodusthemas vgl. auch P. Weimar/E. Zenger, Exodus.
Geschichten und Geschichte der Befreiung Israels, Stuttgart 1975, 94-
99; A. Deissler, Die Grundbotschaft des Alten Testaments, Freiburg 1972,
48-52, 69-73, 102-105; L. Karrer, Der Glaube in Kurzformeln, Mainz 1978,
39-46 und die schöne Formulierung des Gottesnamens: "Gottes Name lautet:
Solidarisch-mit-dem-Volk.", in: E. Schillebeeckx, Christus und die
Christen, Freiburg 1977, 2

[14] zit. nach Boesak, Unschuld 45

Gegenwart von den historischen Dokumenten des Alten und Neuen
Testaments trennt, zusammengerückt zu sein.

D. Tutu formuliert Gottes Einstehen für sein Volk so, daß der
Befreiergott in einer Situation der Verzweiflung und der Hilf-
losigkeit ein Gott der Hoffnung ist und ein mitleidender Gott
("God of compassion"[15]). Das Leiden der Menschen läßt ihn nicht
unberührt. Die Bibel zeigt dies in vielen Beispielen von Gott
als einer sorgenden Mutter, einer Henne, die ihre Küken unter
ihren Flügeln sammelt, etc.. Gott leidet, weil er sich mit den
Unterdrückten in ihrem Leiden identifiziert.

M. Buthelezi spricht im Unterschied zu Boesak und Tutu nicht
explizit von dem Befreiergott des Exodus, sondern von dem
Schöpfergott, der den schwarzen Menschen nach seinem Bilde geschaffen und zu einem Leben in Ganzheitlichkeit gerufen hat.[16]
Wenn der schwarze Mensch dies erkennt, bedeutet das einen
Schritt hin zu der Wiederherstellung seiner beschädigten Identität. Der Vergleichspunkt zu dem Thema der Befreiung liegt
darin, daß Buthelezi diesen Neugewinn von Identität als einen
Prozeß psychologischer Befreiung qualifiziert, der eingebunden
sein muß in 'physische', d.h. gesellschaftliche Befreiung.

1.2.2 Der Schwarze Messias

A. Boesak hat sich mit der Frage auseinandergesetzt, wie aus
der Perspektive schwarzer Christen Jahwe als Befreiergott in
Jesus Christus neu erfahren werden kann, und hat in Anlehnung
an J. Cone und andere Schwarze Theologen in den USA die Vorstellung des Schwarzen Messias zur Sprache gebracht.[17]
Jesus rückt in seinem Auftreten nicht von der Botschaft der

---

[15] Tutu, Theology 167, vgl. auch 166

[16] vgl. sämtliche Titel Buthelezis in Anm. 74 im 1. Kapitel

[17] vgl. Boesak, Unschuld 14, 24-30, 48-51; ders., Liberation 173; ders.,
Text and Situation 32; ders., Civil Religion and the Black Community,
in: JThSA (1977) H. 19, 42f

Befreiung ab, die das ganze Alte Testament durchzieht, sondern
stellt sich bewußt in die Linie der prophetischen Tradition.
Er macht sich die Botschaft von der Befreiung zu eigen, indem
er sich selbst als die Erfüllung der messianischen Prophetie
zu erkennen gibt. Indem Jesus das fortsetzt, was von Jahwe im
Alten Testament erzählt wurde, macht Jahwe sich in ihm bekannt.

Boesak und D. Tutu räumen Jesu erster Predigt in der Synago-
ge zu Nazareth in Lk 4,16-21, insbesondere 18f, eine zentrale
Stellung für ihr Verständnis seiner Botschaft ein.[18]

> So kam er auch nach Nazaret, wo er aufgewachsen war, und ging wie ge-
> wohnt am Sabbat in die Synagoge. Als er aufstand, um aus der Schrift
> vorzulesen, reichte man ihm das Buch des Propheten Jesaja. Er schlug
> das Buch auf und fand die Stelle, wo es heißt:
> Der Geist des Herrn ruht auf mir;
> denn der Herr hat mich gesalbt.
> Er hat mich gesandt,
> damit ich den Armen eine gute Nachricht bringe;
> damit ich den Gefangenen die Entlassung verkünde
> und den Blinden das Augenlicht;
> damit ich die Zerschlagenen in Freiheit setze
> und ein Gnadenjahr des Herrn ausrufe.

Die prophetische Ankündigung des Gesalbten Jahwes in Jes 61,1f
bezieht Jesus auf sich selbst. Die Armen als diejenigen, denen
die Herrschaft Gottes zugesagt ist, verklammern seine Botschaft
mit der Verkündigung der Propheten, die Jahwes Liebe immer im
Zusammenhang mit sozialer Gerechtigkeit sahen.
Boesak wehrt sich nachdrücklich gegen eine spiritualisierende
Auslegung dieses Textes, die Arm-, Blind-, Gefangen- und Zer-
schlagensein als Ausdruck einer psychischen oder moralischen
Verfassung liest und nicht als die Bezeichnung einer sozialen
Lage. Der Begriff 'arm' ist also streng wörtlich zu nehmen.
Die Ausrufung des Gnadenjahres durch den Propheten steht in en-
gem Zusammenhang mit der Tradition des Exodus. Sowohl das Sab-
batjahr als auch das Jobeljahr finden ihre Begründung in der
Herausführung Israels aus Ägypten (Lev 25). Alle sieben Jahre

---

[18] vgl. Boesak, Unschuld 24-30; Tutu, Church 8

- 68 -

soll das Land brachliegen (Sabbatjahr), alle 50 Jahre ein heiliges Jahr ausgerufen werden, in dem jeder, der sein Land aus
Armut hatte verkaufen müssen, es zurückerhielt und jeder, der
sich aus Armut selbst als Sklave hatte verkaufen müssen, die
Freiheit wiedergewann (Jobeljahr). Diese Anordnung gründet in
der Überzeugung, daß alles Land Jahwe gehört - ebenso ist Israel als Volk sein Eigentum, weil er es aus Ägypten herausge-
führt hat. Der Herrschaft des Menschen über das Land und über
seine Mitmenschen sind also spürbare Grenzen gesetzt. Das Jobeljahr ist ein Ausdruck dafür, daß ein befreites Volk nur
durch die ständige Manifestation dieser Befreiung - nicht nur
für einige wenige, sondern für alle in allen Bereichen des Lebens - existieren kann.
Indem Jesus die Erfüllung der messianischen Prophetie für seine Person beansprucht - das Gnadenjahr des Herrn ist in ihm
angebrochen - deutet er hin auf die Universalität der Befreiung Gottes, die das ganze Leben in allen seinen einzelnen
Aspekten und die gesamte Menschheit umfaßt.

Jesu Herkunft aus armen Verhältnissen, sein Leben als Armer
mit den Armen und die Berufung seiner Jünger aus ihren Reihen,
seine Parteilichkeit für Zöllner und Sünder, Arme und Unterdrückte zeigen den befreienden Charakter seiner Botschaft.
Diese Wirklichkeit des historischen Jesus bleibt maßgebend für
die Gegenwart des auferstandenen Christus. Deshalb weist Boesak den Jesus zurück, den weiße Christen nach Afrika gebracht
haben und der in ihrer Verkündigung selbst weiß geworden ist.

"Dieser weiße Jesus sprach zu den Schwarzen in der Predigt und dem Leben weißer Christen. Immer und unwiderruflich auf der Seite der Mächtigen, war er die Garantie weißer 'baasskap' und schwarzer Unterwerfung und Untertänigkeit. Er segnete die Waffen der Weißen und versi-
cherte sie des Sieges über Kaffern und Indianer. Sein Evangelium, die
Hoffnung der Armen, wurde der Freibrief für ihre Politik von 'Recht
und Ordnung' und gab ihrem Lebensstil den Heiligenschein göttlicher
Zustimmung. Die Entlarvung dieses Jesus ist die einschneidendste Erfahrung in der schwarzen Christenheit. Wir bezeugen mit J. Cone, daß
es für schwarze Christen in unserer Zeit nur ein wahres Bekenntnis
gibt: Jesus Christus ist der schwarze Messias."[19]

Schwarze Theologen wie Albert Cleage und Simon Maimela haben
Jesus im buchstäblichen Sinne als schwarzen Messias verstanden.
J. Cone und A. Boesak halten die tatsächliche Hautfarbe Jesu
für nebensächlich, aber: "Jesus war nicht weiß in irgendeiner
Bedeutung des Wortes."[20] Die Vorstellung des Schwarzen Messi-
as ist die christologische Aussage schlechthin in Schwarzer
Theologie - "... it expresses the concreteness of Christ's
continued presence today".[21]

Der Ertrag der biblischen Studien läßt sich auf folgenden Nen-
ner bringen: Gottes Liebe kann nicht von seiner Gerechtigkeit
getrennt werden, d.h. Gott ist durch und durch parteilich. Aus
der Perspektive schwarzer Christen identifiziert er sich in
Jesus, dem Schwarzen Messias, mit dem Leiden und dem Kampf der
Unterdrückten um Befreiung. In den Worten S. Ntwasas und B.
Moores: Entscheidend für die Wahrnehmung Gottes wird sein, wie
in 1.2.1 in den Begriffen Befreiung, Hoffnung und Mitleiden
angedeutet, daß sie ein Ausdruck von Beziehungen ist - von Liebe, Freiheit und Ganzheitlichkeit, die zwischen Menschen existieren, angesichts unserer Gegenwart aber immer überschritten
werden können.[22]

1.2.3 Das Evangelium der Befreiung und die Befreiung des
      Evangeliums

Befreiung ist, A. Boesak und J. Cone zufolge, nicht nur ein
Teil, sondern der Inhalt und Rahmen des Evangeliums. In den
Taten Gottes für sein Volk Israel und im Leben Jesu, des Mes-

---

[19] Boesak, Unschuld 49 (Hervorh. v. mir; LS)

[20] ebd.; vgl. auch ders., Civil Religion 43; zu J. Cone und A. Cleage vgl.
J. Cone, God of the Oppressed, New York 1975, 133-137; A. Cleage, Jr.,
The Black Messiah, New York 1969

[21] Boesak, Civil Religion 43

[22] vgl. S. Ntwasa/B. Moore, Die Gottesvorstellung in der Schwarzen Theologie, in: Moore, Schwarze Theologie 40f

sias, zeigt sich die ganze biblische Botschaft als eine Botschaft der Befreiung.[23]
Aufgrund dieser Botschaft ist das Evangelium Jesu Christi zutiefst politisch. D. Tutu und B. Goba betonen, daß es sich
ebenso wie die Predigt der Propheten gegen eine Gesellschaft
richtet, in der religiöse Orthodoxie und politisch-soziales
Elend Seite an Seite existieren.[24] Weil Gott sich in Leben und
Tod Jesu restlos mit den Verdammten und Niedergetretenen identifiziert hat, haben dieses Leben und dieser Tod ein politisches
Gesicht. Wenn nun der Satz, daß Gott den schwarzen Menschen
liebt, noch eine Aussagekraft haben soll, muß er übersetzbar
sein in den soziopolitischen Bereich.
M. Buthelezi nennt als zentrales Thema der Bibel die Identität
des Menschen als geschaffenes Ebenbild Gottes und die Wiederherstellung dieser durch die Sünde beschädigten Identität in
Jesus Christus.[25] Das Geschaffensein des Menschen nach dem
Bild Gottes ist so in seiner Natur verhaftet, daß es durch die
Sünde nicht verschwindet und so zum eigentlichen Kriterium
seines Menschseins wird. Der Mensch bleibt als Sünder erlös-
bar; Erlösung bedeutet Wandel zum neuen Menschen (vgl. 1 Kor
5,17). Dieser Wandel aber geschieht auch innerhalb des geschaffenen Seins, denn Gott bewirkt ihn durch das, was in der
menschlichen Existenz schon da ist.
Der Vergleichspunkt zum Thema der Befreiung ist in folgendem
zu suchen. Die Identität schwarzer Menschen in Südafrika ist
beschädigt durch das Bestimmungsrecht, das andere sich über

---

[23] vgl. Boesak, Unschuld 9-11; ders., Text and Situation 30, 34-36; ders.,
Civil Religion 39f; J. Cone, Black Theology 34-38; ders., Schwarze
Theologie im Blick auf Revolution, Gewaltanwendung und Versöhnung, in:
EvTh 34 (1974) 8f

[24] vgl. Tutu, Church 8-10; ders., Versöhnung 45; Goba, Doing Theology 28f

[25] vgl. M. Buthelezi, Wahre Humanität in theologischer Sicht, in: Moore,
Schwarze Theologie 111-121; ders., Für eine Theologie der Veränderung,
in: LM 18 (1979) 132f

sie anmaßen. Wenn der Wandel des Menschen innerhalb der Strukturen des Geschaffenen geschieht, dann müssen schwarze Christen sich fragen, wie sie, auch innerhalb von Geschichte und
Gesellschaft, zu ihrer wahren Identität befreit werden können.

Boesak nennt nicht nur Befreiung als Inhalt und Rahmen der
biblischen Botschaft, sondern zeigt auch die Notwendigkeit der
Befreiung des Evangeliums auf.[26] Nicht nur die Menschen sind
unterdrückt und ausgebeutet, sondern auch das Evangelium, das
- wie im 3. Kapitel näher auszuführen sein wird - zur Rechtfertigung von Herrschaft und Unterdrückung mißbraucht wurde
und wird.

Mit der Verkündigung des Befreiergottes und seiner Offenbarung
in Jesus Christus rückt Schwarze Theologie das Evangelium wieder in seine Funktion als Frohe Botschaft für die Armen und
Unterdrückten. Sie zeigt, daß sich in Jesus die Grundstruktur
des Exodus ereignet, insofern an ihm erfahrbar wird, daß nicht
Tod, Schuld, Leid, Krankheit und Haß die Geschichte letztlich
prägen, sondern die Lebensmacht Jahwes.[27]

1.2.4 Die Befreiung der Weißen

In seiner Dissertation setzt A. Boesak sich mit der Frage auseinander, ob Schwarzer Theologie, ähnlich wie Schwarzem Bewußtsein, der Vorwurf gemacht werden kann, ihrerseits eine
theologische Apartheid zu praktizieren.[28] Er hält unmißver-
ständlich daran fest, daß Schwarze Theologie sich in erster
Linie Schwarzen zuwendet. Ihr Interesse und ihr Ziel heißen,
Schwarzsein von der Peripherie in das Zentrum eines von Jesus
so gewollten erfüllten Lebens zu rücken.

Dieses klar artikulierte Interesse macht Schwarze Theologie

---

[26] vgl. Boesak, Unschuld 36-41; ders., Liberation 174; ders., Text and Situation 35

[27] vgl. hier auch E. Zenger, Die Mitte der alttestamentlichen Glaubensge-
schichte, in: KatBl 101 (1976) 9

[28] vgl. Boesak, Unschuld 17

aber gerade nicht auf einem Auge blind. Boesak, Buthelezi
und Tutu konstatieren, daß Schwarze sehr wohl um die Entfremdung ihrer weißen Unterdrücker wissen.[29] Die Menschlichkeit
weißer Menschen ist durch ihre Teilhabe - gewollt oder unge-
wollt - an einer unterdrückerischen Gesellschaft beschädigt
worden. Weiße haben die Befreiung ebenso bitter nötig wie
Schwarze - die Befreiung vom Zwang, andere zu unterdrücken,
und zur Gemeinschaft mit ihren schwarzen Brüdern und Schwestern.

Um selbst befreit zu werden, sind weiße Menschen abhängig von
denen, denen sie ihre Menschlichkeit bislang vorenthalten haben. Aus dieser Abhängigkeit der Unterdrücker von den Unterdrückten erwächst für die schwarzen Menschen eine weitgehende
Verantwortung. Die Wiederentdeckung ihrer Persönlichkeit, die
Erfahrung, von Gott geliebt und von unendlichem Wert zu sein,
bringt sie in eine Position, aus der heraus sie dazu beitragen
können, die Dehumanisierung der Unterdrücker zu beseitigen.
Die Teilnahme am Befreiungskampf der Schwarzen ist also eben-
sosehr von der Sorge um die Befreiung der Weißen getragen.
Schwarze nehmen wahr, daß ihnen eine evangelisierende Aufgabe zukommt; sie verstehen sich selbst als Träger des Evange-
liums, die aufgerufen sind, die rettende Botschaft Gottes den
Weißen zu bringen. Für diese Missionsarbeit stellt Schwarze
Theologie das Rüstzeug bereit.[30]

Alle drei genannten Theologen wissen sich darin einig, daß eine Versöhnung zwischen Schwarz und Weiß nicht ohne die Befreiung gedacht und realisiert werden kann. In den Worten Boesaks:[31] Schwarzes Bewußtsein, d.h. die Liebe zu der Würde des

---

[29] vgl. a.a.O. 17f, 34f; Buthelezi, Rettet 82f; ders., Bedeutsamkeit 66f;
Tutu, Church 10f; ders., Versöhnung 23f, 44, 56f; ders., Menschenwürde
90; ders., Theology 166

[30] vgl. Buthelezi, Rettet 82f; ders., Bedeutsamkeit 66

[31] vgl. Boesak, Unschuld 34f; ders., Text and Situation 37-39; mehr zu diesem Thema im 4. Kapitel, Abschnitt 1.3.1

schwarzen Menschen bedeutet gleichzeitig Haß gegen Unterdrük-
kung, Entmenschlichung und Sklavenmentalität. Differenziert
werden muß zwischen Haß gegen die Strukturen (weiße Unterdrük-
kung) und Liebe zur Person. Herrschaft und Bruderschaft zu
gleicher Zeit sind nicht möglich, da Versöhnung nur unter
Gleichen geschehen kann. Solange also nicht Macht, Rechte und
materielle Güter unter allen verteilt sind, bleibt die Aufforderung zu Versöhnung und Vergebung ohne den Kampf um Befreiung
eine Verschleierung der tatsächlichen Verhältnisse von Herren
und Knechten, Reichen und Armen.
Schwarze Theologie verliert also die weißen Menschen nicht aus
dem Blick:

> "Black Theology is a passionate call to freedom, and although it directs
> its voice to black people, it nonetheless hopes that white people will
> hear and be saved." [32]

1.2.5 Die Einheit von verkündigtem Wort und befreiender Tat
    - Theologie als Reflexion der Befreiungspraxis

Anhand der in der Überschrift formulierten These möchte ich
hier die gemeinsame Grundstruktur des Theologieverständnisses
der referierten Schwarzen Theologen herausarbeiten, und zwar
mit Hilfe von A. Boesaks 'Theologie als kritischer Reflexion
historischer Praxis', M. Buthelezis 'Theologie der Veränderung' und B. Gobas 'Theologie der Unterdrückten'.
In Auseinandersetzung mit J. Cone, G. Gutiérrez, H. Assmann
und den Ergebnissen einer Arbeitsgemeinschaft asiatischer
Theologen nennt A. Boesak Theologie "eine kritische Reflexion
historischer Praxis"[33]. Das bedeutet: Schwarze Theologie hat
die Einheit von verkündigtem Wort und befreiender Tat zu ihrem

---

[32] Boesak, Civil Religion 44; zum erstenmal in: A. Mpunzi, Schwarze Theologie als Theologie der Befreiung, in: Moore, Schwarze Theologie 159;
vgl. auch Boesak, Unschuld 18

[33] Boesak, Unschuld 12; vgl. auch: a.a.O. 12-14; ders., Text and Situation
34f; ders., Coming in 76f

Handlungsprinzip erhoben. Das Handeln der Kirche als Gemeinschaft der Glaubenden in der Gesellschaft wird zum Gegenstand
ihrer Reflexion - ebenso ist Theologie als Reflexion dieses
Handelns sichtbarer Glaube, der in der Welt aktiv wird.
Theologie muß sich also reflexiv mit ihrem Kontext auseinandersetzen, d.h. sie muß in der Lage sein, sich ökonomische, politische und ideologische Analysen der Gesellschaft, in der sie
entsteht, zu eigen zu machen. Auf dieser Grundlage reflektiert
sie im Lichte des Evangeliums das Handeln der Kirche in der
Gesellschaft, konkret, die befreiende Praxis schwarzer Christen in Südafrika. In dieser Reflexion stellt sie sich nicht
abseits, sondern wird selbst wiederum 'verwickelt' in den
Kampf um Befreiung und erweist sich so als sichtbarer Glaube
in der Welt.

<u>M. Buthelezi</u> spricht ebenfalls von der Einheit von verkündig-
tem Wort und befreiender Tat.[34] "Die Verkündigung des Wortes
als solche bringt Gott nicht in die menschlichen Verhältnisse
hinein, denn als Schöpfer ist er bereits dort."[35] Die Schöpfung aber harrt auf die Befreiung, wie Paulus im Römerbrief
sagt (Röm 8,21: Auch die Schöpfung soll von der Sklaverei und
Verlorenheit befreit werden zur Freiheit und Herrlichkeit der
Kinder Gottes. Denn wir wissen, daß die gesamte Schöpfung bis
zum heutigen Tag seufzt und in Geburtswehen liegt.). Eine Möglichkeit dieser Befreiung liegt in gesellschaftlichem Wandel,
weil durch ihn Strukturen des Geschaffenen eine Veränderung
erfahren und aus ihrer Verfestigung gelöst werden. Die Verkündigung des Wortes muß also eine soziale Relevanz haben, der
Geist des Evangeliums in gesellschaftlichen und politischen
Strukturen Gestalt annehmen.
Der Begriff der Veränderung ist in der Theologie mit neuer
Hochschätzung zu betrachten. Erlösung muß verstanden werden

---

[34] vgl. Buthelezi, Veränderung 132-134

[35] a.a.O. 133

als ein Ereignis, das den Menschen verändert und einen Prozeß
weiterer Veränderungen initiiert. Biblische Synonyma für Veränderung sind Reue, Umkehr, Erlösung, Glauben und Vergebung. Der
Mißkredit, in den Veränderung als theologischer Begriff gera-
ten ist, liegt in den Konnotationen von Vorläufigkeit und Ver-
gänglichkeit begründet und in der Tatsache, daß die Kirche ihre Identität eher in einer Unwandelbarkeit, d.h. in ihrer Kon-
tinuität inmitten einer vergänglichen Welt, gesucht hat. Die
Konsequenz ist der Verlust der Einheit von verkündigtem Wort
und befreiender Tat.

> "Sie (die Kirche; LS) ist so sehr auf ihr eigenes strukturelles Image
> als Vetreter einer unveränderlichen Ewigkeit fixiert gewesen, daß sie
> darüber vergessen hat, eine Theologie der vorläufigen Strukturen zu
> entwickeln, wo eine Veränderung der Struktur moralisch notwendig ge-
> worden ist. Daraus folgt, daß wir es bitter nötig haben, eine Theolo-
> gie der sozialen Veränderung für unsere heutige Situation zu entwik-
> keln."[36]

B. Goba nennt Theologie-Tun in Südafrika eine Einladung an die
christliche Gemeinschaft, die Authentizität ihres Glaubens zu
überprüfen und zum Befreiungskampf in Südafrika beizutragen.[37]
   Auch in seinem Verständnis Schwarzer Theologie finden wir
als Handlungsprinzip die Einheit von verkündigtem Wort und befreiender Tat: Schwarze Theologie ist die Reflexion auf die
Praxis des Glaubens in Südafrika. Sie muß sich zu einer hermeneutischen Praxis entwickeln, d.h. auf die Schrift und die historische Erfahrung der schwarzen Menschen zurückgehen. Die Erfahrung der Unterdrückung ist auch methodologisch ernstzunehmen, d.h. Theologie ist angewiesen auf soziologische und poli-
tologische Methoden, um Analysen der gesellschaftlichen Situation erarbeiten oder verstehen zu können. Ökonomisch-politisch
betrachtet, muß sie sich abarbeiten an der Wirklichkeit von
Arm und Reich, Schwarz und Weiß, kulturell-ideologisch betrach-

---

[36] a.a.O. 134

[37] vgl. Goba, Doing Theology 23-27, 29, 31-33

tet, an der Spannung zwischen christlichem Missionserbe und
gegenwärtiger afrikanischer kultureller Erfahrung.
So schafft sie eine Grundlage zur Reflexion der Praxis des
Glaubens und bringt sich selbst als eine bekennende Theologie
in den Prozeß politischer Veränderung ein. Indem Schwarze
durch sie ihrer Identität Ausdruck geben, ihrer eschatologi-
schen Hoffnung und ihrem militanten Eintreten für das Reich
Gottes, machen sie Religion zu einer öffentlichen Praxis des
Glaubens.
Die Theologie, die diesem Konzept Gobas entspricht, ist eine
Theologie der Unterdrückten, deren Bezugsrahmen Armut und
Rechtlosigkeit sind - "... a theology of brokenness, poverty,
shattered dreams, ...", die aber dennoch eine ungeheure verän-
dernde Kraft entwickelt - "and yet of a triumphant hopeful
spirit bursting, erupting like a volcano".[38]

Gemeinsam ist allen drei referierten Ansätzen, daß sie christlichen Glauben und christliche Theologie nicht aus ihrem gesellschaftlichen Kontext herauslösen und Befreiung in den
Brennpunkt der theologischen Reflexion stellen. Befreiung in
Jesus Christus und historische Befreiung sind nicht voneinander isoliert.
Boesak und Goba entwerfen ihr Konzept von Theologie im methodologischen Rahmen der Theologie der Befreiung, deutlich im
Verständnis von Theologie als Reflexion der Befreiungspraxis
und der postulierten Notwendigkeit von Gesellschaftsanalyse.
Daher werden ihre Entwürfe vergleichbar mit Befreiungstheolo-
gien anderer Kontinente (vgl. Abschnitt 1.4).

1.3   Die afrikanische Prägung Schwarzer Theologie

Wie afrikanisch ist die Schwarze Theologie? Auf diese Frage
will dieser Abschnitt wenigstens annähernd eine Antwort geben.

---

[38] a.a.O. 25

Elemente afrikanischer Kultur in Schwarzer Theologie sollen
nachgezeichnet, eine von außen aufgesetzte Indigenisation der
Theologie dagegen kritisiert werden. Die vorweggenommene Kern-
aussage lautet: Jede Rezeption afrikanischer Kultur ist nicht
aus sich selbst heraus wertvoll, sondern muß an ihrer Bedeutung für die Lebenssituation des afrikanischen Menschen gemessen werden.

1.3.1 Elemente afrikanischer Kultur in Schwarzer Theologie

Die Rezeption traditonaler afrikanischer Kultur in Schwarzer
Theologie geschieht, B. Goba zufolge, zum einen aus der Überzeugung heraus, daß im afrikanischen Kontext bereits ein reli-
giöses Ethos vorhanden ist, das Einsichten für die Entwicklung
einer afrikanischen christlichen Theologie bereithält, zum anderen aus der Feststellung heraus, daß die meisten afrikanischen Christen weiterhin an der afrikanischen Weltsicht - was
immer das ist - partizipieren.[39] Unter den städtischen Schwarzen existieren traditionale und westlich-orientierte Normvorstellungen nebeneinander - letztere sind insbesondere für die
von Urbanisierung und Säkularisierung stärker betroffenen
Schwarzen notwendig geworden, um den Anforderungen einer hoch-
technisierten westlichen Gesellschaft standhalten zu können.

Welches sind nun zentrale Inhalte traditional-afrikanischer
Kultur, die Schwarze Theologie rezipiert?
Als erstes und vornehmstes ist das Konzept von der Ganzheit des
Lebens zu nennen. M. Buthelezi bedient sich dieses Ausdrucks,
um zu übersetzen, was in Zulu unter Leben = Impilo verstanden
wird.[40] Impilo umfaßt sowohl die physischen, medizinischen
Aspekte der Existenz ('Gesundheit') als auch die psychischen

---

[39] vgl. auch zum folgenden Buthelezi, Ansätze 40f, 43-46, 49f, 99-101; B.
Goba, An African Christian Theology, in: JThSA (1979) H. 26, 3f; ders.,
Korporative Persönlichkeit - Das Alte Israel und Afrika, in: Moore,
Schwarze Theologie 82-91

[40] vgl. Buthelezi, Ansätze 44

und religiösen. Weder in der einzelnen Person konnte eine Trennung von Seele und Leib gedacht werden noch auf der Ebene der
Gesellschaft eine Trennung von Heiligem und Profanem. Traditionale Religion war nicht institutionell abgetrennt vom alltäg-
lichen Lebensvollzug, sondern realisierte sich gerade im
Rhythmus des täglichen Lebens. Das soziale Leben und das, was
es ermöglicht, hatte den Charakter einer Gabe von Gott bzw.
war der Ort, an dem der Mensch die Gaben annehmen konnte, die
Gott ihm zugedacht hatte. Gottes Gegenwart manifestierte sich
im Leben und man nahm sie wahr durch die Teilnahme am Leben.

Die Ganzheit des Lebens konnte nicht einmal durch den Tod
aufgehoben werden. Die Toten gehörten immer noch zu dem Sozialverband, in dem sie gelebt hatten. Die Familie erinnerte sich
ihrer, kannte ihre Namen und trat in der Ahnenverehrung in
Kommunikation mit ihnen. Man konnte sie auch als Lebend-Tote
bezeichnen.[41]

Die Bedeutung der Familie als das gesamte Leben umfassender
Sozialverband, seine Ausdehnung über die Lebenden hinaus auf
die Toten und Nochnichtgeborenen und die gegenseitige Verantwortlichkeit und Verpflichtung aller Mitglieder eines Ver-
wandtschaftsverbandes zeigen für Buthelezi und Goba parallele
Züge zu Lebenskonzeptionen im Alten Israel. Mit dem Begriff
der 'korporativen Persönlichkeit' (corporate personality) be-
schreiben sie das Beziehungsgeflecht innerhalb einer Gemeinschaft. Das Handeln jedes einzelnen steht für den gesamten Sozialverband und wirkt sich auf diesen aus. Dies beinhaltet
zweierlei: zum einen eine starke Solidarität der Mitglieder
untereinander, zum andern eine weitgehende Unterwerfung der
Mitglieder unter die Normen und Wertvorstellungen der Gemeinschaft.

---

[41] vgl. J.S. Mbiti, Afrikanisches Verständnis der Geister im Lichte des Neu-
en Testaments, in: Theologische Stimmen aus Asien, Afrika und Lateinamerika, Bd. II, hg. v. H.-W. Gensichen u.a., München 1967, 133f, 137

Das Konzept von der Ganzheit des Lebens hat sein Fundament im
Glauben an Gott als den Schöpfer aller Dinge. Als solcher war
Gott schon immer in der afrikanischen Situation präsent als
Schützer und Erhalter des Lebens. Gabriel Setiloane antwortet
in seiner Meditation 'I am an African' auf die Frage, ob er an
Gott, den Schöpfer, glaube, daß seine Väter und viele Genera-
tionen vor ihnen diesen Gott bereits gekannt und verehrt hätten.

> "They called him UVELINGQAKI: The First One who came ere ever anything
> appeared. UNKULUNKULU: THE BIG BIG ONE, so big indeed that no space
> could ever contain him. MODIMO: Because his abode is far up in the sky.
> They also know him as MODIRI: For he has made all; and LESA: The
> spirit without which the breath of men cannot be."[42]

Uvelingqaki ist der Name Gottes bei den Xhosa in der Kapprovinz, Unkulunkulu bei den Zulu, Modimo bei den Sotho und Tswana. Modimo bedeutet die Kraft, die jeder Existenz zugrunde-
liegt, Modiri, der, der handelt. Alle diese Begriffe von Gott
waren da, bevor die Missionare zu den betreffenden Stämmen
kamen.

> "Die Verkündigung brachte nur die Botschaft eines Gottes, der bereits
> da war."[43]

Die Einführung des Christentums in Afrika durch die Missionsbewegung und den beginnenden Imperialismus zerstörten das Konzept von der Ganzheit des Lebens, indem sie die Trennung von
Sakralem und Säkularem auf Afrika aufpfropfte und die Bekehr-
ten dazu anhielt, ihren Sozialverband und ihren Lebensbereich
zu verlassen und ihren alten Namen aufzugeben (!).[44]

---

[42] G.M. Setiloane, I am an African, in: Protokoll Nr. 374 der Tagung "Schwarze Theologie" vom 19.-20. November 1974 in der Ev. Akademie Rheinland-
Westfalen, Mülheim/Ruhr, 89, zum folgenden vgl. a.a.O. 44-46;
nicht vollständige Fassung der Meditation in: Accra 1974. Uniting in
Hope. Reports and Documents from the Meeting of the Faith and Order Commission, Genf 1975, 59-61

[43] Buthelezi, Ansätze 40

[44] Nach afrikanischem Verständnis ist der Name nicht eine mehr oder weniger
zufällige Bezeichnung seines Trägers zu dessen besserer Auffindung, son-

Schwarze Christen wurden systematisch ihrer eigenen Kultur, ihren Lebensformen und Wertvorstellungen entfremdet, so daß sie
schließlich dahin kamen, ihre eigene Vergangenheit bestenfalls
zu vergessen, schlimmstenfalls zu verachten.
A. Boesak setzt das Konzept von der Ganzheit des Lebens in Zusammenhang mit der Ganzheitlichkeit von Gottes Befreiung, die
alle Lebensbereiche umfaßt. Die Institutionen des Sabbat- und
des Jobeljahres bringen dies klar zum Ausdruck. Die genuin afrikanische und biblische Einsicht von der Ganzheit des Lebens
muß in Afrika erneut zur Geltung kommen.[45]

Bezüglich der Rezeption von Elementen afrikanischer Kultur in
Schwarzer Theologie bleiben einige Anfragen offen, die ich
hier kurz umreißen möchte.
Innerhalb Schwarzer Theologie selbst werden von Mokgethi Motlhabi die Strukturen autoritärer Herrschaft in der traditionalen Gesellschaft, insbesondere in der Familie, der Kritik unterzogen.[46] Unter autoritärer Herrschaft versteht er eine soziale Struktur, die wenigen das Recht gibt, aufgrund ihrer sozialen Position Kontrolle über das Leben anderer auszuüben. In
der afrikanischen Familie trifft dies für die Familienober-
häupter zu, die eine nicht angezweifelte Autorität innehaben.
Auf der anderen Seite wiederum sind in traditionalen afrikanischen Gesellschaften wichtigen Entscheidungen immer lange Mei-
nungs- und Konsensfindungsprozesse vorausgegangen, die sog.
indabas, in denen die betreffenden Fragen des langen und breiten erörtert wurden. Frauen allerdings waren und sind von diesen Prozessen ausgeschlossen, was wiederum ein bezeichnendes
Licht auf den ambivalenten Charakter ihrer Situation in der

---

dern ist eng mit der Person und ihrem Schicksal verbunden. Eine Verdrän-
gung des Namens kommt also einer Entfremdung von dem persönlichen schick-
salshaften Lebensweg gleich. Vgl. Tutu, Versöhnung 42

[45] vgl. Boesak, Liberation 175

[46] vgl. M. Motlhabi, Schwarze Theologie und Autorität, in: Moore, Schwarze
Theologie 139f, 141f

traditionalen Gesellschaft wirft: soziale Sicherung geht ein-
her mit weitgehender Unterwerfung unter die Normvorstellungen
einer männlich geprägten Gemeinschaft.
Offen bleibt für mich die Frage, ob das Konzept von der Ganzheit des Lebens nicht zwar ein theologisch ansprechendes Ideal
ist, aber - auch in der südafrikanischen Gesellschaft - einen
Anachronismus darstellt, der der modernen, kapitalistisch geprägten Wirklichkeit, zumindest der urbanisierten Schwarzen,
nicht Rechnung tragen kann, weil er vorkapitalistischen Ge-
sellschaftsstrukturen entspricht.

1.3.2 Kritik eines 'ethnographischen' Ansatzes der Theologie

Die Indigenität der Kirchen und Theologien ist die Vorausset-
zung für ihre Relevanz im afrikanischen Kontext. Über Inhalte
und Methoden solcher Indigenisierung aber scheint es geteilte
Meinungen zu geben. M. Buthelezi übt vehemente Kritik an einem
Versuch der Einheimischmachung, den er als 'ethnographischen'
Ansatz bezeichnet.[47]
Ethnographische und religionswissenschaftliche Forschungen -
Buthelezi nennt hier solche von John V. Taylor, Bengt Sundkler
und Placide Temples - hatten zum Ergebnis, daß innerhalb der
afrikanischen Gesellschaft ein bestimmter Fundus traditionalen
Gedankengutes vorhanden sei, der durchaus als Rahmen für eine
afrikanische Theologie oder Philosophie dienen könnte. Nach
Ansicht der Forscher aber schienen die Afrikaner zur Entwicklung einer solchen Theologie oder Philosophie noch nicht im-
stande.
Diese Erkenntnisse implizierten, Buthelezi zufolge, auf der einen Seite die Überzeugung, nach der Isolierung einzelner Elemente afrikanischer Kultur Unchristliches ausmerzen und Evan-
geliumgemäßes 'taufen' zu können. Die Herausarbeitung einzelner Elemente und ihre Betrachtung im Zusammenhang der gesamten

---

[47] vgl. zum folgenden Buthelezi, Ansätze 111-132; ders., Schwarze Theologie
42-48; Theologie für Afrikaner 535

Weltanschauung auf der anderen Seite könnte - so hoffte man -
zu einem hermeneutischen Prinzip führen, das die Möglichkeit
eröffnete, das Evangelium afrikanisch zu übersetzen. Buthelezi
nennt dieses Ansinnen deshalb einen ethnographischen Ansatz,
weil es von ethnographisch rekonstruierten Elementen traditionaler afrikanischer Weltanschauung seinen Ausgang nimmt.
Bedenklich stimmt ihn, daß die Protagonisten dieser Art von Indigenisierung vorwiegend Nichtafrikaner sind, die scheinbar
objektiv feststellbare Gehalte der afrikanischen Weltanschauung in der Hand halten, um Kirche in Afrika endlich in ein
afrikanisches Gewand stecken zu können. So gesehen verlagert
sich die afrikanische Kultur zu einem objektivierten Ding außerhalb des afrikanischen Menschen, das ihm im Prozeß der Einheimischmachung erst in sein Bewußtsein und Interesse gerückt
werden muß.

> "Die eigentliche Schwäche des 'ethnographischen Ansatzes' ist seine Ten-
> denz zu einer objektivierenden Kulturauffassung. Zu sehr steht die
> 'afrikanische Weltanschauung ' im Brennpunkt des Interesses, so als
> wäre sie eine isolierte, unabhängige Größe, die ihren Wert an sich
> selber hätte, abgesehen von dem afrikanischen Menschen, wie er heute
> lebt."[48]

Dieses Konzept suggeriert, daß der 'eigentliche' Afrikaner der
ist, der den Rekonstruktionen der Ethnologen entspricht, und
nicht derjenige, der unter den Bedingungen einer weitgehend
urbanisierten Gesellschaft mit kapitalistischer Produktionsweise leben muß.
So liegt der Verdacht nahe, daß eine einheimische Theologie,
nach ethnographischen Mustern gestrickt, nicht die Probleme
der Afrikaner lösen soll, sondern die ihrer Betreiber, der
Missionare. Die Entwicklungen in der modernen europäischen
Theologie bedeuteten für viele Missionare den Verlust ihrer
theologischen Heimat. Die Entfaltung einer einheimischen Theologie, bezüglich derer ihre Autorität noch unangefochten war,
gab ihnen die Möglichkeit, diesen Verlust zu kompensieren.

---

[48] Buthelezi, Ansätze 121

Angesichts der Tendenz der Afrikanisierung aller Bereiche des
gesellschaftlichen Lebens in einem postkolonialen, revolutionären Afrika droh(t)en die Missionare ihre traditionelle Füh-
rungsrolle in den Kirchen zu verlieren. Das Überleben des
Christentums, zumindest in den klassischen Konfessionskirchen,
war darüberhinaus in Frage gestellt. Die Indigenisierung ist
also sicherlich Voraussetzung für das Weiterbestehen des Christentums in Afrika - machen sich aber die (weißen) Missionare
zu ihren Vorreitern, kann dies als Versuch interpretiert werden, alte Führungsrollen kontrafaktisch wieder einnehmen zu
wollen.

Statt einer ethnographisch rekonstruierten Weltanschauung ist
der afrikanische Mensch selbst Ausgangspunkt der Theologie.
Im Kontext seiner gegenwärtigen existentiellen Situation ist
er das Subjekt der Theologie, einheimische Theologie sein Produkt. Da Schwarze Theologie den christlichen Glauben in Beziehung setzt zu der gegenwärtigen Situation der Schwarzen, kann
sie als "eine der möglichen Konkretionen einer Theologie mit
'anthropologischem Ansatz'"[49] bezeichnet werden.

Ein Gegensatz zwischen Schwarzer und afrikanischer Theologie
ist nach Ansicht Buthelezis, Boesaks und Tutus künstlich her-
beigeführt.

> "Antwort auf das Evangelium im Lebenskontext und Antwort auf das Evan-
> gelium in Begriffen traditionaler Kultur müssen keine gegensätzlichen
> Kategorien sein."[50]

Wenn allerdings die Theologie die Form einer 'Kulturtheologie'
annimmt, die die Traditionen der Vergangenheit verabsolutiert,
kann sie dies nur tun um den Preis ihrer Authentizität in der
Gegenwart. In afrikanischer Theologie reflektieren afrikanische
Christen ihre Gegenwart und Vergangenheit, ihre Kultur und Tradition und die gegenwärtigen Verhältnisse. Schwarze Südafrika-

---

[49] a.a.O. 132

[50] Boesak, Unschuld 16

ner nehmen ihr Afrikanersein in ihrem Schwarzsein wahr. In die-
sem Sinne ist Schwarze Theologie eine 'Teilmenge' afrikanischer
Theologie: nicht alle afrikanische Theologie ist Schwarze
Theologie, aber alle Schwarze Theologie ist afrikanisch.[51]

1.4   Die Möglichkeit einer Theologie für alle Situationen der
       Unterdrückung - eine weiterführende Zusammenfassung

Schwarze Theologie ist eine kontextuelle Theologie, d.h. sie
ist eine Reflexion der Befreiungspraxis schwarzer Christen in
der südafrikanischen Situation im Lichte des Evangeliums.
Als eine Theologie, die sich auf Arme und Unterdrückte konzen-
triert und die Befreiung zu ihrem zentralen Anliegen gemacht
hat, ist sie gerade keine regionale Theologie, sondern dient
allen, deren Menschenwürde verletzt ist.[52] Dies betont auch
der Bericht der Sektion I der Weltmissionskonferenz 1973 in
Bangkok, die sich im Zusammenhang ihres Themas 'Kultur und
Identität' mit Schwarzer Theologie befaßt hat.[53] Zwar ist die
schwarze Erfahrung nichthintergehbares Kriterium für Schwarze
Theologie, sie ist jedoch nur _ein_ möglicher Erfahrungshinter-
grund innerhalb der Theologie der Befreiung.
Schwarze Theologie teilt mit anderen Befreiungstheologien die
Rezeption des Exodusthemas, das Verständnis des Alten und Neu-
en Testamentes als Botschaft von der Befreiung, die Überzeugung von der Notwendigkeit der Befreiung des Evangeliums, die
Antizipation der Befreiung der Unterdrücker sowie die Charakterisierung von Theologie als Reflexion der Befreiungspraxis
von Christen.[54] Keine kontextuelle Theologie darf ihre je ei-

---

[51] vgl. Interview mit Tutu, zit. nach a.a.O. 47

[52] vgl. Boesak, Unschuld 168-170; Huber, Begegnung 431f

[53] vgl. Das Heil der Welt heute. Ende oder Beginn der Weltmission? Dokumente
der Weltmissionskonferenz Bangkok 1973, hg.v. Ph. Potter, Stuttgart-
Berlin 1973, 181f

[54] vgl. F. Castillo, Befreiende Praxis und theologische Reflexion, in:

gene Situation verabsolutieren, aber in der Konzentration auf
Befreiung ist jede wahrhaft ökumenisch und universal. Diese
Befreiung gründet in dem universalen Heilshandeln Gottes und
umfaßt letztlich auch diejenigen, die für die Unterdrückung
verantwortlich gemacht werden müssen.

Schwarze Theologie steht also neben afrikanischer Theologie,
Schwarzer Theologie in den USA, Befreiungstheologien in La-
teinamerika und Asien und ist eine Herausforderung für weiße
Menschen, in ihrer Situation eine (europäische) Theologie der
Befreiung zu entfalten.

> "This then is a call for a theology of liberation for white people. To
> stand alongside the theology of liberation in Latin America and Asia,
> African Theology and Black Theology - for it is in this expression of
> Christian theology that Western Christendom will ultimately find its
> salvation."[55]

2. Schwarze Theologie - ein Beitrag zu einer gemeinsamen Rechenschaft über die Hoffnung

Mein Interesse an dem nun folgenden Reflexionsschritt ist es
aufzuzeigen, daß das Problem der Spannung zwischen Kontextualität und Universalität in der Theologie sich in ähnlicher
Form wiederfindet in der Studie der Kommission für Glauben und
Kirchenverfassung des Ökumenischen Rates der Kirchen 'Rechenschaft über die Hoffnung, die in uns ist'. Im Verlauf der Studie und insbesondere im Schlußdokument der Kommissionssitzung
in Bangalore 1978 wird die Überzeugung und die Einsicht deutlich, daß eine Vielfalt von einzelnen Zeugnissen nicht nur er-
laubt, sondern notwendig ist, um die Wirklichkeit christlichen
Glaubens in unserer Zeit zu erfassen. In dieser Vielfalt aber
drückt sich eine gemeinsame Hoffnung aus, in der sich der Anspruch einer jeden Theologie auf Universalität kristallisiert.

---

ders. (Hg.), Theologie aus der Praxis des Volkes, München-Mainz 1978,
13-20, 27; G. Gutiérrez, Theologie der Befreiung, München-Mainz [4]1979,
10-21, 161-172, 207-224

[55] Boesak, Civil Religion 44

Einzulösen ist er angesichts der Vielfalt der Aussagen nur in
Begegnung und gemeinsamem Streit.

2.1   Die eine Hoffnung in der Vielfalt der Situationen - zur
      Studie 'Rechenschaft über die Hoffnung' der Kommission
      für Glauben und Kirchenverfassung

Das Projekt 'Rechenschaft über die Hoffnung' wurde 1971 auf
der Sitzung der Kommission für Glauben und Kirchenverfassung
in Löwen in Gang gebracht.[56] Beweggründe für den Beginn eines
solchen Projektes waren zum einen die Erkenntnis, daß innerhalb der ökumenischen Bewegung der Dialog ohne Ertrag und ohne
sichtbare Konsequenz verlaufen könnte und die gegenwärtige Situation in der Welt von den Kirchen eine Formulierung der von
ihnen erfahrenen guten Nachricht erforderte. Zum andern bestand
ein Interesse zu erfahren, was sich in den je unterschiedlichen Situationen der einzelnen Kirchen und Christen als Wesen
und Kern des Evangeliums herausstellen würde, d.h. ob es in
allen und für alle Kirchen eine Hoffnung gibt, über die sie
gemeinsam Rechenschaft ablegen könnten. Dies geschah aus der
Überzeugung heraus, daß Kirchen und Christen die Verpflichtung
haben, in jeder weltgeschichtlichen Epoche ihren Glauben an
Jesus Christus in der Sprache ihrer jeweiligen Zeit neu zu bekennen. In den verschiedenen politischen, sozialen, kulturellen und religiösen Situationen müssen sie sich um angemessene
Ausdrucksformen des christlichen Glaubens bemühen.
Es folgte eine Einladung an Kirchen, Gruppen in den Kirchen,
einzelne Christen und insbesondere ökumenische Gruppen darüber
zu berichten, wie sie von der Hoffnung sprechen, die in ihnen
ist. Die Resonanz auf diese Einladung war stark - 40-50 Stu-
diengruppen bildeten sich, zahllose Beiträge aus aller Welt
wurden in Genf gesammelt und ein erstes Mal 1974 auf der Sit-

---

[56] vgl. zum folgenden Löwen 1971, hg. v. K. Raiser, Stuttgart 1971, 215f;
Accra 1974 25-28; Bangalore 1978, hg. v. G. Müller-Fahrenholz, Frank-
furt/M 1979, 22-27

zung von Glauben und Kirchenverfassung in Accra diskutiert. Um
nur eine Andeutung der Vielfältigkeit der Zeugnisse zu geben,
seien hier kurz die Bereiche genannt, in die die einzelnen
Beiträge zur Erleichterung der Diskussion eingeordnet worden
waren: Jesus Christus in den verschiedenen Kulturen; Christus
bekennen im afrikanischen Kontext; Historische Glaubensbekennt-
nisse und gegenwärtige Ausdrucksformen des Glaubens; Ausdruck
von Hoffnung in der Liturgie; Bekenntnis in Konfliktsituatio-
nen, wie etwa dem Rassenkonflikt; Rechenschaft ablegen als Gemeinschaft von Männern und Frauen; Ausdruck von Hoffnung durch
Engagement in der Gesellschaft; Christliche Hoffnung und politische Hoffnungen; Rechenschaft ablegen durch die Verkündigung
des Evangeliums; Rechenschaft von der Hoffnung, die in uns
ist.[57]
Ein erster Versuch wurde unternommen, im Angesicht der Vielfalt eine gemeinsame Formulierung über den Grund der Hoffnung
zu entwerfen. Im Verlauf der Studie war bis dahin darauf verzichtet worden, schon zu einem früheren Zeitpunkt eine gemeinsame Erklärung zu formulieren. Dies geschah aus der Überzeugung, daß der Grund der christlichen Hoffnung am deutlichsten
in der konkreten geschichtlich-gesellschaftlichen Situation
erkannt und bekannt werden kann. Eine zu frühe gemeinsame Erklärung hätte auf der einen Seite die Vielfalt der einzelnen
Zeugnisse verwischen und auf der anderen Seite von der Notwendigkeit des Bekenntnisses in der jeweiligen Situation ab-
lenken können.
Nachdem weitere zahlreiche Beiträge hinzugekommen waren[58],
stellten sich die Teilnehmer der folgenden Sitzung von Glauben und Kirchenverfassung erneut die Aufgabe, ein gemeinsames

---

[57] vgl. Accra 1974 26f

[58] Die einzelnen Berichte sind in folgenden vier Heften veröffentlicht: Study Encounter 11 (1975) No. 2; Study Encounter 12 (1976) Nos. 1-2; Giving
Account of the Hope Today, Genf 1976 (F/O Paper 81); Giving Account of
the Hope Together, Genf 1978 (F/O Paper 86)

- 88 -

Dokument der Rechenschaft über die Hoffnung zu verfassen. Obwohl dieses Vorhaben fast bis zuletzt zu scheitern drohte, gelang es, eine Erklärung vorzulegen, die von allen Delegierten
akzeptiert werden konnte, ohne Unterschiede zu nivellieren und
Spannungen zu verdecken.[59] Aufbau und zentrale Aussagen des
Dokumentes sollen hier in der gebotenen Kürze dargestellt werden.

Der Beginn der gemeinsamen Erklärung in einer Danksagung an
Gott und in der Feststellung der ungeheuren Vielfalt der Zeugnisse nimmt bereits die wichtigsten Aussagen des Dokumentes
vorweg: er weist hin auf den letzten Grund der Hoffnung in den
vielen Situationen ebenso wie auf die Notwendigkeit von Auseinandersetzung und Dialog der Rechenschaftablegenden untereinander.

Der weitere Aufbau der Erklärung führt von der Begegnung der
vielen Hoffnungen gleichsam als methodologischem Prinzip hin
zu dem einen Grund der Hoffnung. Die Kirche als eine Gemeinschaft der Hoffnung ist eine Konkretisierung und Sichtbarma-
chung der Hoffnung in Gott. Da die gemeinsamen Hoffnungen mit
gemeinsamen Bedrohungen in der gegenwärtigen Welt konfrontiert
sind, bedeutet Hoffnung niemals Sicherheit, sondern immer eine
Einladung zum Wagnis.

Stimmen der Hoffnung: Formulierte Hoffnungen richten sich auf
die Überwindung von Armut, Hunger, Unterdrückung und politischer Verfolgung, Rassismus und Sexismus, auf einen verantwortlichen Einsatz von Wissenschaft und Technologie, auf kulturelle Authentizität, auf die Einheit der Kirchen u.v.a.m.

Hoffnungen begegnen Hoffnungen: Schwierigkeiten erwuchsen
aus der Unterschiedlichkeit des konfessionellen, kulturellen,
sozialen und politischen Hintergrundes, aus dem spürbaren
Druck, in einer Zeit rapiden sozialen Wandels Relevantes aus-
zusagen, und aus der Notwendigkeit, bisher ungehörte oder

---

[59] vgl. A Common Account of Hope, in: **Bangalore 1978**. Sharing in One Hope,
Genf 1978, 1-11; dt. in: Bangalore 1978 51-60

überhörte Stimmen in der Theologie wahrzunehmen.

Die Begegnung der verschiedenen Hoffnungen macht selbstkritisch
und ermutigt. Sie weist auf, ob nicht die Hoffnung des einen
die Verzweiflung des anderen ist, und zielt hin auf eine größere Gemeinschaft unter Christen sowie unter Christen und
Nichtchristen.

Unsere Hoffnung in Gott: Hoffnung ist Jesus Christus, der sich
in der Verkündigung seiner Botschaft vom Reich Gottes mit den
Verachteten der Gesellschaft identifizierte. In Jesu Tod und
Auferstehung verteidigte Gott sein Bild in allen Menschen,
d.h. ihre Würde als Kinder Gottes. Gottes Handeln in der Geschichte und das Leben des kommenden Zeitalters begründen die
gegenwärtige Hoffnung. Von den historischen Hoffnungen auf
Freiheit, Gerechtigkeit, Gleichheit und Frieden kann sie nicht
getrennt, darf aber auch nicht mit ihnen identifiziert werden.
Die Hoffnung für den Kampf um Gerechtigkeit und Frieden erwächst aus der Überzeugung, daß Gott, der Schöpfer, seine
Schöpfung nicht im Stich läßt. Ziel dieses Kampfes ist es
auch, die Unterdrücker zur Umkehr zu bewegen, so daß sie nicht
länger Unterdrücker bleiben.

Die Kirche - eine Gemeinschaft der Hoffnung: Die Kirche ist
von Gott gesandt als ein Zeichen der Hoffnung für die gesamte
Menschheit. Angesichts dieser Aussage über die spirituelle
Wirklichkeit der Kirche ist ihr aktuelles Aussehen oft be-
schämend. Die vielen, nicht nur konfessionellen, Spaltungen
der Kirchen verdunkeln das gemeinsame Zeugnis von der Hoffnung. Oft genug reproduzieren die Kirchen gesellschaftliches
Unrecht in ihren Reihen, z.B. in der Diskriminierung von
Frauen oder in der Übernahme von Apartheidsstrukturen. Da die
Gemeinschaft aber nicht in den Kirchen selbst, sondern in Gott
wurzelt, kann die Hoffnung auf ein Zusammenkommen der Kirchen
ausgesprochen werden, das aber nur als eine Gemeinschaft der
Umkehr in Vergebung und gegenseitigem Lernen denkbar ist.

Geteilte Hoffnungen im Angesicht der gemeinsamen Zukunft:
Die gemeinsame Hoffnung ist bedroht von der wachsenden Kluft

zwischen Arm und Reich zwischen den Nationen und innerhalb der
Nationen selbst; von dem ambivalenten Charakter von Wissenschaft und Technologie; von der unkontrollierten Aufrüstung in
allen Teilen der Welt und der damit verbundenen Gefahr einer
totalen Vernichtung der Menschheit; von Konflikten zwischen
Rassen, Klassen, Geschlechtern und auch Religionen; von den
alltäglich gewordenen Angriffen auf die Menschenwürde durch
politische Verfolgung und Folter, die Verweigerung von Nahrung,
Wohnung, Arbeit, Erziehung und Gesundheitsfürsorge; von Sinn-
losigkeit und Absurdität sowohl in Situationen des Überflus-
ses, der Orientierungslosigkeit infolge raschen sozialen Wandels als auch in solchen von Abhängigkeit und Ausbeutung. Die
letzte Bedrohung der Hoffnung ist der Tod, insbesondere der
Tod derer, die niemals die Chance hatten zu leben.
Angesichts dieser Bedrohungen heißt christliche Hoffnung zu
wissen, daß Gott auf der Seite der Armen steht, daß der Schöpfergott seine Geschöpfe nicht fallen läßt, daß Jesus der Sinn-
losigkeit und Absurdität widerstand. Im Brennpunkt der Hoffnung in Jesus Christus steht der Tod und der Triumph von Gottes Gnade in der Auferstehung, die blindes Schicksal durch-
bricht.
Hoffnung als Einladung zum Wagnis: Der auferstandene Christus
hat den Gekreuzigten nicht verdrängt. So bedeutet christliche
Hoffnung nicht, sich in Sicherheit zu wiegen, sondern ein Leben in ständiger Gefahr. Ein Leben in Hoffnung schließt Kampf
und Parteilichkeit mit ein, ebenso den verantwortlichen Ge-
brauch von Macht durch die Identifizierung mit den Machtlosen
und den Einsatz für die Menschlichkeit der Machthaber.
Neue Formen der Rechenschaft in neuen kulturellen Kontexten
sind in Auseinandersetzung mit der Tradition gefordert.
Selbstkritik, Dialog und Kooperation mit Andersdenkenden und
in der Gemeinschaft von Männern und Frauen sind Faktoren der
Hoffnung.
Hoffnung umschließt auch das Risiko des Todes um dieser Hoffnung willen. Keiner darf entscheiden, ob jemand anderer zum
Märtyrer werden soll, aber jeder muß für sich wissen, daß die

Rechenschaft von der Hoffnung nicht billig ist. Hoffnung in
Jesus Christus ist nicht Hoffnung auf Vermeidung, sondern auf
die Überwindung des Todes.

2.2 Universalität in der Begegnung - zur Notwendigkeit von Auseinandersetzung und Dialog

An dieser Stelle gilt es nun, einige Ergebnisse aus dem Vorangegangenen im Blick auf das gesamte 2. Kapitel zu formulieren.
Die Studie 'Rechenschaft über die Hoffnung' hat gezeigt, daß
nicht hinter die Vielfältigkeit der einzelnen Glaubensaussa-
gen und Hoffnungszeugnisse zurückgegangen werden kann, etwa
zugunsten einer in allen Kontexten gültigen Festschreibung
theologischer Inhalte. Ich möchte hier auf einen Vortrag Trutz
Rendtorffs zurückgreifen, den er anläßlich einer Debatte um
die Herausforderung europäischer Theologie durch die Weltökumene hielt.[60] Er sprach über die Notwendigkeit des Dialoges
und nahm seinen Ausgang von der Feststellung, daß die Vielfalt
der theologischen Aussagen sowohl in einer geographischen als
auch in einer historischen Perspektive zum Wesen der christlichen Religion gehöre. Denn: Christliche Theologie wurzelt in
historischen Ereignissen, in Leben und Tod Jesu Christi. Die
Ausbreitung und Entfaltung der christlichen Religion durch die
Geschichte hindurch war nur möglich in einem immer neuen Prozeß der Verarbeitung der historischen Situation. Gerade in
dieser Kompetenz christlicher Theologie, die Botschaft des
Evangeliums in der Sprache und Denkweise einer bestimmten Zeit
je neu zu artikulieren, liegt die Bedingung für einen Anspruch
auf universale Geltung. Anderenfalls hätte das Evangelium nur
in einer einmaligen vergangenen Situation Relevanz besessen.

Es erhebt sich nun die Frage, wie angesichts der faktischen

---

[60]vgl. T. Rendtorff, Universalität oder Kontextualität der Theologie - eine "europäische" Stellungnahme, in: Europäische Theologie - herausgefordert durch die Weltökumene, epd-Dokumentation 18 (1976) 46-64, hier zunächst 54

Pluralität der kontextuellen Rechenschaften der Anspruch auf
Universalität überhaupt eingelöst werden kann.

Die Studie 'Rechenschaft über die Hoffnung' war und ist von der
Überzeugung getragen, daß sich in den vielen Zeugnissen letztlich eine Hoffnung ausprägt. Wenn aber jedes einzelne von der
einen Hoffnung spricht, dann hat es in seiner Kontextgebunden-
heit auch universalen Charakter, da diese eine Hoffnung auch
in allen anderen Zeugnissen enthalten sein muß.[61] Um sich ihrer
zu vergewissern, bedarf es unabdingbar des Dialoges der einzelnen Gruppen und Kirchen miteinander.

Der Dialog weist nach Rendtorff eine synchrone und eine dia-
chrone Komponente auf, d.h. er impliziert die Auseinandersetz-
zung der gegenwärtigen theologischen Strömungen untereinander
ebenso wie die Auseinandersetzung mit der Tradition, mit den
historischen Gestalten des Christentums. Der Tendenz nach
bleibt er nicht auf die verschiedenen Ausprägungen des christlichen Glaubens beschränkt, sondern muß auch vom Christentum
verschiedene oder unabhängige Sinnentwürfe und Handlungsorien-
tierungen miteinbeziehen.

Im Bemühen um diese historisch oder geographisch verstandene
"Integration des Überlieferungszusammenhanges des Christentums"[62] ist immer auch die Frage nach der Wahrheit mit ange-
schnitten, d.h. die Frage nach der theologischen Verantwortlichkeit. Wie diese Verantwortung eingeholt werden kann, er-
läutert Rendtorff anhand dreier Kriterien, die an den Dialog
der verschiedenen kontextuellen Rechenschaften angelegt werden
können. Vonnöten sei eine Entwicklung von Abhängigkeit (Dependenz) zu Interdependenz, von Wandel zu Austausch und von Erkenntnis zu Anerkenntnis.[63] Was bedeutet das?

Die Erfahrungen von Abhängigkeit und Wandel sind fundamentale

---

[61] vgl. Bangalore 1978 (dt.) 26f

[62] Rendtorff, Universalität 57

[63] vgl. a.a.O. 57-64

Erfahrungen von Wirklichkeit und ebenso genuin religiöse Erfahrungen, da sie zum einen die Unmöglichkeit für den Menschen implizieren, aus sich selbst heraus zu existieren, sowie zum andern die Vorläufigkeit der empirischen Welt. Die Überwindung
von Abhängigkeit und der Wandel des Menschen und der Welt sind
immer schon Thema der Theologie gewesen, wenn auch in unter-
schiedlicher Akzentuierung. Die Bewegung muß von der Abhängigkeit zur Gegenseitigkeit (Interdependenz) gehen und vom Wandel
zu einem Austausch, der sich sowohl in gegenwärtiger als auch
in historischer Perspektive als gegenseitige Bereicherung
vollzieht.

Wirklichkeit ist für den Menschen durch Erkenntnis konstituiert.
Fraglich bleibt, ob die ungeheure Erweiterung menschlicher Er-
kenntnismöglichkeiten, die die Entwicklung der modernen Wis-
senschaften mit sich gebracht hat, auch die Kompetenz für den
Umgang mit der Wirklichkeit gefördert hat.

Wenn Wirklichkeit für den Menschen immer von ihm erkannte Wirklichkeit ist, dann stellt sich die Frage, ob nicht Gottes Offenbarung als eine 'Form' der Erkenntnis eine solche Erkennt-
nisfähigkeit darstellt, an der der Mensch partizipieren kann.
In seiner Offenbarung macht Gott seine Annahme (Anerkenntnis)
der Welt und des Menschen bekannt.

Im Dialog muß sich die Bewegung von der Erkenntnis hin zur Anerkenntnis vollziehen, so daß im Erkenntnisprozeß sich eine
wechselseitige Annahme der Erkennenden und der Erkannten ereignet. In Anklang an Abschnitt 2 des 1. Kapitels kann hier
formuliert werden: Wie Reziprozität (Gegenseitigkeit), Gleichberechtigung und Solidarität als Grundstruktur kommunikativen
Handelns über die unmittelbare Interaktion hinaus auf die universale Kommunikationsgemeinschaft hin verweisen, so zielen
Interdependenz, Austausch und Anerkenntnis als Maßgabe für den
ökumenischen Dialog hin auf die eine Gemeinschaft der Hoffnung.

    Das Schlußdokument von Bangalore betont, daß die Hoffnung
in Jesus Christus nicht von den historischen Hoffnungen getrennt, aber auch nicht mit ihnen identifiziert werden darf.

Ebenso liegt Rendtorff daran, die theologischen Auseinandersetzungen in der weltweiten Ökumene nicht zu identifizieren oder
gleichzuschalten mit den notwendigen politischen und ökonomischen Auseinandersetzungen auf Weltebene. Da die Theologie ihre geschichtliche und gesellschaftliche Wirklichkeit durch-
dringen muß, vollzieht sich die Suche nach der Wahrheit zwar
innerhalb der Suche nach politischer, sozialer und kultureller
Identität, ist aber letztlich nicht in ihr aufzulösen.[64]

Zum Ende des 2. Kapitels möchte ich kurz einige Punkte benennen, von denen bereits jetzt erkennbar ist, daß sie in einem
Dialog von europäischer Seite mit Schwarzer Theologie von Wichtigkeit und Interesse sein könnten.
Einer der wichtigsten Gedanken scheint mir zu sein, daß Schwarze Theologie als eine von vielen kontextuellen Theologien un-
mißverständlich darauf aufmerksam macht, daß ein Anspruch auf
universale Geltung nicht durch statische Festschreibungen
theologischer Inhalte für alle Zeiten und Kulturen einzuholen
ist, sondern nur durch das Risiko der Partikularität und den
verantwortlichen Umgang mit dieser Partikularität vermittels
eines weltweiten Dialoges.
Notwendig erscheint mir aus europäischer Perspektive eine Auseinandersetzung um das Thema der Befreiung. Die Aufforderung
an 'europäische' und Schwarze Theologie lautete, den (legiti-
men) selektiven Umgang mit der Tradition, insbesondere der
biblischen Tradition zu überprüfen und gegenseitig voneinander
zu lernen.[65] 'Europäische' akademische Theologie muß sich fragen, ob ihr nicht zentrale Gehalte der biblischen Texte, etwa
das Thema Gott als Befreier, abhanden gekommen sind, und wenn
ja, aus welchen Gründen, weiterhin, wie Befreiung in unserem
Kontext buchstabiert werden muß. Ständige Provokation zur

---

[64] vgl. Bangalore 1978 (engl.) 4; Rendtorff, Universalität 49, 51, 54, bes. 56, 58

[65] vgl. Huber, Begegnung 443

Selbstkritik kann ihr das von schwarzen Christen, zumindest
in Ansätzen, vorgelebte Handlungsprinzip der Theologie sein:
die Einheit von verkündigtem Wort und befreiender Tat.
Ihre Fähigkeit zum Dialog und die Einsicht in seine Notwendigkeit stellen Schwarze Theologen unter Beweis durch den Ge-
winn eines neuen (schwarzen) Bewußtseins und durch die Überzeugung, daß Befreiung in Jesus Christus und historische Befreiung alle Menschen einbeziehen.
In der Praxis der Einheit von verkündigtem Wort und befreiender Tat, die konkret die schwarzen Menschen Südafrikas betrifft, tendenziell aber alle Menschen umfaßt, erweist sich
Schwarze Theologie als eine authentische Rechenschaft von der
Hoffnung in Südafrika und unter der Bedingung des Dialoges
als ein Beitrag zu einer gemeinsamen Rechenschaft von der
Hoffnung.

3. Kapitel

THEOLOGIE UND DIE WAHRNEHMUNG GESELLSCHAFTLICHER KONFLIKTE -
GESELLSCHAFTSANALYSE ALS BASIS SCHWARZER THEOLOGIE?

Auf dem Hintergrund ihres Verständnisses von Theologie als Einheit von verkündigtem Wort und befreiender Tat postulieren
Schwarze Theologen die Notwendigkeit, Analysen der Gesellschaft,
in der sie leben, zu betreiben. Im Lichte des Evangeliums reflektiert die Theologie auf diesem Fundament das Handeln der
Kirche in der Gesellschaft, d.h. Gesellschaftsanalyse wird
zur Basis Schwarzer Theologie.
Das Fragezeichen im Titel symbolisiert die Schwierigkeiten,
die sich für mich aus dem Versuch ergaben, die Ausführung dieses an sich recht klaren Postulates zu erörtern. Die mir zugänglichen Texte Schwarzer Theologen weisen zwar Einzelinfor-
mationen und Ansätze zur Theoriebildung auf, jedoch keine klar
umrissene Darstellung der gesellschaftlichen Verhältnisse in
Südafrika, mit Ausnahme des ideologischen Bereichs, der häufig
zum Gegenstand der Untersuchung wird.
Zur Bewältigung dieser Schwierigkeiten bot sich für mich an,
das bei Schwarzen Theologen vorfindliche Material durch verschiedene Aufsätze aus der Zeitschrift des Südafrikanischen
Kirchenrates 'Kairos' zu ergänzen, sowie durch eine Studie des
Kirchenrates zu Investitionen in Südafrika, durch Ergebnisse
der bereits erwähnten Untersuchung Th. Hanfs, durch eine Dokumentation des African National Congress und aktuelle Presse-
berichte. Das gesammelte Material habe ich drei Bereichen zugewiesen, die als gesellschaftliche Konfliktfelder betrachtet
werden müssen: dem ökonomischen, politischen und ideologischen
Bereich.
Letzteres geschieht auf dem Hintergrund von L. Althussers Unterscheidung der ökonomischen, politischen und ideologischen
Instanz innerhalb einer Gesellschaft[1], mit der er die gesell-

---

[1] vgl. L. Althusser, Für Marx, Frankfurt/M 1968, 182; F. Belo, Das Markus-

schaftlichen Lebens- und Produktionsprozesse zu erfassen sucht.
Die stichwortartige Charakterisierung der ökonomischen Situation betrifft die Produktivkräfte als die Gesamtheit der für
die Produktion relevanten Elemente sowie die Ordnung des Ei-
gentums. Bezüglich der politischen Situation wird zu zeigen
sein, welchen Mitgliedern der Gesellschaft mit Hilfe von Ge-
boten, Verboten und Institutionen wie Militär und Polizei welcher Platz zugewiesen wird.
Weltdeutung und Handlungsorientierung der Mitglieder einer Gesellschaft bzw. ihre Beeinflussung sind Gegenstand der Erörterung der ideologischen Situation.
Der zweite Reflexionsschritt beschäftigt sich mit den Konsequenzen der in Abschnitt 1 gewonnenen Erkenntnisse für die
Kirchen, die sich dem Kampf gegen den weltweiten Rassismus
verpflichtet wissen. Neben der Erfassung der konkreten gesellschaftlichen Situation Südafrikas wird - wie im ersten Abschnitt bereits angedeutet - eine Analyse der internationalen
Beziehungen hinsichtlich der Verknüpfung von Rassismus und
Kapitalismus notwendig.

1. Gesellschaftliche Konfliktfelder in Südafrika

1.1 Stichworte zur ökonomischen Situation

Wohlstand und Armut, Entwicklung und Unterentwicklung existieren in Südafrika dicht nebeneinander. Aufgabe von Abschnitt
1.1.1 wird sein, anhand von Informationen über Einkommensverhältnisse, Berufsstruktur u.ä. aufzuweisen, daß die aus der
kapitalistischen Produktionsweise resultierenden Klassengrenzen in Südafrika weitgehend identisch mit den Rassengrenzen
verlaufen.
In den letzten Jahren hat Südafrika eine nahezu unglaubliche
wirtschaftliche Expansion erlebt. Daraus ergibt sich hier für
mich die Frage, ob nicht Wirtschaftswachstum und akuter Mangel

Evangelium materialistisch gelesen, Stuttgart 1980, 21-30

an qualifizierten Arbeitskräften sowohl zu einer Aufbrechung
der Identität von Rassen- und Klassengrenzen als auch zu einer
Liberalisierung der gesamten gesellschaftlichen Situation führen könnten (1.1.2).
Nicht zuletzt möchte ich ein Schlaglicht werfen auf die Rolle
ausländischer Investitionen, insbesondere auf das ökonomische
und soziale Verhalten deutscher Unternehmen, die Zweigniederlassungen in Südafrika unterhalten (1.1.3). Mein Interesse besteht darin herauszufinden, welche Bedeutung gerade auch die
BRD durch Investitionen in Südafrika im Rassenkonflikt gewinnt.

1.1.1 Die weitgehende Identität von Rassen- und Klassengrenzen

Einkommen, Besitz und Lebensbedingungen markieren deutliche
Unterschiede zwischen weißen und schwarzen Südafrikanern.
Kairos, die Monatszeitschrift des South African Council of
Churches (SACC) veröffentlichte im März 1980 eine Statistik
zur Einkommensverteilung in Südafrika.[2] Mit Hilfe einer Lo-
renz-Kurve ermittelte diese Untersuchung den Grad der Ungleichheit in der Verteilung. Dieser Kurve zufolge entfielen
1976 auf 40% aller Einkommensbezieher 6,6% des Gesamteinkom-
mens, auf 20% der Bezieher 8,4%, auf weitere 20% 13,9% und auf
die letzten 20% schließlich 71,1% des gesamten Einkommens. In
der Gesamtbevölkerung Südafrikas, nicht nach Rassen getrennt,
stehen also 80% der Einkommensbezieher, die über 28,9% des gesamten Einkommens verfügen, 20% gegenüber, die 71,1% erhalten.
    Differenziert man die Einkommensverhältnisse nach den in
Südafrika geltenden Rassenklassifizierungen, erhält man folgende Zahlen: 22% der Verdienenden (Weiße) bezogen 60% des
Volkseinkommens, 13% (Coloureds, Asiaten) 9% und 65% (Schwarzafrikaner) lediglich 25%.
Zum Vergleich seien zwei weitere Untersuchungen angeführt:
Nach H. Bilger verfügten 1970 60% der Schwarzafrikaner über

---

[2] vgl. Income distribution examined, in: Kairos 12 (1980) H. 2, 7

ein Jahreseinkommen bis zu 400 Rand[3], während nur 52% der
Coloureds, 27% der Asiaten und 8,1% der Weißen ein ähnlich ge-
ringes Einkommen aufwiesen.[4]

Th. Hanf u.a. kennzeichnen die Einkommenssituation wie folgt:
70% der Erwerbstätigen (Schwarzafrikaner) erhalten nur ein
Viertel des Einkommens, während ein knappes Fünftel (Weiße)
zwei Drittel aller Löhne und Gehälter auf sich vereinigt.[5]
In einer Verteidigung seiner Studie über ausländische Investitionen in Südafrika in der Zeitschrift Kairos führt der SACC
eine an der Universität Witwatersrand erstellte Tabelle an, die
die Einkommensverhältnisse schwarzer Südafrikaner mit denen anderer afrikanischer Länder vergleicht. Danach verfügen schwarze Südafrikaner keineswegs über die höchsten Einkommen innerhalb Gesamtafrikas. Die schwarzen Bewohner der ländlichen Gebiete Südafrikas erscheinen bezüglich ihres Lohnniveaus erst
an 14. Stelle; in den Städten allerdings liegt der Verdienst
erheblich höher.[6]

Noch deutlicher zeigt sich die ökonomische Ungleichheit der
Rassen in der Verfügungsgewalt über die Produktionsmittel.
Schwarzafrikanern ist weder Eigentum an noch Verfügung über
Produktionsmittel(n) außerhalb der Homelands gestattet, Coloureds und Asiaten nur eingeschränkt. Schwarzafrikaner dürfen
in 'weißen' Gebieten nicht einmal Land besitzen.
Die Einrichtung der Homelands hat geographische Grenzen zwischen Armut und Reichtum geschaffen.[7] 13,7% des Gesamtterri-
toriums sind von der weißen Regierung als 'Heimatländer' für

---

[3]Z.Zt. (23.4.1982) entspricht ein Südafrikanischer Rand ca. 2,15 DM.

[4]vgl. H.R. Bilger, Südafrika in Geschichte und Gegenwart, Konstanz 1976, 581

[5]vgl. Hanf, Südafrika 24

[6]vgl. Investment ... SACC view defended, in: Kairos 10 (1978) H. 11, 3 u.
5; zu der genannten Studie vgl. Anm. 10

[7]vgl. zum folgenden Hanf, Südafrika 23-25; Braun, Die hungrigen Massen

alle Schwarzafrikaner vorgesehen worden. Weil diese Homelands aufgrund von Unfruchtbarkeit und Armut an Bodenschätzen gar nicht in der Lage sind, alle in ihnen lebenden Menschen zu er- nähren und weil die südafrikanische Wirtschaft unausweichlich auf die Arbeitskraft der Schwarzafrikaner angewiesen ist, wer- den viele Einwohner gezwungen, sich als Wanderarbeiter in den weißen Städten und Industriezentren zu verdingen. Die struktu- relle Armut der Homelands, die hauptsächlich durch das System der Wanderarbeit und durch zahlreiche Zwangsumsiedlungen von Schwarzafrikanern aus den weißen Gebieten hervorgerufen ist, verschärfte sich 1980/81 zusehends durch eine anhaltende Dür- re, die Ernten zerstört, Wasserstellen versiegen läßt und zu einem Massensterben von Menschen und Tieren führt. Auf der an- deren Seite wären die Ernteerträge des gesamten Südafrika mehr als ausreichend, um nicht nur sämtliche Exportinteressen zu befriedigen, sondern auch die eigene Bevölkerung angemessen zu ernähren.[8]

So aber sind mehr als 60% der schwarzen Kinder im Schulalter von Unter- und Fehlernährung betroffen, dagegen kein einziges weißes Kind. Die durchschnittliche Lebenserwartung eines Wei- ßen liegt bei ca. 65 Jahren, die eines Schwarzen bei ca. 45 Jahren.[9]

Zweierlei läßt sich aus dem Vorangegangenen erschließen: Ein- kommensverhältnisse, Eigentum an und Zugang zu den Produktions- mitteln sowie der Lebensstandard weisen einer großen Mehrheit in der südafrikanischen Gesellschaft einen unterprivilegierten Status zu. Zwischen Mehrheit und Minderheit auf der einen und schwarzen und weißen Bevölkerungsteilen auf der anderen Seite besteht eine weitgehende Identität. Diese Entsprechung von ökonomischen Ungleichheiten und bestimmten Bevölkerungssegmen-

---

[8] vgl. Für Schwarze hängt der Brotkorb in Südafrika jetzt höher, in: GA vom 8.12.1980

[9] vgl. Hanf, Südafrika 25

ten wie den Rassen führt dazu, daß Klassenauseinandersetzungen
oft den Charakter von Rassenkonflikten annehmen und umgekehrt.[10]

Gefördert wird diese Identität von Rassen- und Klassenkon-
flikten durch die Apartheidsgesetzgebung der Regierung. Durch
Einschränkungen des Eigentumsrechts, Kontrolle des Arbeits-
marktes und ein defizitäres Bildungs- und Ausbildungssystem für
Schwarze gewinnt der Staat mittels seiner politisch-administrativen Funktion einen nicht zu unterschätzenden Einfluß auf die
ökonomischen Strukturen. Genauer soll darauf in Abschnitt 1.2
eingegangen werden.

Im folgenden wird die Frage zu beantworten sein, ob die weitgehende Übereinstimmung von Rassen- und Klassengrenzen nicht
durch die wirtschaftliche Entwicklung Südafrikas in den letzten
Jahren eine entscheidende Veränderung erfahren hat, die auf lange Sicht die Modifizierung der gesamten Gesellschaftsstruktur
vorantreiben könnte.

1.1.2 Wirtschaftswachstum und Arbeitskräftemangel als Motoren einer Liberalisierung des Apartheidssystems?

Da mir zu diesem Abschnitt kaum Material aus Südafrika selbst
zur Verfügung stand, ich ihn zur Einschätzung der Wirtschaftsbeziehungen zwischen Südafrika und der westlichen Welt aber für
notwendig halte, habe ich das Folgende hauptsächlich aus ak-
tuellen Presseberichten erarbeitet.

Nach einer Rezessionsphase Mitte der 70er Jahre erlebte die südafrikanische Wirtschaft in jüngster Zeit, insbesondere in den
Jahren 1979 und 1980, eine Konjunktur ungeahnten Ausmaßes.[11]

---

[10] vgl. auch zum folgenden Wirtschaftsbeziehungen zu Südafrika. Südafrikanischer Kirchenrat und Evangelische Kirche in Deutschland zur Frage von Investitionen in Südafrika, Frankfurt/M 1978, 9f, 18; Investment 3; A. Ivar-
Berglund, New Patterns in Ministry, in: Kairos 10 (1978) H. 9, 2; Investment Review called for by Conference, in: Kairos 10 (1978) H. 6, 7; Biko,
I write 50; Hanf, Südafrika 26, 33

[11] vgl. W. Pohl, Der Segen des Goldes, in: SZ vom 1.3.1980; Engagement der
deutschen Firmen nimmt ständig zu, in: Die Welt vom 23.10.1980; Rekord-

Im Jahr 1980 betrug der Zuwachs des Bruttosozialproduktes 7%,
für 1981 wurden 5-6% erwartet. Aktiengesellschaften fast aller
Wirtschaftszweige erzielten 1979 Bruttogewinnzunahmen zwischen
40 und 100%. Zurückzuführen ist dieses Wachstum zu großen Teilen auf den phänomenalen Anstieg des Goldpreises im Gefolge
der Dollarrezession. Ebenso stiegen die Preise für Platin und
Diamanten und allmählich auch für Kupfer. 1979 wurde die Jah-
resförderung von 703t Gold für 11,95 Mrd. DM umgesetzt. (Südafrika ist das Land mit den reichsten Vorkommen der Welt an
Gold, Platin und Diamanten, aber auch an Vanadium, Chromerz,
Manganerz, Fluormetallen, Silikaten, Zirkon und anderen selte-
nen Metallen und, nicht zu vergessen, an Steinkohle.)
Kehrseite des Wachstums allerdings ist eine beunruhigend hohe
Inflationsrate zwischen 12 und 14%, die die unteren Einkom-
mensgruppen sicherlich am härtesten trifft.
Der Expansion der Wirtschaft sind trotz der ungemein günstigen
Konjunkturlage insofern Grenzen gesetzt, als sie nicht über
eine genügende Anzahl qualifizierter Arbeitskräfte verfügen
kann.[12] Aufgrund der Apartheidsgesetze, die eine mangelnde
Ausbildung schwarzer Südafrikaner und die Reservierung bestimmter Berufssparten für Weiße u.ä. zur Folge haben, ergibt sich
die paradoxe Situation, daß Massenarbeitslosigkeit unter den
Schwarzen und akuter Arbeitskräftemangel Seite an Seite existieren. Bis etwa ins Jahr 1976 konnte der steigende Bedarf an
Facharbeitern durch weiße Einwanderer gedeckt werden. Seit 1977
aber ist deren Zahl rückläufig. Bevölkerungsstatistiken aus dem
Jahr 1980 lassen auf eine weitere Abnahme des weißen Bevölke-
rungsteils schließen: für die schwarzafrikanische Bevölkerungs-

---

gewinne südafrikanischer Firmen, in: BW vom 28.11.1980; Südafrika erzielt
1979 Rekordeinnahmen, in: BW vom 31.1.1980

[12] vgl. A. Bänziger, Die Frontlinie verläuft im Arbeitssektor, in: TA vom 24.
2.1981; Südafrika hat Bevölkerungsprobleme, in: BW vom 20.11.1980; Bericht
über Südafrika, in: Blätter des iz3w (1979) H. 78, 8; Facing up to Unem-
ployment, in: Kairos 9 (1977) H. 11, 4; Investment 3; Ivar-Berglund, Ministry 2

gruppe ist eine jährliche Nettozunahme von 215 000 Arbeitskräften berechnet worden gegenüber einer Zunahme von nur 28 000
Weißen, 20 000 Coloureds und 6 500 Asiaten.[13]
Bisher ist die Arbeitslosigkeit unter den Schwarzen durch das
Wirtschaftswachstum nicht behoben worden. Angesichts der pre-
kären Situation gründete die Regierung schon vor einigen Jahren die sogenannte Wiehahn-Kommission, deren Aufgabe es sein
sollte, Vorschläge für eine Reform der Arbeitsbeziehungen und
des Arbeitsrechtes zu erarbeiten.[14] Die Empfehlungen der Kommission zielten auf eine Anerkennung schwarzer Gewerkschaften
als legaler Tarifpartner, auf verbesserte Ausbildung der
schwarzen Bevölkerung, auf weitgehende Aufhebung der sogenannten job-reservation und der Apartheid im Betrieb. Das Recht auf
gewerkschaftliche Organisierung sollte nur für städtische
Schwarze gelten, nicht für Wanderarbeiter, die Entscheidung
über job-reservation und berufliche Aus- und Fortbildung von
Schwarzen in den Händen der jeweiligen Betriebe liegen. Zu-
sammenfassend gesagt, war die Intention der Wiehahn-Kommission,
auch die Arbeitsbeziehungen ausschließlich nach den Gesetzen
der freien Marktwirtschaft zu regeln.
Unternehmen und Wirtschaftsverbände sowie die liberale parlamentarische Opposition reagierten nahezu mit Enthusiasmus auf
die Vorschläge der Kommission, weiße Gewerkschaften und der
rechte Flügel der Nationalpartei dagegen mit Skepsis und Wider-

---

[13] Nach den vorläufigen Ergebnissen der im Mai 1980 durchgeführten Volkszäh-
lung hat die Republik Südafrika 23,8 Mio. Einwohner (einschließlich der
drei inzwischen unabhänigen Homelands 27,7 Mio.). Nach Rassengruppen auf-
geteilt: 4,5 Mio. Weiße (= 18,74%), 2,6 Mio. Coloureds (= 10,74%), 795 000
Asiaten (= 3,34%) und 16 Mio. Schwarzafrikaner (= 67,18%); 3,95 Mio. zählen
zu den drei unabhängigen Homelands. Die schwarze Bevölkerung Südafrikas be-
läuft sich also auf 81,26% der Gesamtbevölkerung. Vgl. Hohes Bevölkerungs-
wachstum in Südafrika. Knapp 28 Millionen Einwohner, in: NZZ vom 12.2.1981

[14] Keine Investitionen im Apartheidsstaat, in: Blätter des iz3w (1980) H. 85,
10; Südafrika: Reform des Arbeitsrechts, in: BW vom 28.11.1980; "Handel
fördert sozialen Wandel", in: Die Welt vom 17.1.1980

stand. So ergibt sich die recht paradoxe Situation, daß zumindest der liberale Unternehmerflügel geradezu zum Vorreiter sozialer Reformen zugunsten der schwarzen Bevölkerung avanciert.
Dies wird von den Verfassern der SACC-Studie ähnlich betrachtet.[15] Insbesondere im Bereich der Bergbauproduktion versuchen die betreffenden Unternehmen (z.B. Anglo-American Corporation of South Africa), schwarze Arbeitskräfte in betriebseigenen Schulungen und Ausbildungskursen zu qualifizieren und ihnen so einen wirtschaftlichen Aufstieg zu ermöglichen.
Es darf allerdings nicht übersehen werden, daß die reformfreudige Haltung der Arbeitgeberseite ein Produkt der eigenen Interessenlage ist. Man will auf der einen Seite qualifizierte Arbeitskräfte gewinnen, auf der anderen Seite die Gefahr entschärfen, die von einem rechtlosen Heer von Arbeitslosen für den Bestand des südafrikanischen Systems ausgeht. Durch die Gewährung von Aufstiegschancen wird sich im Laufe der Zeit eine schwarze Mittelschicht herausbilden bzw. die schon in Ansätzen bestehende sich vergrößern, der insoweit eine stabilisierende Funktion zugemessen werden kann, als ihre erworbenen Privilegien vom Erhalt des südafrikanischen Gesellschafts- und Wirtschaftssystems abhängen.[16] Das liberale Engagement der Unternehmer zeigt also klar umrissene Grenzen.
Sicherlich haben Wirtschaftsexpansion und Arbeitskräftemangel zum Abbau sozialer Ungerechtigkeiten in den Arbeitsverhältnissen beigetragen. Insofern durchbrechen die Reformen auch die behauptete weitgehende Identität von Rassen- und Klassengrenzen. Ihre Grenze finden sie jedoch darin, daß sie zwar eine Möglichkeit bieten, den Rassenkonflikt zu entschärfen, den grundlegenden Widerspruch zwischen den Klassen aber bestehen lassen. Zusätzlich ist ihre Realisierung bedroht durch den er-

---

[15] vgl. Wirtschaftsbeziehungen 20f; Pohl, Segen; Bänziger, Frontlinie; D.A. Williams/P. Younghusband, An Investment in Blacks, in: Newsweek vom 12.1. 1981

[16] vgl. Boesak, Unschuld 175

bitterten Widerstand der weißen Arbeiter als den zuverlässig-
sten Trägern des Apartheidssystems und des gesamten übrigen
rechten Flügels der Nationalpartei, insbesondere im Vorfeld
von Parlamentswahlen (wie 1981).
Die drastisch ansteigenden Arbeitskonflikte in jüngerer Zeit
und das wachsende Selbstbewußtsein der schwarzen Gewerkschaften in der Artikulation der Interessen ihrer Mitglieder verdeutlichen, daß

> "Reformen auf dem Industriesektor, wie sie von den Unternehmern befür-
> wortet und - z.B. auf dem Sektor Ausbildung - auch finanziert werden,
> ... die tiefere und grundsätzliche Unzufriedenheit der Schwarzen mit
> dem Apartheidsstaat kaum übertünchen (können; LS)."[17]

1.1.3 Ausländische Investitionen und das Verhalten deutscher in Südafrika niedergelassener Unternehmen

Ausländische Investitionen in Südafrika sind sowohl für die investierenden Staaten als auch für Südafrika ein gewichtiger
Wirtschaftsfaktor. Der größte Wirtschaftspartner Südafrikas
ist die Europäische Gemeinschaft. Allein etwa 200 bundesdeut-
sche und 300 britische Firmen haben Zweigniederlassungen in
Südafrika; zwei Drittel aller ausländischen Investitionen stammen von europäischen Banken.[18]
Südafrikanische Befreiungsbewegungen und schwarze Gewerkschaften betrachten ein Handelsembargo und einen Investitionsstopp
von seiten der industrialisierten westlichen Länder als das
wirksamste Druckmittel, um in Südafrika den notwendigen sozialen Wandel herbeizuführen. Sie wissen sich darin unterstützt
von den Vereinten Nationen und der Organisation für afrikani-

---

[17] Bänziger, Frontlinie; vgl. auch P. Webb/H. Jensen, South African Black Power, in: Newsweek vom 9.3.1981; Die Lektion von Fatti's and Moni's, in: SZ vom 15.1.1981

[18] vgl. auch zum folgenden Engagement der deutschen Firmen nimmt ständig zu, in: Die Welt vom 23.10.1980; Südafrika: Fischfang im Dunkeln, in: Blät-ter des iz3w (1980) H. 90, 11-14; Keine Investition im Apartheidsstaat, in: Blätter des iz3w (1980) H. 85, 10f; 250 Millionen Dollar für Süd-afrika, in: FAZ vom 30.9.1980

sche Einheit (OAU). Erstere riefen in Resolutionen vom 9.11.
1976 und vom 14.12.1977 die Industrienationen zu verbindlichen
wirtschaftlichen Sanktionen gegen Südafrika auf. Die westlichen
Länder sahen sich dadurch dem Dilemma ausgesetzt, einerseits
auf den wachsenden internationalen Druck reagieren zu müssen
und andererseits nicht auf die einträglichen Wirtschaftsbeziehungen zu Südafrika verzichten zu wollen.

Die Europäische Gemeinschaft verabschiedete aus diesem Anlaß
am 20.9.1977 einen Verhaltenskodex für Unternehmen mit Tochtergesellschaften, Niederlassungen oder Vertretungen in Südafrika,
dessen Zweck darin bestand, die Handelsbeziehungen zu den
Staaten der Dritten Welt, die auf einen Boykott drängten,
nicht zu gefährden und die Wirtschaftsbeziehungen zu Südafrika zu stabilisieren, die durch das Soweto-Massaker beeinträchtigt worden waren. Der Kodex befaßt sich mit folgenden Problemen:[19]

Allen Beschäftigten ist das Recht auf freie Organisierung zu-
zugestehen; wenn die Beschäftigten sich für eine schwarze Gewerkschaft entscheiden, sollte das Unternehmen diese Gewerkschaft als autonomen Tarifpartner akzeptieren und darüberhinaus alles tun, um schwarzen Arbeitern eine gewerkschaftliche
Organisierung zu ermöglichen.

Arbeitgeber tragen eine soziale Verantwortung für die Probleme, die sich aus dem System der Wanderarbeit für die betroffenen Arbeiter und ihre Familien ergeben.

Der Mindestlohn sollte das absolute Existenzminimum (grundlegende Bedürfnisse des Beschäftigten und seiner Familie) um 50%
übersteigen.

Schwarzen Arbeitern sollen alle Berufssparten und Positionen
offenstehen, ebenso wird den Unternehmern empfohlen, durch in-
nerbetriebliche Ausbildung die Qualifizierung schwarzer Be-

---

[19] abgedruckt in: R. Hermle (Hg.), Bericht zum Sozialverhalten von Tochtergesellschaften deutscher Unternehmen in Südafrika, Bonn: KAEF 1979,
57-59

schäftigter zu ermöglichen.

Die übrigen Bestimmungen betreffen Sozialleistungen der Arbeitgeber, die Beseitigung der Apartheid am Arbeitsplatz sowie die Verpflichtung der Unternehmen, jährlich über die Einhaltung des Kodex Rechenschaft abzulegen.

Nachdem die Bundesregierung Ende 1978 die Spitzenverbände der deutschen Industrie vergeblich aufgefordert hatte, über die Durchführung des Kodex Bericht zu erstatten, fanden verschiedene 'private' Recherchen zum EG-Kodex statt. Der Katholische Arbeitskreis Entwicklung und Frieden veröffentlichte einen 'Bericht zum Sozialverhalten von Tochtergesellschaften deutscher Unternehmen in Südafrika'[20], dessen wichtigste Ergebnisse bezüglich der untersuchten Firmen Bayer, Henkel, Höchst, Siemens und Volkswagen ich hier zusammenfassen möchte. Selbstverständlich kann damit nur ein Ausschnitt der tatsächlichen Situation erfaßt werden. Sicherlich aber gibt die Zurückhaltung der Unternehmen und die Herauszögerung des Jahresberichtes zu denken.

"Die vorgelegten Materialien lassen nicht den Schluß zu, daß der EG-Verhaltenskodex umfassend beachtet und angewendet wird."[21]

Schwarze Gewerkschaften werden trotz anderslautender Aussagen von den meisten Unternehmen (Volkswagen hier ausgenommen) nicht als Tarifpartner akzeptiert, geschweige denn gefördert. Die meisten Betriebe bevorzugen als Arbeitnehmervertretung sogenannte liaison-comitees, die nur beratende Funktion haben und unter unmittelbarer Kontrolle durch die Unternehmensleitung stehen.

Keines der untersuchten Unternehmen erfüllte die Forderung nach den genannten Mindestlöhnen. Alle Firmen legten die Behauptung vor, nach dem Grundsatz 'gleicher Lohn für gleiche Arbeit' zu verfahren. Angesichts der Bildungssituation für

---

[20] siehe Anm. 19

[21] a.a.O. 37

schwarze Arbeiter entpuppt sich diese Behauptung als eine Farce,
da gar nicht genügend schwarze Arbeiter den einem Weißen entsprechenden Qualifikationsstand aufweisen. Folglich erhalten sie
auch keine Positionen, die ihnen eine den Weißen adaequate Be-
zahlung zusichern. Wenn nicht besondere Ausbildungsanstrengungen
unternommen werden - was nicht erkennbar ist - kann der Grundsatz 'gleicher Lohn für gleiche Arbeit' durchaus eine rassistische Färbung tragen.
Hinsichtlich der Sozialleistungen ist aus dem vorliegenden Material nicht genau zu erheben, um wieviel tatsächlich die ge-
setzlichen Regelungen übertroffen werden und wie der schwarze
Beschäftigte konkret von diesen Leistungen profitiert. Die Rassentrennung am Arbeitsplatz scheint bis auf einige wenige Ausnahmen nach wie vor zu bestehen.

Ende des Jahres 1979 berichteten von den etwa 180 Tochtergesellschaften deutscher Unternehmen 71 über die Einhaltung des Kodex;
42 (FAZ) bzw. 46 (FR), deren Belegschaft 90% der von deutschen
Unternehmen beschäftigten Arbeitnehmer umfaßt, wurden davon für
einen Bericht der Bundesregierung ausgewertet.[22] Die Mutterge-
sellschaften in der BRD bestanden zur Wahrung ihrer wirtschaftlichen Interessen auf der Anonymität der Berichte. Die Auswertung bestätigte im wesentlichen die Ergebnisse der KAEF-Studie.
Zwar lehnt kein Unternehmen die Zusammenarbeit mit schwarzen Gewerkschaften verbal ab, doch hat weiterhin nur ein einziges Unternehmen eine schwarze Gewerkschaft als Tarifpartner anerkannt.
  Nicht einmal die Hälfte aller Unternehmen zahlte Mindest-
löhne, die den Forderungen des Kodex entsprechen. Ausbildung am
Arbeitsplatz führen 29 Firmen mit knapp 25 000 Arbeitnehmern
durch, Weiterbildung 23 Unternehmen mit 23 400 Arbeitnehmern.

---

[22] vgl. R.D. Schwartz, Betriebe sollen Ausbildung von Schwarzen vorantreiben,
in: FR vom 7.1.1980; Unbefriedigende Löhne farbiger Mitarbeiter, in: FAZ
vom 17.1.1980; R.D. Schwartz, Roth bezweifelt Firmenangaben zu Südafrika-
kodex, in: FR vom 18.1.1980; Roth: Es geht um ein Minimum von Anstand,
in: StuZ vom 20.3.1980

Sozialleistungen betreffen meist Alters- und Gesundheitsfürsorge. Eine Lohnfortzahlung im Krankheitsfall gibt es nur bei
7 (!) Unternehmen. Rassentrennung am Arbeitsplatz ist in der
überwiegenden Anzahl der Betriebe nicht beseitigt worden.

Die genannten Untersuchungen und Berichte weisen deutlich darauf hin, daß Wirtschaftskreise und politische Führung der BRD
insofern zur Perpetuierung des Apartheidssystems beitragen,
als sie überhaupt Wirtschaftsbeziehungen zu Südafrika pflegen.
Darüber hinaus mildern deutsche Unternehmen in Südafrika durch
ihr Sozialverhalten die Rassendiskriminierung nicht, sondern
verschärfen sie eher noch, insoweit sie sie im Sinne der eigenen
wirtschaftlichen Interessen, z.B. hinsichtlich niedriger Löhne
einzusetzen wissen.[23]
Dieses Ergebnis stimmt mit dem Grundtenor der in Abschnitt 1.1.1
bereits erwähnten Studie des SACC überein, in der Investitionen
u.a. als ein stützender Faktor für die Politik der getrennten
Entwicklung bezeichnet werden.[24] D. Tutu schließt sich dieser
Beurteilung an, indem er konstatiert, daß die wirtschaftliche,
politische und diplomatische Macht westlicher Staaten Südafrika,
z.B. in einem Wirtschaftsboykott, empfindlich treffen könnte.
Er betrachtet es als die Aufgabe der Kirchen in diesen Ländern,
auf die in Südafrika investierenden Unternehmen Druck auszuüben mit dem Ziel eines Investitionsstopps oder zumindest grö-

---

[23]Das Sozialverhalten deutscher Unternehmen in Südafrika wird von K. Broichhausen in der FAZ zynisch genug so kommentiert: "Mit der Verabschiedung
dieses Kodex' weichen alle Partnerstaaten von altüberlieferten Regeln für
das Verhalten in ausländischen Märkten ab. Bisher hat immer der Grundsatz gegolten, daß sich Unternehmen in ihrem Gastland jeglicher Einmischung in die örtliche Politik enthalten müßten. ... Das (Anti-Apartheid-
politik bis an den äußersten Rand der Legalität; LS) ist unzumutbar für
Unternehmen, die ja in Südafrika letztlich zu Gast sind. Ist nicht von
deutscher Seite amerikanischen Unternehmen in der Bundesrepublik immer
wieder vorgeworfen worden, sie richteten sich nicht genug nach den Ge-
pflogenheiten des Gastlandes?", vgl. K. Broichhausen, Das gefährliche
Terrain Südafrika, in: FAZ vom 19.2.1980 (Hervorh. v. mir; LS)

[24]vgl. Wirtschaftsbeziehungen 16-19

ßerer Lohngerechtigkeit.[25]

1.2   Stichworte zur politischen Situation

Im folgenden möchte ich aufzeigen, daß der in Abschnitt 1.1
thematisierten Ungleichheit auf ökonomischer Ebene eine ebenso große Kluft zwischen Schwarzen und Weißen in der Frage der
Verteilung politischer Macht und politischer Rechte entspricht.
Ebenso wie Wohlstand und Unterentwicklung existieren parlamentarische Demokratie und autoritäre Herrschaft in Südafrika dicht
nebeneinander (1.2.1).

Ein Ergebnis der Abschnitte 1.1.1 und 1.1.2 lautete, daß der
Staat mittels seiner politisch-administrativen Funktion die Ungleichheit zwischen schwarzen und weißen Bevölkerungsteilen
wenn nicht verursacht, so doch zumindest fördert. Die Einrichtung der sogenannten Homelands, die von der Regierung Südafrikas als Strategie zur Lösung des Konflikts um politische Macht
betrachtet wird, kann hier dazu dienen, die genannten Auswirkungen staatlichen Eingreifens zu illustrieren (1.2.2).

Nicht nur auf dem ökonomischen Sektor gewinnt die Südafrikapolitik der Staaten der westlichen Welt eine gewichtige Bedeutung für das Fortbestehen des Apartheidsstaates. Mich wird besonders die Haltung der BRD bezüglich militärischer und nukle-
arer Zusammenarbeit mit Südafrika interessieren.

1.2.1 Das Nebeneinander von Demokratie und autoritärer Herr-
schaft: zur Frage der Machtverteilung

Die Verfassung der Republik Südafrika sieht als Regierungsform
eine parlamentarische Demokratie vor.[26] Die Zusammensetzung des
Parlamentes wird durch freie und allgemeine Wahlen nach dem

---

[25] vgl. In Südafrika droht ein Blutbad. Gespräch mit Bischof Desmond Tutu,
Johannesburg, in: LM 19 (1980) 406; Die Zeit ist knapp geworden. Gespräch mit Desmond Tutu, Dekan von Johannesburg, in: LM 15 (1976) 158

[26] vgl. zum folgenden Hanf, Südafrika 48-52; Bilger, Südafrika 494-497

Mehrheitswahlrecht bestimmt, die der Regierung durch die Mehr-
heitsverhältnisse innerhalb des Parlamentes. Der Wähler besitzt die Möglichkeit, zwischen mehreren Parteien mit alternativen Programmen zu entscheiden; das Parlament übt eine wirksame Kontrolle über die Regierung aus. Bürgerliche Freiheiten
können wahrgenommen werden.

Dies alles gilt jedoch nur für Weiße. Schwarze, d.h. Schwarzafrikaner, Coloureds und Asiaten, sind von politischen Rechten
und bürgerlichen Freiheiten weitgehend ausgeschlossen. Sie besitzen weder aktives noch passives Wahlrecht. Da ihnen jede
Möglichkeit verwehrt ist, am politischen Entscheidungsprozeß
teilzunehmen, kann die weiße Minderheit ihre ökonomische und
politische Überlegenheit ordnungsgemäß, d.h. nach ihren demokratischen Spielregeln, festschreiben.

Alle Versuche von schwarzer Seite, das politische System im Sinne einer Erweiterung der Demokratie auf die ganze Bevölkerung
zu verändern, können so einer gezielten Repression ausgesetzt
werden, die auf einem demokratisch herbeigeführten Konsens beruht. Auch in den Reihen der Weißen stößt die Ausübung der
bürgerlichen Freiheiten an eine klar umrissene 'Farbgrenze'.
So führt z.B. die von einem Weißen vertretene Forderung nach einem wirklich allgemeinen Wahlrecht unweigerlich zu Sanktionen.
Man kann also sagen,

> "daß in Südafrika nach demokratischen Spielregeln ein Polizeistaat ge-
> schaffen wurde, der sich gegen alle wendet, die außerhalb der rassisch
> begrenzten Demokratie die Begrenzung dieser Demokratie in Frage stel-
> len."[27]

Hanf u.a. verwenden zur Veranschaulichung des politischen Kon-
fliktfeldes das Paradigma des 'internen Kolonialismus'.[28] Das
Nebeneinander von demokratischen und autoritären Herrschafts-
formen innerhalb Südafrikas entspricht im wesentlichen dem po-

---

[27]Hanf, Südafrika 52

[28]vgl. a.a.O. 53-58; auch: Wirtschaftsbeziehungen 18

litischen Verhältnis zwischen den Kolonialmächten, deren Mutterländer demokratisch strukturiert waren, und ihren Kolonien,
deren Bevölkerung keine Möglichkeit hatte, am politischen Entscheidungsprozeß des ganzen kolonialen Imperiums zu partizipieren. Im Falle des internen Kolonialismus besteht zwischen der
demokratisch organisierten und der autoritär beherrschten Gruppe keine geographische Trennung. Entsprechend schwieriger ge-
staltet sich die Lösung eines solchen Konfliktes.
Als das Streben der kolonisierten Völker nach politischer
Selbstbestimmung zu einer Konfliktlösung drängte, zogen die Kolonialmächte den Verlust ihrer politischen Herrschaft einer Integration der kolonisierten Völker in das politische System des
Mutterlandes vor.
Eine ähnliche Konfliktlösung zielt die südafrikanische Regierung
mit dem Konzept der 'Großen oder Makro-Apartheid', d.h. mit der
Einrichtung der Homelands, an. Trennung, nicht Integration ist
mit diesem Konzept angestrebt, das den weißen Bevölkerungsteilen den größten Teil des südafrikanischen Staates zuspricht,
den schwarzen Volksgruppen dagegen eine Anzahl von Reservaten,
die Unabhängigkeit vom weißen Südafrika erlangen sollen.
Unter dem Druck der Ereignisse von Soweto, ihrer nationalen und
internationalen Folgen und des Wahlsieges von Robert Mugabe in
Zimbabwe sah sich die weiße Regierung genötigt, über eine Verfassungsänderung nachzudenken, die den schwarzen Bevölkerungsgruppen mehr politische Rechte einräumt. Tatsächlich aber hat
sich durch die Verabschiedung nicht viel geändert: Ein sechzig-
köpfiger Präsidentialrat, dessen Mitglieder vom Staatspräsiden-
ten ernannt werden, vertritt nun die Interessen von Weißen, Coloureds und Asiaten. Schwarzafrikanern steht lediglich der Zugang zu einem Gremium mit ausschließlicher Beratungsfunktion
offen. Die bisherige Homeland-Politik soll im wesentlichen
durchgesetzt werden, d.h. an der Strategie der Segregation wird
unvermindert festgehalten. So nimmt es nicht wunder, daß die
schwarzen politischen Führer die Verfassungsänderung strikt ab-
lehnen. Kosmetische Reformen, deren Ziel gerade die Verhinderung

voller politischer Gleichberechtigung ist, sind nicht geeignet, die schwarze Bevölkerung mit dem Apartheidsstaat auszu-
söhnen.[29]

1.2.2 Die Einrichtung der 'Homelands' - Lösung des Konflikts
um politische Macht oder Beispiel für die politisch-
administrative Verordnung von Ungleichheit?

Das Konzept der 'Großen Apartheid' kann insofern als eine Strategie der Entkolonisierung betrachtet werden, als es versucht,
durch die Abtrennung von selbständigen schwarzen Staaten der
weißen Bevölkerung die Kontrolle über den größten Teil Südafrikas zu erhalten.[30] Steve Biko schreibt den Befürwortern dieser
Segregationspolitik folgende Intentionen zu[31]:
- Unter den schwarzen Südafrikanern soll eine falsche Hoffnung
  auf Unabhängigkeit und politische Rechte gesät werden;
- nach dem Prinzip 'divide et impera' werden Schwarze unter Ausnutzung sicher vorhandener ethnischer Vorurteile in verschiedene Stämme unterteilt und bestimmten Homelands zugewiesen.
  Ziel ist es, die Unzufriedenheit mit und den Widerstand gegen
  die Apartheidpolitik in ungefährlichere Bahnen zu lenken;
- nicht zuletzt kann das spätestens seit den Ereignissen von Soweto beschädigte internationale Prestige Südafrikas durch die
  scheinbare Liberalisierung etwas aufpoliert werden.

Bis heute (Frühjahr 1981) haben drei der Homelands die Unabhängigkeit akzeptiert - die Transkei, Bophutatswana und Venda.

---

[29] vgl. zum ganzen Abschnitt Th. Hanf, Koexistenz durch Konkordanzdemokratie
in Südafrika? in: FAZ vom 4.3.1981; More to leave blacks constitution
criticized out of SAfrican, in: The Times vom 22.1.1980; 'The Whites Are
in for a Rude Shock'. Interview: Oliver Tambo (O. Tambo ist Vorsitzender
des ANC), in: Newsweek vom 11.8.1980; "Bonns Politik ist nicht eindeutig".
DS-Gespräch mit Manas Buthelezi, Bischof in Südafrika, in: DAS vom 20.7.
1980

[30] vgl. Hanf, Südafrika 55-58

[31] vgl. Biko, I write 80-86, hier 83f

Alle Schwarzafrikaner, die zu den Stämmen der Xhosa (sofern sie
nicht der Ciskei zugewiesen werden), Tswana und Venda gerechnet
werden, gelten nun als Bürger dieser Staaten, d.h. im 'weißen'
Südafrika als Ausländer, auch wenn sie die betreffenden Staaten
noch nie in ihrem Leben betreten haben. Weitere Homelands verfügen inzwischen über eine gewisse Selbstverwaltung. Um ihnen
die vorgesehene Bevölkerung zuzuführen, hat die südafrikanische
Regierung bis heute die Umsiedlung von Hunderttausenden, wenn
nicht Millionen schwarzer Menschen erzwungen.[32] Vielfach bedeutete dies für die Betroffenen den Verlust ihrer Heimat, in der
ihre Familien seit Generationen ansässig waren, den Verlust
ihres oft wertvollen Acker- und Weidelandes und/oder ihrer Ar-
beitsplätze. In der Folge sehen sich die Homelands vor die Probleme von Überbevölkerung und nicht einmal partieller wirtschaftlicher Lebensfähigkeit gestellt, so daß sie über das System der Wanderarbeit zum Arbeitskräftereservoir des weißen
Südafrika werden. A. Boesak, M. Buthelezi und die Verfasser der
SACC-Studie kritisieren, daß das System der Wanderarbeit nicht
nur die Ausbeutung billiger Arbeitskraft impliziert, sondern
auch die weitgehende Zerstörung jeglichen Familienlebens unter
der schwarzen Bevölkerung.[33]
Wir können zusammenfassen[34]: Der Prozeß der Entkolonisierung ist
in Südafrika bereits in vollem Gange und setzt an die Stelle des
internen Kolonialismus einen externen Neokolonialismus, d.h. ein

---

[32] vgl. Suffering in Resettlements, in: Kairos 12 (1980) H. 6, 3 u. 6; Re-
strictions increase, in: Kairos 11 (1979) H. 5, 4 u. 7; Who will stop
the Dirty Work at the Crossroads, in: Kairos 10 (1978) H. 8, 2; Capetown
Churches face a Crisis - But do they know it?, in: Kairos 9 (1977) H. 11,
6; A. Braun, Die staubige Straße, die ins Nichts führt. Die Zwangsumsiedlungen der südafrikanischen Regierung stoßen bei Bauern auf Widerstand, in:
KSA vom 8.2.1980; Zur "Unabhängigkeit" der Transkei, in: Blätter des
iz3w (1976) H. 57, 12

[33] vgl. Boesak, Unschuld 128-130; Buthelezi, Ansätze 88-91; Wirtschaftsbeziehungen 18f

[34] vgl. Hanf, Südafrika 57f

Abhängigkeitsverhältnis zwischen einer Reihe kleiner armer
schwarzer Staaten und einem großen und reichen weißen Staat.

> "Gleichgültig, ob die schwarzen Gebiete nun die formale Unabhängig-
> keit erlangen oder nicht, sie bilden geographisch und wirtschaftlich
> weiterhin die Peripherie des von Weißen beherrschten industriellen
> und militärischen Machtzentrums."[35]

Hinsichtlich ihrer Dependenz unterscheiden sich die Homelands
kaum von zahlreichen anderen afrikanischen Staaten. Das weiße
Südafrika aber kann sich nicht in der Hoffnung wiegen, das
'koloniale' Problem in den eigenen Reihen ebenso elegant gelöst
zu haben wie die ehemaligen imperialistischen Mächte. Durch den
Übergang zu einem neokolonialistischen Dependenzverhältnis zwischen politisch selbständigen Staaten in der 1. und 3. Welt
haben die ehemaligen Kolonialmächte die Kontrolle über ihre eigenen Mutterländer in der Hand behalten und ihre ökonomische
Überlegenheit konsolidiert. Das 'weiße' Südafrika aber wird infolge seiner Abhängigkeit von der Arbeitskraft der städtischen
Schwarzen und der Wanderarbeiter immer ein weißer Minderheits-
staat bleiben. Die Segregationspolitik dient also nicht zur Lösung des Konflikts um die politische Macht zwischen den Rassen,
sondern perpetuiert im Gegenteil die ökonomische und politische
Diskrepanz zwischen Schwarz und Weiß, d.h. die Identität von
Rassen- und Klassengrenzen.

1.2.3 Militärische und nukleare Zusammenarbeit westlicher Staa-
ten, insbesondere der BRD, mit Südafrika

Seit der Verhängung des Waffenembargos durch die Vereinten Nationen 1977 hat Südafrika seine Anstrengungen vervielfacht, auf
militärischem Gebiet eine weitgehende Autarkie zu erreichen.
Nach Berichten der Zeitschrift Newsweek verfügt die Kriegsma-
schinerie Südafrikas über eine größere Vernichtungspotenz als
die gesamte militärische Macht sämtlicher schwarzafrikanischer

---

[35] a.a.O. 57

Staaten südlich der Sahara zusammengenommen.[36]

Das Waffenembargo der UN wird nicht nur durch die vermehrten Rüstungsanstrengungen Südafrikas praktisch wirkungslos gemacht, sondern auch durch die aktive Zusammenarbeit westlicher Staaten mit Südafrika auf militärischem und nuklearem Gebiet.

Die entwicklungspolitische Zeitschrift Blätter des iz3w hat auf einer breiten Grundlage von Pressestimmen Handelsbeziehungen zwischen Israel und Südafrika bezüglich des Austauschs israelischer Lenkwaffen-Schnellboote gegen südafrikanische Kohle und Stahl überzeugend nachgewiesen. Nach denselben Berichten verkauft Frankreich seit Jahren an Südafrika Kampfflugzeuge des Typs Mirage, Hubschrauber, Erdkampfflugzeuge, Luftabwehrraketen, Unterseeboote und nicht zuletzt Lizenzen zur Herstellung solcher Waffen. Schon 1976 wurde ein großer Teil der wichtigsten Kriegswerkzeuge in Südafrika nach französischer Lizenz produziert.[37]

In den Jahren 1976-1978 soll nach Berichten der Süddeutschen Zeitung und Newsweek der amerikanisch-kanadische Waffenproduzent Space Research Corporation, angeblich ohne Wissen der Behörden, Handel mit Waffen und militärischer Ausrüstung mit Südafrika getrieben haben. Die illegalen Transporte wurden über Niederlassungen der Firma auf den Inseln Barbados und Antigua durchgeführt. Bisher ungeklärt aber blieb die Rolle, die CIA und State Department der USA in dieser Angelegenheit spielten.[38]

---

[36] vgl. F. Bruning/H. Jensen, South Africa's Military Build-up, in: Newsweek vom 29.9.1980, 12-19; Südafrika führt mehr Waffen aus als ein, in: SZ vom 14.11.1980; South Africa's generals in the corridors of power, in: The Times vom 1.9.1980

[37] vgl. zu den Beziehungen Israels und Frankreichs zu Südafrika Blätter des iz3w (1976) H. 57, 11. Der angeführte Bericht stützt sich auf Nachrichten folgender Zeitungen: IHT, SW, FR, SZ, FAZ, MT, DT, Le Monde.

[38] vgl. J. Taylor, The Vermont Connection, in: Newsweek vom 29.9.1980; US-Firma lieferte illegal Waffen an Südafrika, in: SZ vom 11.3.1980

Im September 1977 legte der ANC-Südafrika eine Dokumentation
über die militärische und nukleare Zusammenarbeit der BRD mit
Südafrika vor.[39] Nach dieser Dokumentation kann zwar davon aus-
gegangen werden, daß die BRD anders als Frankreich, Israel und
die USA keine direkten Waffenlieferungen an die südafrikanische
Regierung veranlaßt hat, ihr aber der Vorwurf gemacht werden
muß, rege Kontakte von Verteidigungsministerium und Bundeswehr
zur südafrikanischen Armee zu fördern. Berichte und Empfehlungen
von NATO-Ausschüssen zur 'Ausdehnung des NATO-Bereichs im Südatlantik' wurden vom Bundesverteidigungsministerium der Botschaft der Republik Südafrika zugänglich gemacht. Westdeutsche
Firmen installierten im damaligen Hauptquartier der südafrikanischen Marine in Silvermine das Radarüberwachungssystem 'Advo-
kaat', das Schiffe im Südatlantik und im Indischen Ozean über-
wachen soll. Für das System wurde von der Bundeswehr die NATO-
Kodifizierung zur Verfügung gestellt. Südafrikanische Offiziere
waren häufige Besucher bei bundesdeutschen Firmen, die regel-
mäßig für Rüstungszwecke produzieren, wie Siemens und Messer-
schmitt-Bölkow-Blohm.
Offiziell dienten diese Besuche wissenschaftlichen Zwecken. Sie
werden vom South African Council for Scientific and Industrial
Research organisiert, in dem zahlreiche Institute zusammengeschlossen sind, die sich mit Forschung zu militärischen Zwecken
oder mit militärischer Bedeutung befassen, wie z.B. die Atom-
energiebehörde.
Die nukleare Kooperation erstreckt sich, der Dokumentation zufolge, hauptsächlich auf den Bau einer Urananreicherungsanlage
in Südafrika mit Unterstützung der Gesellschaft für Kernfor-
schung (GfK) in Karlsruhe und der STEAG-Aktiengesellschaft in
Essen.[40] Zur Urananreicherung wird das von Prof. Becker (GfK)

---

[39] vgl. zum folgenden Militärische und nukleare Zusammenarbeit Bundesrepublik - Südafrika wird fortgesetzt. Dokumentation des African National
Congress South Africa, Bonn 1977, IV-VII

[40] vgl. zum folgenden a.a.O. XXVI-XXXI

in der BRD entwickelte Trenndüsenverfahren angewandt; Prof.
Becker arbeitete im fraglichen Zeitraum (1970) in Südafrika.
Die STEAG erwarb von der GfK die Weltrechte für die kommerziel-
le Anwendung des Verfahrens.

Die Bundesregierung ist insoweit in diesen Technologietransfer
verwickelt, als sie über 90% des Aktienkapitals der GfK verfügt
und über 48% der Aktien der Ruhrkohle AG, die zu 66% an der
STEAG beteiligt ist. Zudem bedürfen laut Außenwirtschaftsgesetz
der BRD alle Exporte von Material und Technologie, die zur Urananreicherung dienen können, der Zustimmung der Bundesregierung.

Das deutsche Interesse an der Kooperation scheint darin zu
bestehen, angesichts des steigenden Uranbedarfs deutscher Atom-
kraftwerke unabhängiger von den bisherigen Uranlieferanten USA
und UdSSR zu werden. Von südafrikanischer Seite werden Sicherung
des eigenen Energiebedarfs und Exportinteressen an angereicher-
tem Uran als Beweggründe für das Nuklearprogramm genannt. Diese Aussagen sind jedoch aus folgenden Gründen mit Skepsis zu
betrachten:

- Da Südafrika über riesige Kohlevorkommen verfügt, betragen
  die Kosten für den Betrieb eines Kohlekraftwerkes nur den
  vierten Teil der Kosten für den Betrieb eines Atomkraftwerks.
- Aufgrund des unwirtschaftlichen Anreicherungsverfahrens wird
  Südafrika kaum in der Lage sein, billiger Uran zu produzieren
  als die USA und die UdSSR.
- Südafrika gehört nicht zu den Unterzeichnern des Atomwaffen-
  sperrvertrages und lehnt eine internationale Überwachung seiner Uranvorkommen und Aufbereitungsanlagen ab. Von seiten der
  Regierung ist niemals ausdrücklich auf die Herstellung von
  Atomwaffen verzichtet worden.

Unter diesen Umständen stimmt es mehr als nachdenklich, daß am
22. September 1979 ein Blitz über dem Südatlantik registriert
wurde, der wahrscheinlich durch eine geheime Atomwaffenexplo-
sion ausgelöst wurde.[41] Der stellvertretende Verteidigungsmini-
ster der Republik Südafrika, H.J. Coetsee, sagte im September
1980 in einem Interview mit Newsweek auf die Frage, unter wel-

chen Umständen Südafrika Atomwaffen einsetzen könnte:

"As a country with a nuclear capabilitiy, it would be very stupid not
to use it if nuclear weapons were needed as the last resort to defend
oneself."[42]

Festzuhalten bleibt, daß die westliche Welt und zu einem gewissen Teil auch die BRD trotz aller verbalen Antiapartheid-
bekenntnisse nicht nur auf dem ökonomischen sondern auch auf
dem politischen Sektor durch Waffen- und Technologietransfer
zur Stabilisierung des Apartheidssystems beitragen und an einer eventuellen nuklearen Katastrophe im Südlichen Afrika mit
die Verantwortung trügen.

1.3   Stichworte zur ideologischen Situation

Thema dieses Abschnittes ist die Frage, wie die analysierte
ökonomische und politische Ungleichheit zwischen Schwarzen und
Weißen in Südafrika im Interesse der überlegeneren Seite nach
innen und außen legitimiert wird.
Es gilt, die Entwicklung des Konzeptes der Apartheid von einer
im praktischen Interesse gehandhabten Maxime zu einer Ideologie zu markieren, die die ökonomische, politische und soziokulturelle Segregation der Rassen und die Herrschaft der weißen Bevölkerungsgruppe rechtfertigt (1.3.1).
Für die Entwicklung einer Theologie im südafrikanischen Kontext wird es besonders wichtig, die ideologische Funktion der
Kirchen zu beachten. Die von mir referierten Schwarzen Theologen haben deshalb wohl auch ein besonderes Gewicht auf die
Behandlung dieses Problems gelegt. M. Buthelezi beschäftigt
sich mit der Frage nach dem Zusammengehen von Mission und Imperialismus (1.3.2), A. Boesak mit der Legitimationshilfe, die

---

[41] vgl. "Bonn läßt militärische Zusammenarbeit mit Pretoria zu", in: FR
vom 22.3.1980; Doch Atombombe Südafrikas?, in: FR vom 16.7.1980

[42] 'We are facing a total onslaught', in: Newsweek vom 29.9.1980, 17; vgl.
auch: Südafrika will Atombombe im Notfall einsetzen, in: StuZ vom 23.
9.1980

- 120 -

die weißen reformierten Kirchen Südafrikas der Regierungspolitik gewährt haben und noch gewähren (1.3.3).

1.3.1 Die Entwicklung des Konzepts der Apartheid vom pragma-
tischen Prinzip zur Staatsideologie

Nach Hanf u.a. existierte, lange bevor der Begriff 'Apartheid'
überhaupt geprägt wurde, eine faktische, administrativ hervor-
gerufene Diskriminierung der schwarzen Bevölkerung in Südafrika.[43] Unter britischer Kolonialherrschaft und später der Mit-
verantwortung britisch geprägter Parteien an der Regierungspolitik bis 1948 diente die Rassentrennung und -diskriminie-
rung hauptsächlich pragmatischen Interessen. Sie wurden dort
eingesetzt, wo sie der Aufrechterhaltung weißer Privilegien
auf dem ökonomischen und dem politischen Sektor dienten. Auf
der Ebene der zwischenmenschlichen Beziehungen entsprang die
Trennung einer Berührungsangst der vermeintlich Zivilisierten
vor den vermeintlich Unzivilisierten.
Das Konzept der Apartheid aber verlieh den vorhandenen Segre-
gationsmustern den Status einer staatstragenden Ideologie, deren Prinzipien nach der Machtübernahme der burischen Nationalpartei 1948 ohne größere Schwierigkeiten zunächst durchgesetzt werden konnten. Die Wurzeln der Apartheidsideologie aber
reichen bis weit vor 1948 zurück. In ihrem Zentrum steht das
burische Volkstumsdenken.[44] In den ständigen Auseinandersetzungen, im 17. Jhd. mit der Verwaltung der Niederländisch-
Ostindischen Kompanie, im 19. Jhd. mit den schwarzen Völkern
und der britischen Kolonialmacht und schließlich in der fort-
gesetzten Rivalität mit den anglophonen Südafrikanern um die
politische Vorherrschaft, bildeten und stabilisierten die Buren ihre Identität als eine Volksgruppe. G. Beckers sieht die

---

[43] vgl. zum gesamten Abschnitt 1.3.1 Hanf, Südafrika 40-48; Bilger, Südafrika 465-469, 175-184

[44] vgl. 1. Kapitel, Abschnitt 1.3.1

- 121 -

Entstehung der burischen Nation aus einer Vielzahl patriar-
chalisch organisierter Familienverbände in der Auseinandersetzung zwischen der britischen städtisch-industriellen und der
burischen patriarchal-agrarischen Kultur begründet.[45] Nach dem
britischen Sieg in den Burenkriegen steigerte sich bei den Buren noch das Gefühl einer elementaren Bedrohung ihrer Kultur
durch Überfremdung.

Das Volkstumsdenken der Buren ist immer stark religiös geprägt
gewesen - sie verstanden sich in enger Anlehnung an die alt-
testamentliche Tradition als das auserwählte Volk und Südafrika
als das Land, das Gott seinem Volk zugewiesen hat. Kirchenzugehörigkeit und Identifikation mit der Kirche sind folglich als
identitätsstiftende Merkmale anzusehen. Weitere solcher Merkmale sind die gemeinsame Sprache Afrikaans und eine scharfe rassische Abgrenzung, insbesondere von den Coloureds, die zumeist
mit den Buren die Sprache und die Kirchenzugehörigkeit teilen.

Da die Wahrung burischer Identität stets in Auseinandersetzung erfolgte, wird der Gedanke des Volkstums deckungsgleich
mit dem des Volkstumskampfes. St. Biko und M. Buthelezi stimmen
hier mit Beckers überein, daß die Behauptung der eigenen Identität seitens der Buren immer von der Angst vor politischer und
soziokultureller Überfremdung durch Majorisierung geprägt war.[46]
Internationale Entwicklungen, die das Bewußtsein der Auserwählt-
heit des burischen Volkes und der Superiorität der weißen Rasse
in Frage stellten, wie etwa die Zurückdrängung der europäischen
Vormachtstellung und das wachsende Selbstbewußtsein der Staaten
der 3. Welt, führten zunächst nicht etwa zu einer Revidierung
der Erwählungsideologie, sondern zu ihrer Verteidigung um jeden
Preis. Selbst die Ereignisse der jüngsten Zeit, d.h. die zunehmenden Unruhen innerhalb der schwarzen Bevölkerung und die dro-

---

[45] vgl. G. Beckers, Religiöse Faktoren in der Entwicklung der südafrikanischen Rassenfrage, München 1969, 18-24

[46] vgl. Biko, I write 73-79, bes. 79; M. Buthelezi, Towards a Biblical Faith
in South African Society, in: JThSA (1977) H. 19, 55; Beckers, Religiöse

hende Isolierung Südafrikas im afrikanischen Subkontinent seit
der Unabhängigkeit Zimbabwes haben den konservativen Flügel der
Nationalen Partei, die sogenannten 'Verkrampten', nicht aus seiner ideologischen Erstarrung gelöst. Die Anhänger dieses Flügels fordern entgegen gewissen Reformabsichten der Regierung Botha weiterhin eine strikte Durchführung der Rassentrennung.[47]

Hanf u.a. fassen zusammen, daß die Trennung der Rassen, die
dem Ideal nach auf eine völlige geographische Entflechtung der
Volksgruppen hinzielt, sowohl dazu dienen soll, die eigene Identität zu sichern, als auch dazu, allen übrigen Volksgruppen eine ähnliche Gruppenidentität aufzuzwingen. Die Apartheid innerhalb des Erziehungssystems - Stichwort: Bantu-Erziehung - war
zur Verstärkung dieses Prozesses gedacht. Das Ergebnis dieser
Politik allerdings entspricht wohl kaum den Vorstellungen ihrer
Betreiber, denn:

"Das soziale Zwangssystem und seine ideologische Grundlegung haben frei-
lich ihre eigene Dialektik: Die vom Fremdverständnis zugewiesene Identität der Schwarzen wird in deren Selbstverständnis zu einer völlig anderen, potentiell weit umfassenderen und mächtigeren Identität. Das
'weiße' Konzept des Volkstumskampfes ist dabei, 'schwarzes Bewußtsein'
hervorzubringen."[48]

1.3.2 Das Zusammengehen von Mission und Imperialismus

"Aus einer Reihe von Gründen lief in den meisten Teilen von Afrika die
Verbreitung des Christentums nicht nur zu dem Eindringen des Kolonialismus parallel, sondern war auch historisch davon abhängig."[49]

M. Buthelezi, von dem das vorangegangene Zitat stammt, gesteht
zwar zu, daß einzelne missionarische Persönlichkeiten sicherlich auch Kritik an der imperialistischen Politik übten, hält

---

Faktoren 15

[47] vgl. P. Schuhmacher, Apartheid-Eiferer verlangen Aussiedlung, in: TA vom
26.2.1981

[48] Hanf, Südafrika 47f

[49] Buthelezi, Ansätze 65; vgl. zum gesamten Abschnitt 1.3.2 a.a.O. 57-75

aber daran fest, daß im großen und ganzen die Missionsbewegung
die Vorteile, die die Kolonisation für ihre Arbeit bot, gerne
ausnutzte. Kolonisierung und Eroberung galten insoweit als zu-
lässig, als sie der Ausbreitung des Christentums dienten.
Die Kolonialmächte betrachteten, Buthelezi zufolge, die Mission
als einen nützlichen Gehilfen zur 'Domestizierung' der Afrikaner, die die uneingeschränkte Anerkennung der weißen Kolonialherrschaft seitens der kolonisierten Völker herbeiführen sollte.
Mitunter wurden - Buthelezi nennt hier die Jahrhundertkonfe-
ferenz der protestantischen Missionsgesellschaften von 1888 - Erfolge der Kolonisierung als Segen Gottes für die Nationen verstanden, die sich der Mission verpflichtet fühlten:

> "Der Rasse, welche die Segnungen des Christentums den Heiden sendet,
> gibt Gott Erfolg als Kolonisatoren und Eroberer der Welt."[50]

Da die Unterwerfung der Völker Afrikas Hand in Hand ging mit
dem Ansteigen der Zahl der zum Christentum Konvertierten, in-
terpretierte man sie als einen 'Sieg für das Kreuz'. Aus einer
theologischen Perspektive beurteilt Buthelezi das beschriebene
Bewußtsein folgendermaßen:
Der Gehorsam gegenüber dem Missionsbefehl in Mt 28,19, das bedeutet die Neugewinnung von Kirchenmitgliedern, wurde als ein
Dienst für Gott aufgefaßt. Die kolonisierten und missionierten
Menschen dienten vielfach als ein Mittel zum Zweck. Weder Ras-
senfanatismus auf seiten der Missionare noch die Leiden, die
die Kolonisierung hervorrief, konnten diesen Dienst in seinem
Wert schmälern, denn er war im eigentlichen nicht dem Menschen
zugedacht, sondern Gott. Buthelezi kritisiert auf dem Hintergrund der Rechtfertigungslehre dieses Verständnis von Mission
auf das schärfste. Gute Werke können nur an den Menschen getan
werden, die ihrer bedürfen, und dürfen nicht als Gegenleistung
an Gott für seine Zuwendung zu Welt und Mensch verstanden wer-

---

[50] J. Johnston (Hg.), Report of the Centenary Conference on the Protestant
Missions of the World held in Exeter Hall, 9.-19. Juni 1888, London 1888,
zit. a.a.O. 68

- 124 -

den. Indem die Missionsbewegung sich das Siegmotiv des Kolonialismus zu eigen machte, hat sie den eigentlichen biblischen Begriff von Mission als Teilgabe verfälscht und Dienst, der Dienst
am Menschen sein sollte, zu einem Herrschaftsinstrument gemacht.

In diesem Zusammenhang erhebt sich die Frage, ob nicht der
Betonung der Notwendigkeit, das Evangelium in der Welt zu ver-
kündigen, eine kompensatorische Funktion zugeschrieben werden
muß. Was bedeutet das?

Die Missionserfolge in Afrika und Asien schienen die Möglichkeit zu bieten, den in Europa in der Folge von Aufklärung und
Säkularisierung spürbar geringer gewordenen Einfluß der Kirchen
auszugleichen.[51] Die Verkehrung der Verkündigung des Evangeliums
und des Gebots der Nächstenliebe in ein Instrument der Herr-
schaftsausübung hatte katastrophale Folgen für die existierenden Formen afrikanischer Kultur, insofern sie die Gestalt eines Kulturmessianismus annahm. In Verbindung mit anthropologi-
schen Theorien des 18. und 19. Jhds.[52], die - zum Zwecke der
Legitimation des Sklavenhandels - Schwarze als niedere Menschen-
wesen klassifizierten, führte dieser Kulturmessianismus dazu,
daß die Missionare afrikanische Kultur als solche als weniger
wertvoll und als Hindernis zur Christianisierung und 'Zivili-
sierung' der Afrikaner betrachteten. Folglich galt es, einheimische Tradition und Sitte nach Möglichkeit auszurotten oder
zumindest in ihrem Einfluß zu begrenzen (vgl. 2. Kapitel, 1.3),
und so die Grundsteine für eine christlich-afrikanische Kultur
zu legen.

1.3.3 Die Bedeutung der südafrikanischen Kirchen für die Auf-
      rechterhaltung der Apartheidsideologie

Die reformierten und evangelisch-lutherischen Kirchen Südafri-

---

[51] Buthelezi beruft sich hier auf J.C. Hoekendijk, Die Zukunft der Kirche
und die Kirche der Zukunft, Stuttgart 1964, vgl. a.a.O. 60f

[52] Buthelezi nennt an anderer Stelle die Rassentheorien Carl Gustav Carus'
und Arthur de Gobineaus, vgl. a.a.O. 101f

kas werden in diesem Abschnitt deshalb im Mittelpunkt des In-
teresses stehen, weil A. Boesak als reformierter und M. Buthelezi als lutherischer Theologe sich in dieser Frage bevorzugt
mit Tradition und Gegenwart ihrer jeweiligen Kirchen beschäftigen.

In Auseinandersetzung mit zwei kirchenamtlichen Dokumenten der
Nederduits-Gereformeerde Kerk (NGK) aus den Jahren 1947 und
1974 wirft Boesak dieser Kirche vor, ihre theologischen Bemü-
hungen vornehmlich in den Dienst einer bestimmten Gruppe oder
Nation, der der Buren, zu stellen.[53] Dadurch bietet sie dieser
spezifischen Gruppe die Möglichkeit, das Evangelium zur Verteidigung ihrer eigenen Interessen und Privilegien zu mißbrauchen.
Christentum und Volkstumsdenken verbinden sich in Konzept und
Programm des Christlichen Nationalismus zu einer pseudotheolo-
gischen Ideologie.

Der Bericht 'Ras, Volk en Nasie en Volkereverhoudinge in die lig
van die skrif', den die Generalsynode der NGK im Oktober 1974
verabschiedete, versucht die Problematik menschlicher Beziehungen im allgemeinen und der Beziehungen zwischen den verschiedenen Rassen in Südafrika im besonderen biblisch fundiert dar-
zustellen und zu beurteilen.[54] Über 25 Seiten hinweg werden als
Kernaussagen des Alten und Neuen Testaments zu diesem Thema
festgehalten: Einerseits bildet die Menschheit insofern eine
Einheit, als alle Menschen den gleichen Ursprung haben (vgl.
Gen 10) und so als gleichwertig und gleichberechtigt angesehen
werden müssen, andererseits aber ist die Verschiedenheit der
Völker von Gott gewollt und akzeptiert (vgl. Gen 11; Apg 17,26;
Mt 28,19; Röm 1,16 etc.). Mehrmals wird betont, daß die Aussa-

---

[53] vgl. Boesak, Unschuld 127-130, 40f; ders., Civil Religion 36

[54] vgl. Human Relations and the South African Scene in the Light of Scripture. Official translation of the report Ras, Volk en Nasie en Volkereverhoudinge in die lig van die skrif approved and accepted by the General
Synod of the Dutch Reformed Church, October 1974, Cape Town-Pretoria
1976, 7-32

gen der Bibel keineswegs in 'Direktübertragung' auf heutige
politische und soziokulturelle Situationen aufgepfropft werden können (wie dies beispielsweise im Erwählungsbewußtsein des
burischen Volkes geschehen ist oder in der Prädestination der
schwarzen Völker zu Sklavendiensten als Folge der Verfluchung
Hams). Dennoch kommt der Bericht zu dem Ergebnis, daß unter bestimmten Umständen eine Politik der 'getrennten Entwicklung'
biblisch gesehen zu rechtfertigen ist:

> "From the fact that the existence of a diversity of peoples is accepted
> as a relative, but nevertheless real premise, one may infer that the
> New Testament allows for the possibility that a given country may de-
> cide to regulate its interpeople relationship on the basis of separate
> development ... When such a country honestly comes to the conclusion
> that the ethical norms for ordering social relationships, i.e. love of
> one's neighbour and social justice, can best be realized on the basis
> of parallel development, ... the choice of parallel development can be
> justified in the light of what the Bible teaches.[55]

Man darf nun keineswegs annehmen, daß diese Aussage aus mangeln-
der Kenntnis der Situation des Apartheidsstaates heraus entstanden ist. Die Verfasser des Berichts sprechen alle in den Ab-
schnitten 1.1 und 1.2 dieses Kapitels genannten gesellschaftlichen Probleme an[56]: die Kluft zwischen weißer und schwarzer
Bevölkerung als Diskrepanz von Entwicklung und Unterentwicklung,
die wirtschaftliche Lebensunfähigkeit der Homelands, die fami-
lienzerstörenden Auswirkungen des Systems der Wanderarbeit und
die Kontrolle zwischenmenschlicher Beziehungen zwischen Angehörigen verschiedener Rassen, insbesondere das Mischeheverbot.
Diese Probleme werden jedoch nicht als die Folgen der vom Staat
administrativ verordneten Ungleichheit, d.h. der getrennten Entwicklung im Zusammenhang mit einem kapitalistisch organisierten
Wirtschaftssystem angesehen, im Gegenteil: Forcierte getrennte
Entwicklung erscheint geradezu als Lösung der genannten Proble-

---

[55] a.a.O. 32 (Hervorh. v. mir; LS)

[56] vgl. a.a.O. 64f, 73-76, 93-99

me, z.B. in der Forderung nach wirtschaftlicher Förderung der
Homelands oder im Bestehen auf dem Mischeheverbot.
Auch wenn der Bericht der Generalsynode bestimmte biblizisti-
sche Auslegungen der Vergangenheit nicht wiederholt (s. 116),
so gesteht er doch der tatsächlichen Politik der weißen Regierung Legitimität und Rechtschaffenheit zu durch die Feststellung, daß die gottgewollte Verschiedenheit der Völker durch
getrennte Entwicklung realisiert werden kann. Diese Legitimation rechtfertigt sich selbst noch einmal dadurch, daß mit den
angesprochenen Problemlösungen nur den Interessen der betroffenen Menschen gedient würde.[57] Wanderarbeit kann nicht von
heute auf morgen abgeschafft werden, weil die daraus resultierenden katastrophalen Folgen für die südafrikanische Wirtschaft
die Bevölkerung der Homelands am härtesten träfe. Auch wenn es
keine biblischen und theologischen Gründe gibt, die für ein
Mischeheverbot sprechen, muß die Kirche es als pastorale Aufgabe begreifen, Mischehen zu verhindern, da sie ungeheuere
Schwierigkeiten für die Ehepartner und insbesondere ihre Nach-
kommenschaft verursachen.[58]
Die NGK Südafrikas kann nach A. Boesak in jedem Sinne als eine
weiße Kirche bezeichnet werden, sowohl hinsichtlich ihrer Unterstützung der staatlichen Apartheidpolitik als auch hinsichtlich der Wahrung der 'Farbgrenzen' in ihren eigenen Reihen (vgl.
1. Kapitel 1.4.1). Da die Trennungslinien von Wohlstand und Armut, politischer Macht und Ohnmacht entlang der Rassengrenzen
verlaufen, kann eine Kirche, die so ausdrücklich weiß sein
möchte, mit Recht eine "Kirche der Reichen und Mächtigen"[59] ge-

---

[57] vgl. a.a.O. 74, 97f

[58] Hier liegt interessanterweise die gleiche Argumentationsfigur vor, wie sie
die Großkirchen der BRD zur Begründung ihrer Verhinderungsstrategien hinsichtlich konfessionsverschiedener Ehen gebrauch(t)en. vgl. P. Lengsfeld
(Hg.), Ökumenische Praxis. Erfahrungen konfessionsverschiedener Ehepartner, erscheint voraussichtlich 1982 in Stuttgart u.a.

[59] Boesak, Unschuld 130

nannt werden.

Die Anfälligkeit der lutherischen Kirchen Südafrikas für die
Duldung und die Praxis der Apartheidsideologie liegt, Buthelezi
zufolge, neben anderen Faktoren auch in bestimmten Lehraussagen
begründet.[60] Nach der Reformation wurde die Aussage der Con-
fessio Augustana in Artikel VII, die Einheit der Kirche sei in
der wahrhaften Verkündigung des Evangeliums und der rechten Verwaltung der Sakramente gewährleistet, nur noch auf die einzelnen Partikularkirchen bezogen, d.h. auf den Umkreis des ordi-
nierten (verkündigenden und Sakramente verwaltenden) Pfarrers.
Probleme der kirchlichen und gesellschaftlichen Ordnung wurden für die Einheit der Kirche irrelevant, weil diese als eine
wesentlich unsichtbare Größe verstanden wurde, die keiner sichtbaren Manifestation bedurfte. Auf diesem Hintergrund bedeuteten
rassische Spaltungen in der lutherischen Kirche Südafrikas keine Beeinträchtigung der Einheit.

Buthelezi bezeichnet die Rassentrennung innerhalb der Kirchen
als eine 'Polytheisierung' des Christentums. Die Segmente der
geteilten Kirchen schaffen sich Stammesgötter zur Verteidigung
ihrer jeweiligen Stammesinteressen.

> "In our country these gods of the Tribes have been carved out of the
> stone of race and colour. Heathen shrines, so to speak, have been
> created in honour of those gods and called white and black Christian
> churches."[61]

1.4   Kirche(n) und gesellschaftliche Konflikte - eine wei-
        terführende Zusammenfassung zur Aufgabe der Kirche(n)
        in Südafrika

Ein wenig plakativ zusammengefaßt kann hier mit A. Boesak gesagt werden: Armut und politische Macht- und Rechtlosigkeit
sind keine zu akzeptierenden Gegebenheiten, sondern struktu-

---

[60] vgl. W. Kistner/M. Buthelezi, Die Verkündigung des Evangeliums und die
übrigen Zeichen der Kirche, in: LR 26 (1976) 21-23

[61] Buthelezi, Biblical Faith 57

rell und historisch erklärbar.[62] Armut und Unterentwicklung sind die Kehrseite von Wohlstand und Ausbeutung sowohl im Verhältnis zwischen Schwarz und Weiß in Südafrika als auch zwischen den Staaten der Dritten und Ersten Welt, politische Macht- und Rechtlosigkeit in Südafrika die Folge staatlich-administrativer Verordnung.

Die historische Rolle der Kirchen und ihre gegenwärtige Funktion sind von A. Boesak und M. Buthelezi unter Beschuß genommen worden. Gemeinsam mit D. Tutu und B. Goba sind sie der Auffassung, daß die Kirche in Südafrika sich der Aufgabe annehmen muß, aktiv in soziopolitischen Angelegenheiten mitzuwirken, d.h. daran zu arbeiten, ein Fundament für eine gerechtere Gesellschaft zu schaffen.[63] Das Evangelium der Befreiung muß in ihrer Verkündigung eine Botschaft vom Wandel der gesamten ökonomisch-politischen Strukturen sein. Die Erkenntnis, daß sie ihrerseits die unterdrückerischen Strukturen der Gesellschaft reproduziert, muß die Kirche dazu führen, sich dieser Strukturen zu entledigen. Dies impliziert u.a. einen Wandel in der theologischen Terminologie und in den Mustern von Amt und Dienst.

Wenn die Analyse der ökonomischen, politischen und ideologischen Situation der südafrikanischen Gesellschaft solche Ergebnisse bezüglich der theologischen und politischen Aufgabe der Kirche in Südafrika mit sich bringt, kann sie trotz aller Entfaltungsbedürftigkeit mit Fug und Recht als Basis der theologischen Reflexion begriffen werden.

---

[62] vgl. auch folgenden Boesak, Unschuld 173-175, 178; Ivar-Berglund, Ministry 2

[63] vgl. hauptsächlich das 4. Kapitel, insbesondere 1.2; zu Tutu und Goba vgl. Tutu, Church 8-11; ders., Euer Herr und meiner, in: EMW-Informationen 10 vom 15.9.1979, 54; Die Zeit 158-160; B. Goba, The Task of Black Theological Education in South Africa, in: JThSA (1978) H. 22, 22f; ders., Doing Theology 28f

2.   Weltweite Ökumene im Schatten der Rassenkonflikte in
      Südafrika - eine Herausforderung zur Analyse interna-
      tionaler Beziehungen

Bereits im 1. Kapitel habe ich das Phänomen des Rasssismus'
als ein ökumenisches Problem zu kennzeichnen versucht, insofern
es nicht nur eine regional begrenzte Gesellschaft und eine bestimmte Ortskirche betrifft, sondern vielmehr die internationale Gemeinschaft und die Weltkirche.
An dieser Stelle möchte ich, wenn auch nur in Fragmenten, die
Frage erörtern, ob und in welcher Weise in der ökumenischen
Bewegung Rassismus als ein weltweit zu begreifendes und zu be-
kämpfendes Problem aufgefaßt worden ist. Die bisher genannten
Erkenntnisse Schwarzer Theologie und Schwarzen Bewußtseins
fordern dazu heraus, eine umfassende Analyse der internationalen Beziehungen als Grundlage des Kampfes gegen den Rassismus
zu erarbeiten oder sich anzueignen. Als ein mögliches Beispiel
sei hier Johan Galtungs strukturelle Theorie des Imperialismus angeführt.

2.1   Ansätze zu Rassismus- und Imperialismusanalyse in der
       ökumenischen Bewegung

Von folgenden Stationen der ökumenischen Bewegung seien hier
Äußerungen zum Problem des Rassismus in nationalen und internationalen Beziehungen als Beispiele genannt: von der Weltkonferenz für Kirche und Gesellschaft 1966 in Genf, der 4.
Vollversammlung des ökumenischen Rates der Kirchen (ÖRK) 1968
in Uppsala, von der von der Kommission für Glauben und Kirchenverfassung und dem Programm zur Bekämpfung des Rasssismus
organisierten Konsultation über 'Rassismus in der Theologie
und Theologie gegen den Rassismus' 1975 in Genf sowie der 5.
Vollversammlung des ÖRK 1975 in Nairobi.[64] Die beiden erstge-

---

[64] vgl. Appell an die Kirchen der Welt. Dokumente der Weltkonferenz für Kirche und Gesellschaft, hg. v. ÖRK, Stuttgart-Berlin 1967; Uppsala 1968;
Racism in Theology and Theology against Racism, Genf 1975; Bericht aus

nannten Stellungnahmen wurden wegweisend für die spätere Verabschiedung des Antirassismusprogramms.

Wenn auch Stellungnahmen zum Rassenproblem fast von Beginn der
ökumenischen Bewegung an zur Tagesordnung ökumenischer Konferen-
zen gehörten, so ist, J. May zufolge, erst 1966 auf der Weltkonferenz für Kirche und Gesellschaft das ökumenische Engagement
gegen den Rassismus aus dem Rahmen des Allgemeinen und Unver-
bindlichen herausgetreten.[65] In den Sektionsberichten der Konferenz wurden die Dominanz westlicher Industriestaaten auf dem
ökonomischen und politischen Sektor und der weiße Rassismus miteinander in Verbindung gebracht. Welthandels- und Wirtschaftsbeziehungen spiegeln immer noch eine aus der Zeit des Kolonialismus stammende Einteilung der Welt in arme landwirtschaftlich
geprägte und reiche industrialisierte Länder wider, wobei letztere über erstere eine quasi-koloniale Herrschaft ausüben. Die
Ungleichheit wird verursacht bzw. gefördert durch die höhere
Produktivität in den Industrieländern aufgrund des Einsatzes von
Naturwissenschaften und Technologie, durch die Abhängigkeit der
armen Länder von wenigen Produkten, ihren zu kleinen Märkten
und ihrer negativen Handelsbilanzen, durch die internationalen
Zollabkommen, den mangelnden Einfluß auf internationale Kapital-
hilfe etc. Reiche und arme Länder sind zumeist auch durch 'Farb-
grenzen' getrennt, d.h. Wohlstand ist mit Weißsein verbunden,
Unterprivilegierung mit Schwarzsein.

Die Kirchen stehen nun vor folgender Aufgabe: Auf dem Hintergrund der Überzeugung, daß die Einheit der Menschheit im gemeinsamen Ursprung des Menschengeschlechts und der Erlösung in
Jesus Christus begründet ist, muß sie darauf hin arbeiten, daß

Nairobi 1975. Offizieller Bericht der fünften Vollversammlung des Ökumenischen Rates der Kirchen, 23. November bis 10. Dezember 1975, hg. v.
H. Krüger u. W. Müller-Römheld, Frankfurt/M 1976; World Council of
Churches' Statements and Actions on Racism 1948 -1979, hg. v. A.J. van
der Bent, Genf 1980, 20-25, 40-48

[65] vgl. May, Sprache 273

- 132 -

der Mythos von der Überlegenheit der weißen Rasse ausgerottet,
die Notwendigkeit eines Strukturwandels durch Gesetzgebung und
Sozialplanung erkannt und jegliche Rassentrennung und -diskri-
minierung innerhalb der Kirchen eliminiert wird.[66]
In ähnlicher Weise stellt die Sektion IV 'Auf dem Wege zu Gerechtigkeit und Frieden in internationalen Angelegenheiten' der
Vollversammlung in Uppsala fest, daß Rassendiskriminierungen
zusammengehen mit wirtschaftlicher und politischer Ausbeutung
und, angesichts der rassischen Komponente in der Kluft zwischen
armen und reichen Nationen, eine unmittelbare Bedrohung des
Weltfriedens darstellen.[67]
Die Aussagen der Konsultation 'Rassismus in der Theologie und
Theologie gegen den Rassismus' und der Vollversammlung in Nairobi können hier aufgrund ihrer Ähnlichkeit gemeinsam dargestellt werden.[68]
Von Rasssismus kann gesprochen werden, wenn aufgrund ihrer Ras-
senzugehörigkeit
- Personen in ihrem Lebensvollzug beeinträchtigt werden, z.B.
  in bezug auf freie Wahl der Arbeit, des Wohnsitzes etc.;
- ganze Gruppen von Menschen von der Partizipation an ökonomischer und politischer Macht ausgeschlossen sind, gleichzeitig
  aber ihre Arbeitskraft zur Steigerung des Wohlstandes des
  eigenen Landes oder anderer Länder ausgebeutet wird;
- Personengruppen in ihrer Identität verletzt werden durch ste-
  reotype Darstellung in den Massenmedien;
- Personen die Gleichheit vor dem Gesetz verweigert wird;
- Gruppen oder ganze Nationen fortfahren, von regionalen oder
  globalen Strukturen zu profitieren, die historisch unter rassistischen Vorzeichen entstanden sind.
Schon hieraus wird deutlich, daß Rassismus nicht nur ein Problem

---

[66] vgl. Appell 138-141, 188-190, 212f

[67] vgl. Uppsala 1968 68f

[68] vgl. Racism 2-4, 9-11; Nairobi 1975 84-88

zwischenmenschlicher Beziehungen ist, sondern auch in institutionalisierten Strukturen seinen Ausdruck findet. Gesellschaften wie die südafrikanische haben die Trennung der Rassen und
die Dominierung und Ausbeutung der einen Rasse durch die andere institutionalisiert, legalisiert und mit einer rassistischen
Ideologie überhöht. In anderen Ländern, etwa der westlichen
Welt, in denen die Gleichberechtigung der Rassen theoretisch
gesichert ist, zeigen sich rassistische Tendenzen z.B. in ungleichen Partizipationsmöglichkeiten an politischer Macht, in
ungleichen Erziehungs- und Bildungschancen und in ungleicher
Behandlung im Bereich der Justiz.
Rassistische Strukturen aber bleiben nicht nur auf einzelne Nationen beschränkt, sondern kennzeichnen auch die internationalen Beziehungen. Die ökonomische Entwicklung der Industrie-
länder beruht zu einem guten Teil auf der Ausbeutung der Länder der Dritten Welt, insbesondere durch die Ausschöpfung billiger Arbeitskraft.
Zur Bekämpfung des Rassismus wird es nun notwendig, die internationalen Beziehungsmuster analytisch zu erfassen und die
christliche Verantwortung sozusagen im Weltmaßstab zu realisieren. Die Erfahrung der einen Welt hebt sich in diesem Po-
stulat wiederum ab von dem Hintergrund der größtmöglichen Diskrepanz der Menschheit.

"The struggle against racism implies a radical analysis of the interna-
tional economic order. The Christian Conscience is faced with a new
task. So far, Christian social and political responsibility has been
primarily understood as a responsibility within each country. But we
live in an era and in a world-community where oppressive forces are
interdependent and suffering and exploitation are omnipresent. So
there is need to rethink Christian responsibility in the wider context
of the world community."[69]

2.2   Johan Galtungs strukturelle Theorie des Imperialismus

"Ausgangspunkt dieser Theorie sind zwei der spektakulärsten Tatsachen

---

[69] Racism 10

dieser Welt: die ungeheure Ungleichheit in und zwischen den Nationen
in fast allen Aspekten der Lebensbedingungen der Menschen ... und der
Widerstand dieser Ungleichheit gegen Veränderung."[70]

Hervorgerufen und perpetuiert wird diese Ungleichheit durch einen Herrschaftstyp, der hier Imperialismus genannt werden soll.
Von Imperialismus kann nach Galtung dann gesprochen werden, wenn
eine oder mehrere Nationen im Zentrum die Möglichkeit haben,
über eine oder mehrere Nationen in der Peripherie Macht auszuüben. Die Begriffe 'Zentrum' und 'Peripherie' kennzeichnen nicht
nur das Verhältnis zwischen den Nationen, sondern auch die Beziehung verschiedener Teile der Gesellschaften innerhalb der Nationen. Das bedeutet: Sowohl in den Zentral- als auch in den
Peripherienationen können ein Zentrum und eine Peripherie ausgemacht werden.

Das gesamte Herrschaftsgefüge läßt sich so charakterisieren, daß
- das Zentrum in der Peripherienation gemeinsame Interessen mit
  dem Zentrum in der Zentralnation verbinden, d.h. es besteht
  zwischen beiden eine Interessenharmonie;
- zwischen Zentrum und Peripherie innerhalb der Peripherienation eine größere Ungleichheit festgestellt werden kann als
  zwischen Zentrum und Peripherie in der Zentralnation;
- die Peripherie in der Zentralnation keine gemeinsamen Interessen mit der Peripherie in der Peripherienation verbinden,
  d.h. zwischen beiden besteht eine Interessendisharmonie.

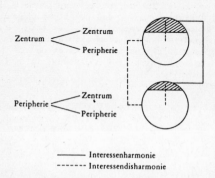

——— Interessenharmonie
------- Interessendisharmonie

71

Die Zentralnation verfügt also über einen äußerst wirksamen
Stützpunkt innerhalb der Peripherienation - das mit ihm durch
Interessenharmonie verbundene Zentrum in der Peripherie. Auf
der anderen Seite besteht für die Peripherienation aufgrund der
Interessendisharmonie keine Bündnismöglichkeit mit der Peripherie der Zentralnation.
Galtung konkretisiert diese abstrakte Form der Imperialismus-
theorie hin auf zwei Mechanismen und fünf Typen des Imperialismus.[72] Hinsichtlich der Mechanismen unterscheidet er zwischen
dem "Prinzip der vertikalen Interaktionsbeziehung" und dem
"Prinzip der feudalen Interaktionsstruktur"[73].
Zur Feststellung einer vertikalen Interaktionsbeziehung ist es
notwendig, den Austausch von Gütern zwischen Zentral- und Peripherienationen auf seine Auswirkungen für deren Beziehungen zueinander zu untersuchen und auf die Auswirkungen auf jede Nation
selbst.
Auf ökonomischem Gebiet existieren drei Möglichkeiten, die Beziehungen zu gestalten: die der bloßen Aneignung von Gütern
durch Plünderung der einen Nation durch die andere, die des ex-
trem ungleichen Austauschs und die des Austauschs mit ungleichen
Auswirkungen auf die interagierenden Nationen.
Zu letzterer ist zu sagen: Besteht zwischen den betreffenden
Staaten eine deutliche Kluft im Niveau der industriellen Verarbeitung der ausgetauschten Güter (z.B. Rohöl gegen Traktoren),
hat dies zur Folge, daß positive Auswirkungen hauptsächlich für
die höherentwickelte Zentralnation zu verzeichnen sind. Für sie

[70] J. Galtung, Eine strukturelle Theorie des Imperialismus, in: D. Senghaas
(Hg.), Imperialismus und strukturelle Gewalt. Analysen über abhängige Produktion, Frankfurt/M ³1976, 29

[71] a.a.O. 36

[72] Galtung nennt auch drei Phasen des Imperialismus, auf die ich hier aber
nicht näher eingehen möchte, vgl. a.a.O. 40, 61-73

[73] a.a.O. 40

ergeben sich weitreichende Folgen bezüglich der Entfaltung der
Produktivkräfte, d.h. neue Produktionsmittel werden entwickelt,
technologische Grundlagen für militärische Macht geschaffen, das
Kommunikationswesen ausgeweitet, das Bildungssystem aufgrund
steigenden Bedarfs ausgebaut.

Die vertikale Interaktion also muß als hauptverantwortlich für
die existierende Ungleichheit ausgewiesen werden. Der zweite der
genannten Mechanismen hilft, die Ungleichheit zu perpetuieren,
indem er die Struktur der vertikalen Interaktion vor Veränderung
schützt. Eine feudale Interaktionsstruktur verhindert, daß Peripherienationen mit anderen Peripherienationen der 'eigenen' oder
anderer Zentralnationen in Interaktion treten oder auch mit anderen Zentralnationen. Zur Verdeutlichung sei hier ein Schau-
bild herangezogen:

74

Beide genannten Mechanismen erzeugen also Abhängigkeit der Peripherie vom Zentrum. Diese hat gemäß der Konkretisierung des
Herrschaftstyps Imperialismus in fünf Typen nicht nur eine ökonomische, sondern auch eine politische, militärische, kommuni-
kationstechnische (die Kommunikationsmedien betreffende) und
kulturelle Ausformung.[75]

Wie Galtungs Theorie auf die gesellschaftlichen Verhältnisse

---

[74] a.a.O. 51

[75] vgl. a.a.O. 55-61

Südafrikas angewandt werden kann, ist schon in den Ausführungen
zu Abschnitt 1.2.1 und besonders 1.2.2 im Begriff des 'internen
Kolonialismus' angeklungen. Die weitgehende Identität von Ras-
sen- und Klassengrenzen und die entkolonisierende Strategie der
Homelandpolitik weisen hin auf das Abhängigkeitsverhältnis zwischen der weißen Zentralnation und den schwarzen Peripherienationen. Innerhalb beider ist nochmals zu differenzieren: Zwischen dem Zentrum der weißen Zentralnation und der schon vorhandenen und wachsenden schwarzen Bourgeoisie als Zentrum der
Peripherienation besteht eine gewisse Interessenharmonie, insofern das Wachstum letzterer vom Wachstum ersterer abhängig
ist. Andererseits widersprechen die Interessen der Peripherie
der Zentralnation, d.h. der weißen Arbeiterschaft, denen der
Peripherie in der Peripherie, d.h. des größten Teils der
schwarzen Bevölkerung. Die bessere Umverteilung des Einkommens
in der weißen Bevölkerung und deren Absicherung durch die
Apartheidsgesetzgebung lassen gerade die Peripherie des Zentrums
zum stärksten und verhärtetsten Träger der Apartheidsideologie
werden.
Südafrika spiegelt also in seinem Rassenkonflikt das Verhältnis
von Zentral- und Peripherienationen im Weltmaßstab wider, so daß
eine Lösung dieses Konflikts durchaus wegweisend für die Umge-
staltung der internationalen Beziehungen werden könnte.
Eine Kirche im Kampf gegen den Rassismus ist aufgefordert, Analysen in dieser oder ähnlicher Weise zum 'Unterbau' ihres Theo-
logietreibens zu machen, um so ihre Verantwortung im Kontext der
Weltgemeinschaft realisieren zu können.

4. Kapitel

THEOLOGIE ZWISCHEN BEFREIUNG UND VERSÖHNUNG - ZUR BEFREIENDEN
PRAXIS UND THEOLOGISCHEN RELFEXION EINER 'SCHWARZEN KIRCHE'

Auf der Grundlage ökonomischer, politischer und ideologischer
Analysen reflektiert Schwarze Theologie im Lichte des Evangeliums das Handeln der Kirche in der Gesellschaft, konkret die
befreiende Praxis schwarzer Christen in Südafrika. In dieser Reflexion wird sie selbst wiederum 'verwickelt' in den Kampf um
Befreiung und erweist sich so als sichtbarer Glaube in der Welt.
Dieses Verständnis Schwarzer Theologen von Theologie und Theologietreiben sei hier in den Worten Allan Boesaks noch einmal
in Erinnerung gebracht (vgl. 2. Kapitel, Abschnitt 1.2.5).
Südafrikas Christen sehen sich in die Verantwortung gerufen, in
ihrem Land auf eine Veränderung der ungerechten Verhältnisse in
Gesellschaft und Kirche hinzuarbeiten, d.h. den Kampf um Befreiung mitzutragen. Eine befreiende Praxis, die in Kirche und Gesellschaft wirksam werden will, bedarf sowohl der äußeren Organisation als auch theologischer Reflexion. Beidem trägt - empirisch und spirituell verstanden - die Entstehung einer bekennenden Kirche aus Christen aller Denominationen Rechnung. Theologische Reflexion der befreienden Praxis einer bekennenden Kirche
durch Schwarze Theologen fragt nach Befreiung und Versöhnung in
Südafrika im Angesicht von Kreuz und Auferstehung Jesu Christi.
Theologische Antworten auf diese Fragen werden nicht neutral
sein können, sondern erweisen sich selbst wiederum als 'öffentliche Praxis des Glaubens'.
Die Förderung Schwarzen Bewußtseins, das Verständnis von Theologie zwischen Kontextualität und Universalität, die Arbeit an
Gesellschaftsanalysen und ihre Ergebnisse und nicht zuletzt die
aktive Gegenwart schwarzer Christen im Kampf um Befreiung und
die Verarbeitung all' dessen in einer authentischen Theologie
machen Schwarze Theologie weit über ihre regionale Bedeutung
hinaus zu einer Herausforderung für die Weltökumene.
Es wird zu fragen sein, wie die ökumenische Bewegung und mit
ihr alle um die Einheit der Kirche und die Einheit der Mensch-

heit bemühten Christen auf diese Herausforderung reagiert haben
oder reagieren könnten. Auf der Ebene des praktischen Einsatzes
für soziale Veränderung, etwa in Südafrika, soll hier das Anti-
rassismusprogramm betrachtet werden, auf der Ebene der theologischen Reflexion nach Ansätzen zum Dialog zwischen 'europäischer' und Schwarzer Theologie gefragt werden.

1.   Südafrikas Christen vor der Aufgabe von Versöhnung und
        Befreiung

1.1   Eine Praxis der Befreiung

Die Beteiligung südafrikanischer Christen am Kampf um einen
grundlegenden Wandel ihrer Gesellschaft soll zum Thema dieses
Abschnittes werden. Sicherlich gäbe es, insbesondere zur Rolle
des Südafrikanischen Kirchenrates (SACC) im gesamten Spektrum
des christlichen Engagements, sehr viel mehr zu sagen, als ich
dies in den folgenden Unterpunkten getan habe. Der Kirchenrat
hat sich im vergangenen Jahrzehnt in vielen wesentlichen gesellschaftspolitischen Fragen geäußert und auf deren Lösung hin ge-
arbeitet wie z.B. in den Forderungen nach der Konstitution einer Nationalversammlung zur Ausarbeitung einer neuen demokratischen Verfassung und nach Freilassung politischer Gefangener,
im Protest gegen Zwangsumsiedlungen, das Erziehungssystem, gegen
die Bannung von Personen und Zeitungen sowie in theoretischen
Untersuchungen und praktischen Maßnahmen zur Bekämpfung der Arbeitslosigkeit.[1] Insbesondere setzte er sich mit der Frage der
Kriegsdienstverweigerung und des gewaltfreien Widerstandes in
Form von zivilem Ungehorsam auseinander.
Letztere Beispiele seien hier herausgegriffen. Angesichts der
wachsenden Bedrohung des Weltfriedens durch die militärische

---

[1] vgl. Crisis: Our Response, in: Kairos 10 (1978) H. 5, 1; SACC Conference
Resolutions, in: Kairos 10 (1978) H. 6, 5; SACC National Conference Resolutions, in: Kairos 11 (1979) H. 8, 5f; Tutu replies to attack, in: Kairos
11 (1979) H. 10, 3

Expansion Südafrikas und des Krieges gegen die SWAPO-Guerilla
an den Grenzen Namibias ist Kriegsdienstverweigerung zu einer
wichtigen Frage für eine Kirche geworden, die sich dem Frieden
verpflichtet weiß (1.1.1). Neben der Haltung des SACC soll auch
die der katholischen Kirche Südafrikas dargestellt werden.
Schwarze Theologen wie A. Boesak und D. Tutu und der SACC betrachten zivilen Ungehorsam als ein wirksames Mittel zu ge-
waltfreiem Widerstand. Abschnitt 1.1.2 stellt diese Überzeugung
in den Kontext der Ereignisse des Frühsommers (Mai/Juni) 1980.

Die Wahrnehmung gesellschaftlicher Konflikte und die Verantwortung im Kampf um sozialen Wandel wirken sich ebenfalls auf
die 'alltägliche' Aufgabe der Kirchen, die Verkündigung, aus.
Die spezifischen Schwierigkeiten und Chancen der Verkündigungs-
praxis sollen am Beispiel der Predigt in Abschnitt 1.1.3 zur
Sprache kommen.

1.1.1 Die Haltung der Kirchen in der Frage der Kriegsdienst-
       verweigerung

Als Eckwerte der Auseinandersetzung um das Problem der Kriegsdienstverweigerung aus Gewissensgründen in Südafrika sind zu
nennen: die forcierte Rüstungspolitik der südafrikanischen Regierung innerhalb des letzten Jahrzehnts, der Krieg in Namibia,
das Wissen der Kirchen um ihre Verpflichtung, für den Frieden
einzutreten und ihre Überzeugung von der Unantastbarkeit der
Gewissensentscheidung.[2]
Der Zusammenbruch des portugiesischen Kolonialreiches 1974 be-
raubte Südafrika zweier seiner Pufferstaaten (Angola und Mosambik) - ein Prozeß, der 1980 in der Unabhängigkeit Zimbabwes seine Fortsetzung fand. Die verstärkten Rüstungsbestrebungen Südafrikas in dieser Zeit, deutlich in einer mehr als 20%igen Er-

[2] vgl. auch zum folgenden Handreichung des Südafrikanischen Kirchenrates zur
Wehrdienstverweigerung (14. August 1974); Offizieller Text der Erklärung
zur Wehrdienstverweigerung der Südafrikanischen Katholischen Bischofskonferenz, beides in: Dejung/Risse, Kirchen 1-3 bzw. 101-102

- 141 -

höhung des Verteidigungsetats, führten dazu, daß der SACC sich
besonders mit der Frage der Kriegsdienstverweigerung von Christen beschäftigte und auf seiner Nationalen Konferenz im August
1974 eine Empfehlung an seine Mitgliedskirchen verabschiedete:
Die Konferenz erinnert an die unbedingte Aufforderung an den
Christen, nach Gerechtigkeit und Frieden zu streben, sowie an
die Überzeugung innerhalb der katholischen und der reformato-
rischen Tradition, daß Waffengewalt - wenn überhaupt - nur im
Falle eines 'gerechten Krieges' zu rechtfertigen sei. Die Verteidigung einer zutiefst ungerechten und dehumanisierenden Gesellschaft aber könne niemals als ein gerechter Krieg bezeichnet werden. Im Falle Südafrikas handele es sich um eine solche
zutiefst ungerechte Gesellschaft, deren institutionalisierte Gewalt erst die Gegengewalt der "Terroristen oder Freiheitskämp-
fer"[3] provoziert habe.
Die Konferenz bezichtigt die burische Regierung aus zwei Gründen der Scheinheiligkeit - sie habe zum einen die Burenkriege
stets als Befreiungskriege gegen die Unterdrückung durch den
britischen Imperialismus legitimiert, bewerte aber die Zuflucht
der schwarzen Bevölkerung , besonders Namibias, zur Gewalt als
Terrorismus und bekämpfe zum anderen diesen vermeintlichen Terrorismus mit einem ungleich höheren Einsatz von direkter und
struktureller Gewalt.
Gewaltanwendung als Mittel zur Konfliktlösung wird von der Konferenz nicht nur nicht befürwortet, sondern auch beklagt. Deshalb ruft sie

"... ihre Mitgliedskirchen auf, sich angesichts des oben gesagten zu
fragen, ob der Ruf Jesu Christi, das Kreuz auf sich zu nehmen und sich
wie er mit den Unterdrückten gleichzustellen, nicht in unserer Situation
bedeutet, Wehrdienstverweigerer aus Gewissensgründen zu sein."[4]

Diese Empfehlung stieß auf scharfe Kritik der weißen Regierung.
In einem neuen Gesetz zur Frage der Verteidigung wurde die Emp-

---

[3] a.a.O. 2

[4] a.a.O. 3

fehlung in Wort oder Tat zu einer ungesetzlichen Handlung er-
klärt und mit einer hohen Strafe belegt.

Die Ständige Kommission der katholischen Bischofskonferenz
Südafrikas verurteilte diesen Gesetzentwurf und empfahl Klerus
und Volk im Falle seiner Verabschiedung, zivilen Ungehorsam
gegen das Gesetz zu üben. Eine Stellungnahme der Bischofskonferenz zum Problem der Kriegsdienstverweigerung selbst entstand erst im Februar 1977.[5]

In diesem Dokument verteidigen die katholischen Bischöfe das
Recht jeder Person auf freie Gewissensentscheidung. Sowohl die
Kriegsdienstverweigerung aus einer pazifistischen Grundüberzeu-
gung heraus als auch die Weigerung, an einem ungerechten Krieg
teilzunehmen, gehören zu den unveräußerlichen Grundrechten der
menschlichen Person.

Die Bischöfe gestehen der Regierung zu, daß Kriegsdienstver-
weigerer die Konsequenzen ihrer Entscheidung selbst tragen
müssen, fordern sie aber auf, die Möglichkeit der Kriegsdienstverweigerung zu legalisieren und einen nichtmilitärischen Er-
satzdienst zu institutionalisieren.

Ein Workshop der Abteilung für Theologische Erziehung innerhalb
des SACC, der 1980 in Botha's Hill stattfand, betonte die Notwendigkeit, das Problem der Kriegsdienstverweigerung nicht vom
südafrikanischen Kontext loszulösen.[6] Eintreten für den Frieden
impliziere nicht nur den Einsatz für die Einrichtung eines Zi-
vildienstes, nicht nur die Vermeidung von Krieg oder bewaffneten Auseinandersetzungen, sondern auch die Einsicht, daß Kirchen und Christen selbst an der strukturellen Gewalt des südafrikanischen Gesellschaftssystems beteiligt sind. Eintreten
für den Frieden heißt somit Engagement für die Aufrichtung von
Recht und Gerechtigkeit in Gesellschaft und Kirche.

---

[5] vgl. a.a.O. 101-102, bes. 102

[6] vgl. Current Comment, in: Kairos 12 (1980) H. 7, 7f

Auf dem Weg zu Gerechtigkeit und Frieden sind allerdings schon
kleine Erfolge wichtig, z.B. der Regierung gewisse Zugeständnis-
se abzutrotzen, wie die Institutionalisierung eines Zivildien-
stes. So trägt ein Artikel in Kairos, der über die Anerkennung
eines 118 Tage in Einzelhaft gehaltenen weißen Kriegsdienst-
verweigerers berichtet, 'folgerichtig' die Überschrift "Victory for Christ".[7]

1.1.2 Ziviler Ungehorsam als gewaltfreier Beitrag zur Lösung des Rassenkonflikts

Die Nationale Konferenz des SACC 1979 in Hammanskraal verabschiedete zwei Resolutionen, in denen die Mitgliedskirchen aufgerufen wurden, zivilen Ungehorsam als eine Form des gewaltfrei-
en Widerstandes zu prüfen und zu üben. Es genüge nicht, ungerechte Gesetze, sprich die Rassengesetze, erst zu verurteilen,
um ihnen dann aber Gehorsam zu leisten. Vielmehr müßten die
Kirchen, wenn sie der Überzeugung seien, daß bestimmte Gesetze
der Regierung nicht mit dem Evangelium Jesu Christi vereinbart
werden könnten, dem Grundsatz folgen, Gott mehr zu gehorchen
als dem Menschen. Dieser Ungehorsam gegen staatliche Gesetze
solle von den Kirchen initiiert und auf Massenbasis öffentlich
manifestiert werden.[8]

Dieser Aufruf trug neben anderen Aktionen dem SACC und insbesondere seinem amtierenden Generalsekretär D. Tutu schwere Angrif-
fe durch Mitglieder der Regierung ein.[9] Der Polizeiminister
Louis le Grange warnte im Oktober 1979 den SACC und 'linksla-
stige' Geistliche davor, 'unverantwortliche' Aktionen durchzu-

---

[7] Victory for Christ, in: Kairos 12 (1980) H. 7, 1

[8] vgl. National Congress 5f; A. Boesak, The Black Church and the Struggle in South Africa, in: ER 32 (1980) 16-24; Im Zweifel 128-130

[9] vgl. Church leaders refute attack on Tutu and SACC, in: Kairos 11 (1979) H. 10, 1; Mr. PW Botha claims that SACC foments unrest. Bishop replies to attack by P.W., in: Kairos 12 (1980) H. 5, 1

führen und das Volk zur Übertretung der Gesetze anzustiften.
Er beschuldigte den SACC, ebenso wie Ministerpräsident Botha
es ein halbes Jahr später tat, Geldzuwendungen in beträchtli-
cher Höhe aus dem Ausland dazu genutzt zu haben, die Unruhe im
Lande zu schüren. Tutu antwortete damals, die Gelder seien dazu verwandt worden, Angehörige politischer Gefangener und Ge-
bannter zu unterstützen, und Selbsthilfeprojekte für Arbeits-
lose zu fördern. Er meinte:

"If these are crimes, then we openly and proudly plead guilty."[10]

Wenn die Regierung so genau um die ruchlosen Aktivitäten des
SACC wisse, so Tutu, solle sie ihn vor einem öffentlichen Gericht verurteilen statt einer Beschuldigung nach der anderen
vorzubringen.

Im Mai/Juni des Jahres 1980 sorgte der SACC im Zusammenhang
mit dem Unterrichtsboykott farbiger Schüler und den darauf
folgenden blutigen Unruhen erneut für Schlagzeilen.[11] Als
John Thorne, ehemaliger Vorsitzender der Kongregationalisten-
kirche und früherer Generalsekretär des SACC, aufgrund seiner
Unterstützung des Boykotts inhaftiert wurde, beteiligten sich
53 Vertreter christlicher Kirchen, u.a. auch Desmond Tutu und
der (weiße) Vizepräsident des SACC, Peter Storey, an einem Protestmarsch gegen seine Verhaftung. Alle 53 wurden von bewaffne-
ter Bereitschaftspolizei in Gewahrsam genommen und verbrachten
eine Nacht im Gefängnis. Nach Berichten von Augenzeugen sollen
sie, als sie in die Polizeiwagen stiegen, das Lied 'Onward
Christian Soldiers' gesungen haben. Da der Protestmarsch gegen
das 'Gesetz zur Verhinderung aufrührerischer Versammlungen'

---

[10] Tutu replies to attack, in: Kairos 11 (1979) H. 10, 3

[11] vgl. Church leaders stage a march, in: Kairos 12 (1980) H. 5, 1; Die Kir-
chenmänner sangen: Vorwärts christliche Soldaten, in: FR vom 27.5.1980;
"Schwarze Regierung möglich". Südafrikanischer Bischof fordert zu zivilem
Ungehorsam auf, in: FR vom 10.6.1980; A. Braun, Südafrikas Kirchen nehmen
allmählich den Widerstand auf, in: FR vom 5.7.1980

verstieß[12], endete die Aktion für alle Beteiligten mit einer
Vorstrafe. Der Aufruf zu zivilem Ungehorsam wurde hier von den
Kirchenmännern und -frauen in die Praxis umgesetzt.
Zum selben Zeitpunkt war es dem SACC und einzelnen Kirchenlei-
tungen nach langem Bemühen gelungen, ein Treffen mit Ministerpräsident Botha zu vereinbaren, um gemeinsam über die Krisen-
situation in der südafrikanischen Gesellschaft zu sprechen.[13]
Am 7. August 1980 trafen Vertreter des SACC und der Kirchenleitungen mit Botha und sieben Mitgliedern des Kabinetts zusammen.
In Antwort auf den dargelegten Standpunkt der Kirchen in der
Apartheidsfrage ließ Botha keinen Zweifel daran, daß seine Regierung niemals eine Mehrheitsherrschaft in einem Einheitsstaat
akzeptieren werde. Er bete darum, daß es zu keiner Konfrontation
innerhalb Südafrikas komme, warnte aber gleichzeitig, daß seine
Regierung dafür gerüstet sei. Er vermute in Südafrika alles in
allem mehr guten Willen. Wo böser Wille existiere, sei dies auf
Einflüsse aus dem Ausland, insbesondere durch unverantwortliche
Zeitungen, zurückzuführen.
Der Premier zeigte seine Bereitschaft an, auch weiterhin auf
diese Weise mit den Kirchen im Gespräch zu bleiben.
In der ersten Hälfte des Jahres 1981 hat sich das Verhältnis
zwischen SACC und Regierung wieder verschlechtert. Desmond Tutu
wurde nach einem mehrwöchigen Auslandsaufenthalt der Paß ent-
zogen, weil er unerwünschte Informationen über die Lage in Südafrika verbreitet hatte, so daß er auf absehbare Zeit nicht
mehr ins Ausland wird reisen können.
Zusätzlich wurde bekannt, daß vor knapp zwei Jahren von der Re-

---

[12] Der 'Riotous Assemblies Act' trat 1914 erstmals in Kraft und erlaubte der
Regierung, öffentliche Versammlungen zu verbieten. 1954 und 1974 wurde er
durch Ergänzungen verschärft. So ist es seit 1974 den Ortsbehörden gestattet, jede Zusammenkunft, wo auch immer, zu verbieten. Vgl. Bilger, Südafrika 692, 694, 701 und den Anhang

[13] vgl. P.W. accepts to meet Church leaders, in: Kairos 12 (1980) H. 6, 1 u.
8; My door is always opened - P.W. Botha, in: Kairos 12 (1980) H. 7, 1

gierung eine Organisation 'Christliche Liga' zur Bespitzelung und Diffamierung des SACC beauftragt und finanziert wurde. Tutu verlangte nach Bekanntwerden dieser Information eine öffentliche Entschuldigung des Ministerpräsidenten; anderenfalls werde es keine Gesprächsbemühungen zwischen Regierung und SACC mehr geben.[14]

Diese wenigen, wenn auch eindrucksvollen, Beispiele für ein Eintreten der Kirchen für die Aufrichtung von Recht und Gerechtigkeit dürfen jedoch nicht zu dem Schluß verleiten, Südafrikas Kirchen seien zum größten Rückhalt des schwarzen Widerstandes geworden.[15] Sicherlich kommt ihnen seit der Bannung aller bedeutenden schwarzen Organisationen, außer den Gewerkschaften, eine wichtige Aufgabe in der Überwindung des Rassenkonflikts zu. Beschlüsse des SACC aber z.B. stoßen oft ins Leere, weil sie in Form von Empfehlungen an die Mitgliedskirchen weitergegeben werden und so mitunter gar nicht auf Gemeindeebene rezipiert werden. Der Aufruf zu zivilem Ungehorsam ist nach Auffassung Boesaks bisher weitgehend in den einzelnen Kirchen versickert. Verschiedene Gründe können hierfür verantwortlich gemacht werden.

Sicherlich bestehen auch in Südafrikas Kirchen Kommunikationsschwierigkeiten zwischen der sog. Basis und den Kirchenleitungen, ebenso zwischen den einzelnen Mitgliedskirchen und der übergreifenden Institution des Kirchenrates. Ein zweiter Grund ist in der schon früher angesprochenen finanziellen Abhängigkeit der schwarzen von den weißen Kirchen und Gemeinden zu suchen. Beteiligung am Widerstand bedeutete für viele den Verlust sämtlicher oder eines großen Teils ihrer finanziellen Mittel.

---

[14] vgl. J. Braun, Tutu und sein verlorenes Privileg. Wie in Südafrika ein unbotmäßiger Bischof gezüchtigt wird, in: DAS vom 19.4.1981; Braun, Südafrikas Kirchen

[15] vgl. Im Zweifel 128f; Braun Südafrikas Kirchen

Dies gilt auch für die multirassisch organisierten Kirchen, da
in ihren einflußreichen Positionen mehrheitlich Weiße vertreten
sind.

Wir können also schon hier im Blick auf Abschnitt 1.2 festhalten: Südafrikas radikale Christen müssen ihren Kampf um Gerechtigkeit an zwei Fronten führen - gegen den Staat als Urheber
der Apartheidsstrukturen und zumindest gegen Teile der institutionalisierten Kirchen als deren Dulder oder gar Förderer.

1.1.3 Verkündigung in der Situation schwarzer Menschen in Süd-
afrika

"In Südafrika predigen, das heißt, mit verbundenen Augen über ein Mi-
nenfeld laufen."[16]

A. Boesak, von dem dieser Satz stammt, veröffentlichte 1980 in
deutscher Sprache zwölf Predigten, die er in der Studentengemeinde der Universität für Coloureds in Bellville bei Kapstadt
gehalten hatte. Diesen Predigten schickte er eine Erörterung
der Situation voraus, in der sich Prediger und Predigt in Südafrika befinden.

Sicherlich haben in diesem Buch seine spezifischen Erfahrungen
mit farbigen Studenten ihren Niederschlag gefunden, die wahrscheinlich nicht in allen Punkten auf andere schwarze Gemeinden übertragen werden können. Dennoch sind die Predigten und
die vorangehenden Überlegungen ein eindrucksvolles Zeugnis der
Verwirklichung Schwarzen Bewußtseins und ein wichtiger Ansatz
zu einer Predigtlehre im afrikanischen Kontext.

Die Verkündigung, insbesondere in der Form der Predigt, erlebt
in Südafrika eine Krise, deren Ursachen weniger im Bereich der
'inhaltlichen' Aussagen des Christentums liegen, sondern in der
Unfähigkeit oder der Weigerung der Prediger, das Evangelium
ehrlich und im Kontext der Erfahrung ihrer Gemeinde zu verkünden. Boesak nennt sechs Faktoren, die diese Krise bewirken und
verstärken:

---

[16] Boesak, Fingerzeig 25; vgl. zum folgenden a.a.O. 15-42

- das neue politische Bewußtsein, insbesondere in der jüngeren
  Generation;
- die Notwendigkeit, in der Predigt auf die Fragen dieser Menschen einzugehen, z.B. in Bezug auf zivilen Ungehorsam;
- die Erwartung an die Amtsträger, sich am Kampf um Befreiung
  zu beteiligen;
- das Ungenügen einer jenseitsorientierten Tradition und Verkündigung;
- das mangelnde Sich-Einlassen der Kirchen auf das 'Schwarze
  Bewußtsein' und schließlich
- die verständliche Angst des Predigers, das Wort Gottes allzu deutlich auszulegen.

Eine Predigt, die die gesellschaftlichen Sünden Südafrikas
beim Namen nennt, bringt den Prediger ins Schußfeld der repressiven Gesetze und so in die ernste Gefahr politischer Verfolgung. Werden die Menschen in den Gemeinden aber ohne Antwort
auf die sie bedrängenden Fragen gelassen, führt dies häufig -
gerade unter Jugendlichen - zur Distanzierung von der Kirche.

Da die Kirche sich ihrer Aufgabe der Verkündigung, auch in
der Form der Predigt, nicht entziehen kann, findet der Prediger
sich in der schwierigen Lage wieder, das Wort Gottes selbst als
kritische Kraft in und für seine Situation zu erfahren und seiner Gemeinde erfahrbar werden zu lassen. In diesem Sinne muß
Predigt verstehbar und relevant sein, d.h. von den Hörern als
belangvoll für ihre konkrete Existenz wahrgenommen werden. Da
die Lebensmöglichkeiten schwarzer Menschen aufgrund der im 3.
Kapitel analysierten ökonomischen und politischen Ungleichheit
erheblich eingeschränkt sind, ist "für schwarze Christen im
heutigen Südafrika ... relevante Predigt im hohen Maße politische Predigt"[17].
Politische Predigt bedeutet, die Politik in Relation zu dem
Wort Gottes zu setzen. Dies wird um so wichtiger, als gerade

---

[17] a.a.O. 28f

die die Versöhnung verhindernde Politik der Apartheid von einer
angeblich christlichen Regierung betrieben und von bestimmten
Kirchen als christlich legitimiert oder wenigstens unwidersprochen hingenommen wird. Der Prediger predigt also nicht Politik,
sondern "das Wort Gottes, wie es konkret wird im Blick auf politische und soziale Probleme"[18].
Als reformierter Christ beruft Boesak sich in dieser Frage auf
Calvin, dessen Denken eine Trennung von Politik und geistli-
cher Wahrheit fremd war. Politische, wirtschaftliche und soziale Strukturen sind keine von Gott gesetzten Seinsvorgegeben-
heiten, sondern von Menschen gemacht, d.h. also veränderlich
und der Kritik durch das Wort Gottes, z.B. in der Predigt, un-
terworfen. Verkündigung in der Bibel war ebenfalls von diesem
Prinzip getragen, deutlich etwa im Auftreten der Propheten und
Jesu selbst.
Zum Schluß thematisiert Boesak noch einmal die Authentizität
des Predigers. Um glaubwürdig zu verkünden, muß der Prediger sich zum einen fragen, ob die Inhalte seiner Predigt der
Erfahrungswirklichkeit seiner Gemeinde standhalten, und muß
zum andern selbst erfahren haben, was es bedeutet, von Haß,
Vorurteilen und Angst befreit zu sein. In einer Predigt nach
dem Tod Steve Bikos spricht Boesak von der Angst, die gerade
nach einem solchen Verbrechen wieder in den Herzen aufsteigt.
Da solche Angst nicht grundlos ist, bedeutet Verkündigung immer auch Bereitschaft zum Leiden.

> "Gegenüber Christus loyal zu bleiben, ist ein hoher Anspruch. Ihm ge-
> horsam zu sein, ist lebensgefährlich. Trotzdem, für Christen geht Ge-
> horsam gegen Christus und sein Wort vor Gehorsam gegen Menschen."[19]

In der Predigt muß die Spannung von gegenwärtiger Wirkmächtig-
keit und eschatologischer Verwirklichung des Reiches Gottes
deutlich werden. Die Gegenwart des Heils zu verkünden, heißt,

---

[18] a.a.O. 32

[19] a.a.O. 94f

die Forderung nach Gerechtigkeit hier und jetzt zu erheben.

"Deshalb hat er (der Prediger; LS) die Gemeinden daran zu erinnern, daß das Reich Gottes viel mehr, aber auch nicht weniger als ein politisches System ist, das auf Gerechtigkeit gründet."[20]

1.2   Eine bekennende Kirche

Schon in Abschnitt 1.1.2 ist angeklungen, daß Christen in Süd-afrika, die das Evangelium als Botschaft der Befreiung ernst nehmen, häufig gezwungen sind, einen Kampf an zwei Fronten zu führen. Viele dieser engagierten Christen sehen einen Bruch zwischen der institutionalisierten Kirche und einer im Entste-hen begriffenen bekennenden Kirche voraus, der Christen aller Denominationen angehören, die sich dem Streben nach Befreiung verpflichtet wissen.

Auf einer Konsultation des SACC über das Problem des Rassismus', die Anfang 1980 in Hammanskraal stattfand, wurde von einer Ar-beitsgruppe die Notwendigkeit einer solchen bekennenden Kirche betont, die alle Strukturen und Manifestationen des Rassismus' innerhalb der Kirche zurückweist.[21]

Nachdem in Abschnitt 1.1 die Möglichkeiten einer Beteiligung von Christen am Widerstand in Südafrika angeführt worden sind, beschäftigt sich Abschnitt 1.2 nun mit der empirisch und spi-rituell verstandenen Entstehung einer bekennenden Kirche. Wel-che 'Merkmale' sind einer solchen Kirche zuzuschreiben (1.2.1), welches ist ihr Verständnis von Amt und Diensten (1.2.2) und worin gründen und wie formuliert sie ihre ethischen Forderun-gen (1.2.3)?

1.2.1 Merkmale einer bekennenden Kirche im südafrikanischen Kontext

Eine bekennende Kirche in Südafrika ist eine schwarze, militan-

---

[20] a.a.O. 42

[21] vgl. Consultation calls for a confessing Church, in: Kairos 12 (1980)

te Kirche - so die Teilnehmer der bereits erwähnten Arbeits-
gruppe der Rassismuskonsultation des SACC. A. Boesak, der sich
unter ihnen befand, hat an dieser Stelle und bereits im voraus-
gegangenen Jahr in einem Referat auf der Nationalkonferenz des
SACC die Schwarze Kirche folgendermaßen charakterisiert.[22]
Schwarze Theologie lehrt, daß die Situation des Schwarzseins
der unumgängliche Ort jeglicher theologischer Reflexion von
schwarzen Christen ist. Das schwarze Verständnis des Evangeliums entfaltet sich nur in einem harten Kampf mit Gott und
der Bedeutung seines Wortes für das Leben schwarzer Menschen.
Aus solchen Kämpfen heraus, die seit mehr als zwei Jahrhunder-
ten von schwarzen Menschen geführt werden, die sich weigern,
das Evangelium den Weißen zu überlassen, erwuchs die Schwarze
Kirche, die alle Schranken von Konfession und ethnischer Herkunft niederreißt. Dieselbe schwarze Erfahrung, dasselbe Leiden unter der Unterdrückung und der gemeinsame Kampf um Befreiung konstituieren ihre - schwarze - Solidarität.
Die Rolle weißer Christen muß von der Erkenntnis her beurteilt
werden, daß Schwarzsein weniger eine Hautfarbe denn eine Lebensbefindlichkeit benennt. Weiße Christen, die sich unter Opfern mit dem Befreiungskampf der Schwarzen identifiziert haben, haben sich diese Lebensbefindlichkeit zu eigen gemacht
und sind so Teil der Schwarzen Kirche geworden.
Die Schwarze Kirche hat die Aufgabe, nicht nur gegen ein politisches und ökonomisches Unrechtssystem zu kämpfen, sondern
auch für die Echtheit des Evangeliums gegen die pseudoreligiö-
se Ideologie der Apartheid. Christen können mitten in der Auseinandersetzung Gottes Möglichkeiten für wahre Liebe, Versöhnung und Frieden aufzeigen. Auf dem Hintergrund der Überzeugung, daß Gott, der Gott des Exodus, auf der Seite der Unterdrückten steht und Befreiung die Botschaft des Evangeliums ist,
kann sich die Schwarze Kirche nicht der Konfrontation mit dem

---

H. 2, 1 u. 5; Braun, Südafrikas Kirchen

[22] vgl. Boesak, Black Church 16-24; Consultation 1

Staat und dem daraus resultierenden Leiden entziehen. Sie muß
sich im klaren sein, daß ein System des Übels nicht modifiziert
werden kann, sondern ausgerottet werden muß. In diesem Sinne
muß der Begriff 'militant' gedeutet werden, nicht etwa in dem
eines Eintretens für eine bestimmte radikale politische Partei.

A. Boesak hofft und betet um eine Schwarze bekennende Kirche,
die folgende Merkmale tragen wird.

> "So I pray that the black church in South Africa would, through the
> grace of God, be truly the church of Christ:
> - in the midst of struggle and in the heat of the battle -
>   be a servant church;
> - in the midst of violence, oppression and hatred -
>   be a prophetic church;
> - in the midst of hopelessness and pain -
>   be a hopeful church;
> - in the midst of compromise -
>   be a committed church;
> - in the midst of bondage and fear -
>   be a liberated church;
> - in the midst of intimidation and silence -
>   be a witnessing church;
> - in the midst of suffering and death -
>   be a liberating church;
> - in the midst of failure and disappointment -
>   be a believing church."[23]

1.2.2 Autorität durch Identifikation mit den Unterdrückten -
zum Verständnis von Amt und Diensten

M. Buthelezi predigte anläßlich seiner Einführung als Bischof
der Zentralsynode der Evangelisch-Lutherischen Kirche im Südlichen Afrika am 19. Dezember 1976 vor 5 000 Besuchern in Johannesburg über den Dienst der Kirche an den Armen und Niedergetretenen.[24] Die Kirche ist in der Nachfolge Jesu herausgeru-
fen, den Armen, Hungrigen, Gefangenen und Leidenden zu dienen.

---

[23] Boesak, Black Church 23f (Hervorh. v. mir; LS)

[24] vgl. Predigt von Bischof Dr. Manas Buthelezi anläßlich seines Einfüh-
rungsgottesdienstes (19. Dezember 1976), in: Dejung/Risse, Kirchen 91-
94

Dies erfordert mehr, als materielle Hilfsmittel zu sammeln, um
sie denen weiterzugeben, die ihrer bedürfen. Verhält die Kirche sich in jener Weise, versetzt sie sich selbst auf einen
quasi-neutralen Boden, d.h. sie ist selbst nicht betroffen vom
Leiden und begibt sich nicht in die Gefahr, im Dienst ein Stück
ihrer selbst zu geben.[25] Die Aufgabe der Kirche lautet nicht,
etwas _für_ die Armen und Unterdrückten zu tun, sondern sich mit
ihnen zu identifizieren. Ein solcher Dienst bleibt nicht ohne
Konsequenzen, denn eine sich identifizierende Kirche wird unweigerlich an Leid und politischer Verfolgung partizipieren.

Im Blick auf die Unruhen des Jahres 1976 konkretisiert Buthelezi, der selbst in Soweto lebt, diese Forderung an die Kirchen und ihre Vertreter so:

> "Man hört Gespräche, in denen es heißt: Was sollte die Kirche für die
> Menschen von Soweto tun? Der Eindruck, der aus einer derartigen Dar-
> stellung der Vorgänge erweckt wird, ist, daß die Kirche nicht in So-
> weto lebt, da sie von außerhalb hineingehen muß, um den Menschen zu
> dienen, die anders sind. Lebt die Kirche nicht mit den Menschen von
> Soweto? Hat die Kirche die Menschen von Soweto verlassen, so daß sie
> sie nun von außen erreichen muß? Wahrhaftes Dienen schließt ein, daß
> die Kirche den Menschen von Soweto nicht nur hilft, sondern daß sie
> selbst zu Menschen von Soweto wird und deren Leiden und Unterdrückung
> teilt."[26]

Einen Polizeiüberfall auf das Diakoniahaus wertet Buthelezi
als ein Zeichen, daß die Teilhabe der Kirchen und ihrer Amtsträger am Leben und Leiden der Menschen Sowetos sie in wach-
sendem Maße staatlichen Repressionen aussetzen wird. Dann
"ist die Kirche so verwundbar wie die Menschen geworden"[27].

B. Goba und A. Boesak bringen die Konsequenzen, die die
Identifikation der Kirche mit den Armen und Unterdrückten für
das Verständnis des kirchlichen Amtes nach sich zieht, in ähn-

---

[25] vgl. hier auch M. Buthelezi, Wahre Teilhabe am Kampf. in: LM 16 (1977)
419

[26] Dejung/Risse, Kirchen 93

[27] Buthelezi, Teilhabe 419

licher Weise zur Sprache.[28]

In der Perspektive Schwarzer Theologie steht das Amt im Kontext von Gottes Befreiungstat in der Welt. 'Black ministry' ist die Antwort auf Gottes Ruf, an dieser befreienden Tat mitzuwirken. Das Amt verdeutlicht, daß die schwarze christliche Gemeinschaft Gottes Identifikation mit den Verdammten dieser Erde teilt, die in Kreuz und Auferstehung Jesu gänzlich verwirklicht ist. Ein solches Verständnis macht Seelsorge zu einem befreienden Handeln, das die Lebensbedingungen derer ernst nimmt, denen es zugewandt ist. Diese pastorale Verantwortlichkeit gilt auch den weißen Unterdrückern, da sie aufgrund ihrer Entmenschlichung durch ihre ungerechte Herrschaft selbst zu den Verdammten dieser Erde gehören.

Gottesdienst feiert Gottes Befreiungshandeln und ermutigt die Teilnehmer zum Engagement im Alltag der Unterdrückung. Die Verkündigung und die Verwaltung der Sakramente implizieren beides: sowohl die Ankündigung von Gottes Gericht über die sündhaften Verhältnisse in Südafrika als auch die frohe Botschaft seiner Befreiungstat.

Die Autorität des Amtes kann folglich nur im prophetischen Engagement für Befreiung aufscheinen und wird - so Boesaks Erfahrung in seiner Gemeinde - daran gemessen.

> "The ministry of liberation is always for the people, that is, the oppressed. It is people-oriented, deeply involved in the world and yet critical of the world."[29]

1.2.3 Auf dem Weg zu einer Ethik der Hoffnung

Nach A. Boesak muß eine von Schwarzer Theologie formulierte und gelebte Ethik ihren Ausgang nehmen von der Erfahrung des Schwarzseins. <u>Identifizierung</u> mit der Situation der Menschen

---

[28] vgl. Boesak, Fingerzeig 22f; B. Goba, The Task of Black Theological <u>Education</u> in South Africa, in: JThSA (1978) H. 22, 24-26

[29] Goba, Education 26

- wie eben aufgezeigt - führt zur Erkenntnis der eigenen Betroffenheit und zur Solidarität unter den Unterdrückten und zum ak-
tiven Versuch der Veränderung ungerechter und unmenschlicher
Strukturen. Inhalt und Anliegen einer christlichen Ethik im
südafrikanischen Kontext können angesichts der biblischen Botschaft von der Befreiung ebenfalls nur Befreiung sein.[30]
M. Buthelezi setzt einen anderen Akzent.[31] Er bezeichnet das
Ethos der Zehn Gebote als untrennbar verbunden mit der den
Bund Jahwes mit Israel begründenden Erfahrung der Befreiung
aus Ägypten und mit der Verheißung Jahwes, daß Israel sein Eigentum und sein heiliges Volk sein wird. Dieses Ethos ist ein
Ethos der Hoffnung, denn in der Hoffnung ist Jahwes Verheißung
bereits vorweggenommen, d.h. im Leben der Gemeinschaft, die
aus diesem Ethos heraus lebt.
Ähnlich verhält es sich im Neuen Testament. Jesus Christus
selbst wird zum Ethos der Gemeinschaft; die ethische Forderung
heißt Christusnachfolge. Christusnachfolge steht für ein Leiden, das schon angeldhaft - d.h. in der Hoffnung - im Bewußtsein der Überwindung des Leidens ist.
Christliche Ethik muß also, Buthelezi zufolge, als eine Ethik
der Hoffnung verstanden werden, die in der Spannung von 'schon
jetzt' und 'noch nicht' ihren Ort hat.

> "Der Kampf gegen die Unterdrückung vollzieht sich in Koexistenz mit
> dem Bewußtsein des Sieges als eines realisierten eschatologischen
> Ereignisses."[32]

Hoffnung entsteht, wenn Christen sich ihrer Verantwortung für
das soziale Leben bewußt werden und an der Gestaltung gesellschaftlicher Strukturen mitwirken. Ihnen ist aufgetragen, diese Hoffnung lebendig zu halten, nicht nur für die Mitglieder

---

[30] vgl. Boesak, Unschuld 146, 170f

[31] vgl. zum folgenden M. Buthelezi, Theologische Grundlagen für eine Ethik
der Hoffnung, in: Moore, Schwarze Theologie 168-173

[32] a.a.O. 171

der Kirche, sondern auch für alle anderen, die die gleichen
Lebensprobleme mit den Christen teilen. Soziale, wirtschaftliche und politische Probleme als theologisch relevante Gegebenheiten zu betrachten, zeugt nicht von einer schicksalsergebe-
nen Mentalität, die nur dazu geeignet ist, den Status quo auf-
rechtzuerhalten, sondern ist getragen von der Hoffnung auf Befreiung.

> "Das theologische Bewußtsein von der Gegebenheit der sozialen, wirt-
> schaftlichen und politischen Lebensstrukturen ist nicht das fatali-
> stischer Resignation, sondern der klaren Erkenntnis einer unausweich-
> lichen Verantwortung innerhalb jener Strukturen."[33]

Ich möchte zusammenfassen: Boesaks Interesse in seiner Dissertation besteht darin, einen Ansatz zu einer Schwarzen Ethik
zu entwickeln, so daß er aus diesem Grunde mehr den 'Inhalt'
einer solchen Ethik betont, den er mit dem Stichwort Befreiung kennzeichnet. M. Buthelezi dagegen setzt einen anderen Akzent, indem er das Wesen einer christlichen Ethik im Kontext
Schwarzer Theologie betrachtet und es in der Hoffnung begründet sieht. Beide Theologen verstehen Gottes befreiendes Handeln als Grundlage einer jeden christlichen Ethik. Ihre unterschiedlichen Zugangsweisen treffen sich in der Aussage, daß
die Erzählung von Gottes befreiendem Handeln in der Bibel eine
historische und eine eschatologische Dimension aufweist, d.h.
sowohl eine Erfahrung der Befreiung als auch Hoffnung auf die
Zukunft.

Folgende Fragen können dazu dienen, den Gedankengang im näch-
sten Abschnitt 1.3 weiterzuführen. Die Ethik der Hoffnung gründet im Vertrauen auf Gottes Parteilichkeit für die Unterdrückten. Schließt Gottes Parteilichkeit nun aus, daß weiße Menschen
von ihm angenommen und geliebt sind und welche Auswirkungen
hat die Antwort auf diese Frage für die Formulierung ethischer
Forderungen?[34] Kann es so etwas wie Versöhnung geben und in

---

[33] a.a.O. 172

welchem Verhältnis steht sie zur Befreiung? Was tut ein parteilicher Gott, in welcher Weise und, vor allem, wo ist er am
Werk? Die folgenden Abschnitte werden versuchen, auf diese Fragen Antwort zu geben.

1.3   Eine Theologie des Kreuzes

Der befreienden Praxis einer Schwarzen bekennenden Kirche ent-
spricht eine Theologie, die Befreiung und Versöhnung, Gottes
Wirken in der Geschichte und menschliches Leiden aus der Perspektive des Kreuzes Jesu Christi reflektiert. Die Parteilichkeit Gottes schließt aus, daß Versöhnung jemals billig sein
kann; das Kreuz Jesu weist unerbittlich darauf hin, daß der
Weg zur Versöhnung nicht am Leiden vorbeiführt.
Diese im Anschluß weiter auszuführenden Aussagen Schwarzer
Theologen legen mir nahe, von Schwarzer Theologie als einer
Theologie des Kreuzes zu sprechen, auch wenn jene diesen Begriff meines Wissens nicht explizit benutzen. Ich möchte aufzeigen, daß die theologische Reflexion der Spannung von Befreiung und Versöhnung (1.3.1), der Einheit Gottes als Schöpfer und Erlöser in seinem Handeln in der Geschichte (1.3.2)
und die Bestimmung menschlichen Leidens als sinnlos oder sinn-
erfüllt in der historischen und der gegenwärtigen Erfahrung
des Kreuzes Jesu Christi wurzeln (1.3.3).

1.3.1 Die Spannung von Befreiung und Versöhnung

Da der Begriff der Befreiung mit all seinen Implikationen bereits im 2. Kapitel erörtert worden ist, wende ich mich hier
der Umschreibung des Begriffs der Versöhnung zu, die A. Boesak
in seinem Aufsatz 'The Relationship of Text and Situation, Liberation and Reconciliation in Black Theology' liefert.[35] An
verschiedenen Stellen werden Boesaks Gedanken Ergänzung finden

---

[34] vgl. Boesak, Unschuld 148f

[35] vgl. Boesak, Text and Situation 36-40

durch Texte von M. Buthelezi und D. Tutu.

Versöhnung muß unter vier Aspekten betrachtet werden:
- sie setzt Entfremdung voraus;
- sie erfordert Liebe;
- sie ist nicht ohne Konfrontation möglich und
- sie kann nur im Zusammenhang mit Befreiung wirklich begriffen werden.

Versöhnung wird notwendig, weil der Mensch von Gott und von
seiner Bestimmung entfremdet ist. Seine Bestimmung liegt in
der Ermächtigung durch Gott, mit anderen Menschen an der Hu-
manisierung der Welt zu arbeiten.

Die Entfremdung von Gott umfaßt auch die Entfremdung vom Mitmenschen. Versöhnung mit Gott bedeutet die Möglichkeit, die
Entfremdung von anderen Menschen und von sich selbst, d.h. der
eigenen Bestimmung aufzuheben. Schwarze Menschen sind aufgerufen, ihre Selbstentfremdung, die ihr Bewußtsein vom Wert der
schwarzen Persönlichkeit verzerrt hat, zu überwinden. Mit sich
selbst versöhnt zu werden, ist für sie die unabdingbare Voraussetzung einer Versöhnung mit weißen Menschen. Die Überwindung der Selbstentfremdung geschieht durch die befreiende und
heilende Liebe Jesu Christi.

Gottes Liebe zu den Sündern macht Versöhnung möglich, da Gott
jeden Menschen vor jeder erdenklichen Leistung angenommen hat.
Durch die Liebe zu Christus und zum Mitmenschen werden Menschen zu Agenten der Versöhnung.

Buthelezi drückt dies so aus: Der Glaube an das, was Gott in
Christus getan hat, schafft Versöhnung mit Gott, der Glaube
an das, "was der Mensch in Christus geworden ist"[36], Versöhnung des Menschen mit dem Menschen, d.h. der Mensch nimmt das
an, was Gott schon angenommen hat. Versöhnung steht also im
Zusammenhang mit Rechtfertigung, sowohl im weiteren Verständnis als der grundsätzlichen Annahme jedes Menschen durch Gott

---

[36] Buthelezi, Ethik 173, vgl. auch 174

als auch im engeren Sinne der Anrechnung der fremden Gerechtigkeit Jesu.[37]
Gottes Liebe aber kann nicht von seiner Gerechtigkeit getrennt
werden. Die Versöhnung durch Gottes Heilstat in Jesus Christus
ist ebenso ein befreiendes Handeln. Liebe und Annahme überdek-
ken nicht die Parteilichkeit Gottes noch gehen sie in ihr auf.
In dieser Liebe und Annahme aller Menschen gründet jede wirkliche Versöhnung.

Versöhnung deckt Gegensätze und Konflikte nicht zu. Sie ist nur
möglich, wenn Konflikte erkannt und - ihrer Verschleierungen
beraubt - offen ausgetragen sind, d.h. nach bzw. in der Aufrichtung von Recht und Gerechtigkeit. Sie schließt Bekenntnis
von Schuld und Umkehr mit ein.
Versöhnung zwischen Schwarzen und Weißen in Südafrika wird eine Konfrontation nicht vermeiden können. Mit der bestehenden
Ungleichheit und der Allgegenwart institutionalisierter Gewalt ist diese Konfrontation bereits gegeben. Versöhnung in
Südafrika wird nicht billig sein - sie erfordert von denen,
die sie vorantreiben wollen, die Bereitschaft zum Kampf und
zum Leiden.[38]

Versöhnung und Befreiung voneinander zu isolieren, bedeutet,
einen falschen Gegensatz zu konstruieren. Alle drei hier erwähnten Schwarzen Theologen wissen sich einig darin, daß Versöhnung ohne Befreiung nicht möglich ist, da sie nur unter
Gleichen, nicht aber zwischen Herren und Knechten sich er-
eignen kann.[39] Wenn in der Versöhnung die Veränderung von
Welt und Mensch mit eingeschlossen ist, dann ist ihr Gesicht
die Befreiung. Glaube an Jesus Christus heißt, in Gottes Ta-

---

[37] vgl. Tutu, Versöhnung 43; Boesak, Text and Situation 38

[38] vgl. auch Tutu, Versöhnung 56f

[39] vgl. Boesak, Text and Situation 39; Es bleibt uns nicht viel Zeit. Gespräch mit Bischof Dr. Manas Buthelezi, in: LM 16 (1977) 463; Tutu, Versöhnung 57; ders., Menschenwürde 90

ten der Befreiung und der Versöhnung verwickelt zu sein.

1.3.2 Gottes Handeln in der Geschichte - die Einheit von Schöpfer und Erlöser

A. Boesak ist in den Ausführungen zur Schwarzen Theologie im
Rahmen seiner Dissertation immer wieder auf die Frage gestoßen, in welcher Weise und wo Gott in der Geschichte am Werk
ist.[40] Daß Gott ein geschichtsmächtiger Gott ist, zieht Boesak nicht in Zweifel, da die Erzählung von seinem befreienden
und versöhnenden Handeln das gesamte Alte und Neue Testament
durchzieht.

Zur Klärung der genannten Frage greift Boesak auf den damals
ungeheures Aufsehen erregenden Vortrag des Direktors des Christlichen Instituts in Bangalore, M.M. Thomas, über die Herausforderung an die Kirchen in den jungen afrikanischen und asiatischen Nationen zurück, den dieser auf der Vollversammlung des
Ökumenischen Rates der Kirchen 1961 in Neu-Delhi gehalten hatte.[41]:

Christus als der Herr der Geschichte wirkt in den Völkern fort.
In den revolutionären Veränderungen, die allenthalben in Afrika
und Asien vor sich gehen, können insoweit die Kräfte Gottes am
Werk gesehen werden, als die betroffenen Menschen auf der Suche nach neuer Humanität und Freiheit, d.h. nach einem neuen
menschlichen Leben sind. Thomas nennt drei Erkenntnisse,
die innerhalb der ökumenischen Bewegung dieser Zeit wiederent-
deckt worden sind und in vielen afrikanischen und asiatischen
Kirchen ihren Niederschlag gefunden haben und finden. Es sind
die Erkenntnisse,

- daß das Evangelium Jesu Christi nicht mit einer spezifischen

---

[40] vgl. zum folgenden Boesak, Unschuld 95-108

[41] vgl. a.a.O. 95-98; M.M. Thomas, Die Herausforderung der Kirchen in den
jungen afrikanischen und asiatischen Nationen, in: Neu-Delhi Dokumente.
Berichte und Reden auf der Weltkirchenkonferenz in Neu-Delhi 1961, hg.
v. F. Lüpsen, Witten ²1962, 437-454, bes. 440f

Kultur, einem bestimmten politischen System, einer sozialen
Ideologie oder einer moralischen Ordnung gleichgesetzt werden
kann. Vielmehr transzendiert es alle partikularen Kulturen,
um sie zu richten und zu erlösen;
- daß die Erlösung in Jesus Christus die Erlösung der gesamten
Welt umschließt, d.h. auch die Welt der Wissenschaft und Tech-
nik, der Politik, der Gesellschaft und Kultur, der Ideologien
und Religionen;
- daß Christus in der gegenwärtigen Welt am Werk ist. Seine
'Wirkgeschichte' zwischen seiner Auferstehung und Wiederkunft
'durchtränkt' alle andere Geschichte.

> " Daher ist es nicht die Aufgabe der Kirche, sich selbst vor den Revolu-
> tionen unserer Zeit zu bewahren, sondern in ihnen die Verheißung und
> das Gericht Christi zu erkennen und für sein Reich im Warten auf den
> Tag der Vollendung Zeugnis abzulegen."[42]

Die Kirchen sind nun, Boesak zufolge, vor die Frage gestellt,
ob sie bereit sind, diese Sicht der sozialen und politischen
Revolutionen unserer Zeit, insbesondere in der 3. Welt, zu akzeptieren und sich mit den unterdrückten Völkern und ihren Be-
freiungskämpfen zu identifizieren.
Thomas' Auffassungen sind auf vehemente Kritik gestoßen. Boesak
referiert ausführlich diejenige H.H. Wolfs und A.G. Honigs.[43]
Ich möchte hier nur die hauptsächlichen Kritikpunkte andeuten
und eng am Text orientiert die grundlegende Argumentation von
Thomas und die seiner Kritiker herausarbeiten sowie die Beurteilung aus der Sicht Boesaks als eines Theologen der Befreiung.
  Der Streit entzündete sich u.a. an den Problemen, ob die Geschichte als Ort der Offenbarung angesehen werden könne, ob
die christliche Botschaft ausschließlich bestimmt würde durch
die Erfordernisse der revolutionären Situation, ob Thomas nicht
unbiblisches Denken vorgeworfen werden müsse, da die Bibel auch
von Versöhnung spreche, kurz: ob es sich nicht um eine unzu-

---

[42]Thomas, Herausforderung 441
[43]vgl. Boesak, Unschuld 99-106

lässige Politisierung des Evangeliums handele.

Grundlegend für Thomas' Argumentation ist, daß für ihn das Bekenntnis 'Christus ist der Herr' die Konsequenz hat, Christus auch in der Geschichte am Werk zu sehen.

Grundlegend für die Argumentation der beiden Kritiker ist, daß sie versuchen, "das Werk Gottes des Schöpfers und Erhalters von den Taten Gottes des Erlösers und Versöhners durch Jesus Christus zu trennen"[44]. Betrachtet man Gott den Schöpfer als Herrn über den gesamten Kosmos und das gesamte Leben, gesteht aber nicht zu, daß Erlösung und Versöhnung durch Jesus Christus auch in der Geschichte wirksam sind und erfahrbar werden, heißt das auf Gott gewendet, die Einheit von Schöpfer und Erlöser aufzubrechen, auf den Menschen gewendet, die Glaubenserfahrung eines Menschen von seinen geschichtlichen Erfahrungen abzuschotten.

Eine Theologie der Befreiung, so Boesak, weigert sich, Gott in verschiedene Aspekte zu zerlegen. Jahwe ist in untrennbarer Ein-Einheit der Schöpfer und Erhalter der Welt, der Befreier aus Ägypten, der Israel zu seinem Volk machte, und der Versöhner in Jesus Christus.

Gottes Handeln in Welt und Geschichte hebt menschliche Verantwortlichkeit nicht auf, so daß mit der Frage nach seinem Wirken immer auch die nach dem Handeln des Menschen gestellt ist. Die Antwort darauf muß im Sinne einer Ethik der Hoffnung und der Befreiung so lauten, daß alles, was der Mensch tun kann, nur im "Kontext des göttlichen Kräftespiels, der Befreiung seines Volkes im Exodusereignis"[45] sinnvoll ist.

Gottes Handeln beschränkt sich nicht nur auf die Kirche. Begriffen werden kann es nur aus dem Zeugnis des Alten und Neuen Testaments, der Ort aber, an dem es sich manifestiert, ist die universale Geschichte.

---

[44] a.a.O. 103

[45] a.a.O. 107

Gerade die leidvollen Erfahrungen der Christen der 3. Welt mit
ihren in Abhängigkeit und Unterdrückung verstrickten Kirchen
haben sie dazu gebracht, Gottes Wirken nicht nur auf die Kirche
beschränkt zu sehen. M. Buthelezi formulierte diese Überzeugung in seinem Referat auf der Vollversammlung des Lutherischen
Weltbundes von 1977 so:

> "Die Bibel weist uns an zahlreichen Stellen darauf hin, daß es Gott nie
> an Instrumenten und Werkzeugen ermangelt, um seine Ziele zu erreichen.
> Wenn es unmöglich wird, die gewöhnlichen Mittel einzusetzen, greift Gott
> auch auf ungewöhnliche zurück. Dem Propheten Jesaja zufolge wählt Gott
> sogar heidnische Könige, um den Lauf historischer Ereignisse nach sei-
> nem Willen zu gestalten. Wo Heilige zu sehr mit anderen Dingen beschäf-
> tigt sind, um Gottes Willen zu tun, wählt er selbst ahnungslose Sünder,
> um seinen historischen Plänen Gestalt zu verleihen."[46]

1.3.3 Leiden, Kreuz und Auferstehung

Bisher offen geblieben ist die Frage nach dem Leiden selbst,
nach dem 'ganz normalen' Leiden schwarzer Menschen in Südafrika
und dem Leiden derer, die um Befreiung kämpfen. Ich möchte in
Erfahrung bringen, wie es von Schwarzen Theologen auf dem Hintergrund des Leidens Jesu Christi reflektiert wird und welche
Konsequenzen diese Reflexion für das Verständnis von Kreuz und
Auferstehung nach sich zieht.
M. Buthelezi beschäftigte sich mit diesen Fragen in einer Meditation anläßlich der Nationalkonferenz des SACC 1974 und in
einem Vortrag vor der South African Christian Leadership As-
sembly (SACLA) 1979.[47] Beide Male standen seine Reflexionen im
Zusammenhang des notwendigen Engagements der Kirchen in der Fra-
ge der Kriegsdienstverweigerung.
Grundlegend für seine theologische Auseinandersetzung mit dem
Phänomen des Leidens wird die Unterscheidung von Leiden durch

---

[46] Buthelezi, In Christus - eine Gemeinschaft im Heiligen Geist, in: ZZ
(1978) H. 4, 127

[47] vgl. M. Buthelezi, Das Wagnis für Christen zu leben, in: WW (1975) H. 2,
16-17; ders., Violence and the Cross in South Africa Today, in: JThSA
(1979) H. 29, 51-55

Unterdrückung und erlösendem Leiden.

Gewöhnliches Leiden ist deshalb unterdrückend, weil es zur bestimmenden Lebensform wird, d.h. Macht über das Leben gewonnen hat.

> "In Südafrika ist die Masse der Leidenden ... schwarz. Ihr Los basiert auf keiner schicksalhaften Grausamkeit der Natur, sondern auf einer ausgeklügelten, diskriminierenden Gesetzgebung. Dieses System züchtet die Ausbeutung der schwarzen Arbeitskraft und eine ungerechte Verteilung von Reichtum, Macht und Lebensqualität."[48]

Solches Leiden ist ein Übel, das es mit aller Kraft zu beseitigen gilt.

Erlösenden Charakter erhält Leiden, das im Kampf um Befreiung auf sich genommen wird. Es bedeutet, Macht über das eigene Selbst zu gewinnen und die eigene Fähigkeit zu erkennen, an der Befreiung mitzuwirken. Ein solches Leiden, das ertragen wird, um anderen zur Freiheit zu verhelfen, kann mit Recht mit dem erlösenden Leiden Jesu Christi identifiziert werden. Es kann bis zur Vernichtung der eigenen Person führen, eröffnet anderen aber neues Leben.

Das Kreuz war die unmittelbare Konfrontation Jesu mit brutaler, mörderischer Gewalt. An diesem Kreuz war nichts Romantisches oder Kosmetisches - "it is a matter of coming face to face with violence"[49]. In der Gewalt des Kreuzes wurde die Liebe Gottes sichtbar, so daß das Kreuz, ursprünglich ein Instrument von Gewalt, Rache und Tod, eine Verwandlung zum 'Vermittler' der göttlichen Liebe und der Gestaltung eines neuen Lebens erfuhr. Nicht die Gewalt als solche bewirkt Erlösung, sondern Gottes ertragende Liebe. Das Kreuz überbietet so selbst die prophetische Rede und setzt Leiden ein als eine Macht über die Worte hinaus. Erlösendes Leben als Macht jenseits von Worten verwirklicht sich im Einsatz des eigenen Lebens für das Wohl anderer.

---

[48] Buthelezi, Wagnis 17

[49] Buthelezi, Violence 52

"If the cross is power beyond words the resurrection hope is power
beyond power. It is the powerful hope that liberation lies beyond
the experience of suffering."[50]

Viele Menschen befinden sich sicherlich zeitlebens näher an
der Erfahrung von Leiden und Tod als an der der Auferstehung.
Dennoch zu hoffen, daß jenseits des Leidens die Befreiung
liegt, vergleicht Buthelezi mit dem beginnenden Heilungspro-
zeß einer tiefen Wunde. Auch diejenigen, die den Erfolg ihrer
Mühen nicht erleben dürfen, weil sie im Kampf um Befreiung ihr
Leben verloren haben, sind in diese Hoffnung mit hineingenom-
men. Sie schauen, in den Worten Buthelezis, das Gelobte Land
wissend, einen Beitrag zur Durchquerung des Roten Meeres ge-
leistet zu haben.
Ein erlösendes Leben setzt voraus ernstzunehmen, daß für Jesus
sein ganzes Leben darin bestand, für die Armen und Unterdrückten einzustehen. Es heißt, der Gewalt des Lebens zu erlauben,
unseren christlichen Frieden zu stören und christliche Gemeinschaft im Teilen schmerzvoller Erfahrungen miteinander zu
verwirklichen.
Im Kreuz Jesu sind, wie Tutu in einer Meditation sagt, all diese schmerzvollen Erfahrungen, aller Haß, alle Machtlosigkeit,
Zerbrochenheit und Verzweiflung eingefangen, um zur Hoffnung
der Auferstehung zu gelangen.

"It could only ever be God's work - to set us free for reconciliation,
for communion with the Almighty and with one another in the reconciling
fellowship of the reconciled, for all of us to become ever more fully
human."[51]

2. Schwarze Theologie - Herausforderung für die Weltökumene

Erkenntnisleitendes Interesse des folgenden Reflexionsschrittes
ist es herauszuarbeiten, wie die ökumenische Bewegung und/oder

---

[50] a.a.O. 53

[51] D. Tutu, God's Work - To Set Us Free, in: ThT 35 (1978) 304

europäische akademische Theologie auf die politische und theologische Herausforderung durch Rassismus in Südafrika und
Schwarze Theologie antworten bzw. antworten könnten. Zu diesem
Zweck möchte ich zum einen den Blick auf die Entstehung und
die Intention des Antirassismusprogramms richten sowie dessen
Beurteilung durch Schwarze Theologen. Selbstverständlich kann
keineswegs erschöpfend auf die Entwicklung des Antirassismusprogramms eingegangen werden, geschweige denn auf seine internationalen Auswirkungen.
Zum andern wird mich beschäftigen, in welchen Punkten europäische akademische Theologie der theologischen Herausforderung
begegnen und von Schwarzer Theologie lernen kann.

2.1 Ökumene im Kampf gegen den Rassismus - das Antirassis-
musprogramm

Im 3. Kapitel, Abschnitt 2.1 ist bereits kurz auf die Vorge-
schichte des Antirassismusprogramms Bezug genommen worden, so
daß ich hier mit der Stellungnahme der Konsultation des Ökumenischen Rates der Kirchen über Rassismus 1969 in Notting
Hill beginnen möchte, auf der das Programm konzipiert, d.h.
die Schwelle von der Erkenntnis des Zusammenhanges von weißem
Rassismus und politischer Vorherrschaft des Westens zum Handeln hin überschritten wurde.[52]
Die Konsultation empfahl dem ÖRK und seinen Mitgliedskirchen,
- wirtschaftliche Beziehungen zu Institutionen, die offen Rassismus praktizieren, abzubrechen;
- jeden erdenklichen Einfluß auf Regierungen auszuüben mit dem
  Ziel, daß diese wirtschaftliche Sanktionen gegen rassistische Länder und Institutionen verhängten;
- Reparationen an ausgebeutete Völker und Länder zu befürwor-
  ten und sich selbst daran zu beteiligen und,
- wenn alle Vorschläge sich als wirkungslos erwiesen, Wider-
  standsbewegungen zu unterstützen, deren Ziel es sei, poli-

---

[52] vgl. World Council 25-27; May, Sprache 273

tische und ökonomische Tyrannei zu beseitigen, die den Nährbo-
den des Rassismus' bilde.

Der Zentralausschuß des ÖRK, der noch im gleichen Jahr in Can-
terbury tagte, gab dem Programm seine Zustimmung.[53] Er betonte
die Notwendigkeit ökumenischer Solidarität und deren offene
Bekundung in konkreter Aktion, um die Zuspitzung des Rassenkonflikts zu verhindern. Reparationen, d.h. Wiedergutmachungen
seien zu wenig, da echte Solidarität sich nicht in Wohltätig-
keit und in Zuwendungen erschöpfe. Versöhnung könne niemals
billig sein, auch nicht für die, die für entstandenes Leid
verantwortlich zu machen sind.

Der Entwurf eines Programms zur Bekämpfung des Rassismus sah
für die folgenden fünf Jahre vor,

- Forschungsgruppen in ausgewählten Gebieten einzusetzen, u.a.
  in Latein- und Nordamerika, Südafrika, Asien und auch Europa, die dort mittels einer sorgfältigen Analyse der Verhältnisse die Grundlagen für die Verwirklichung ökumenischer
  Solidarität schaffen sollten;
- Studientagungen zu Fragen politischer und ökonomischer Machtverteilung abzuhalten, ebensolche zur Bedeutung rassischer
  Identität, zu Antisemitismus und zum Problem rassisch gemischter Ehen;
- Mittel zur Förderung politischer Aktionen zu prüfen, insbesondere in der Frage nach wirtschaftlichen Sanktionen durch
  Regierungen und Kirchen;
- Mitgliedskirchen in ihrem jeweiligen Einsatz gegen den Ras-
  sismus zu unterstützen;
- Informationen zur Rassismusfrage zu sammeln und zu verbrei-
  ten u.v.a.m.

Weiter wurde vorgeschlagen, einen Sonderfonds in Höhe von
200 000 US-Dollar einzurichten. Diese Gelder sollten an Orga-

---

[53] vgl. Anti-Rassismus Programm der Ökumene. Dokumentation einer Auseinandersetzung, Witten u.a. 1971, 25-32, bes. 28-30; World Council 27-31

nisationen unterdrückter Rassengruppen verteilt werden oder an
solche, die sich der Unterstützung von Opfern der Rassendiskriminierung widmen. Als Voraussetzung wurde genannt, daß die Ziel-
setzungen der betreffenden Gruppierungen mit den allgemeinen
Zielen des ÖRK vereinbar sein müßten.[54]
Erste Zuwendungen aus dem Sonderfonds wurden vom Exekutivaus-
schuß des ÖRK am 2. September 1970 in Arnoldshain beschlossen.[55]
Empfängerkreis sollten abweichend von den Beschlüssen in Canter-
bury hauptsächlich Organisationen sein, die den Rassismus be-
kämpfen, weniger Wohlfahrtseinrichtungen, die sich mit der Mil-
derung der Auswirkungen des Rassismus' befassen. Diese erhalten
Unterstützung aus anderen Bereichen des ÖRK. Die zugewendeten
Gelder sollten vornehmlich für Zwecke der Bewußtseinsbildung
und zur Förderung der organisatorischen Stärke der betroffenen
unter Rassismus leidenden Völker verwandt werden. Der Exekutiv-
ausschuß verzichtete aber ausdrücklich auf eine Kontrolle der
tatsächlichen Nutzung der Gelder.
Ein besonderes Gewicht lag auf der Unterstützung von Befreiungsbewegungen im Südlichen Afrika; die übrige Verteilung orientierte sich an dem Kriterium, ob der Befreiungskampf eines
von Genozid oder Ethnozid bedrohten Volkes oder einer Rassen-
gruppe durch die Zuwendungen entscheidend beeinflußt werden
konnte.
200 000 US-Dollar wurden an 19 Organisationen verteilt, von denen neun im Südlichen Afrika im bewaffneten Kampf standen. Der
African National Congress in Südafrika erhielt 10 000 US-Dollar,
die für die Gründung der 'Luthuli Memorial Foundation' bestimmt
waren. Ihre Aufgabe sollte in der Information der Weltöffent-
lichkeit über Alternativen zum Apartheidsystem bestehen, in
Forschungsarbeiten und der Unterstützung von Opfern der Apart-

---

[54] vgl. Anti-Rassismus Programm 32

[55] vgl. a.a.O. 52-59, bes. 53f, 57-59; World Council 31f

heid.

5 000 US-Dollar waren für die SWAPO in Namibia und je 10 000
US-Dollar für die ZANU (Zimbabwe African National Union) und
die ZAPU (Zimbabwe African People's Union) in Zimbabwe vorgesehen. Auf die Befreiungsorganisationen in Angola, Mosambik,
Guinea-Bissao, Südafrika, Namibia und Zimbabwe entfielen ins-
gesamt Zuwendungen in Höhe von 125 000 US-Dollar. Alle Organisationen hatten versichert, die Gelder nur für humanitäre und
bewußtseinsbildende Zwecke zu verwenden.

Dieser Beschluß des Exekutivausschusses des ÖRK erregte in der
bundesdeutschen Presse und kirchlichen Öffentlichkeit, insbesondere in der Evangelischen Kirche in Deutschland (EKD) ein
ungeheures Aufsehen. Über die nun folgende Auseinandersetzung
zwischen der EKD und dem ÖRK kann an dieser Stelle nicht mehr
berichtet werden - es sei nur kurz die Problematik angedeutet.

In seinem Vorwort zu der bereits zitierten Dokumentation
dieser Auseinandersetzung schätzt K.-M. Beckmann den Streit um
den Sonderfonds so ein, daß ein Teil des Antirassismusprogramms
für das Ganze gesetzt wurde und die eher theoretischen Dis-
kussionen über Gewalt und Gewaltlosigkeit in dieser Auseinandersetzung die anderen Aktivitäten des Programms zu ersticken
drohten.[56]

J. May hat in seinem Aufsatz 'Sprache der Einheit - Sprache
der Zwietracht. Der Rassismus als Testfall ökumenischer Kommunikation' mittels einer linguistischen Analyse wichtiger Aussagen des ÖRK und der EKD zum Antirassismusprogramm folgende
Schwierigkeiten der Kommunikation herausgearbeitet.[57]
Auf seiten des ÖRK gibt das wachsende Bewußtsein des Rassis-
musproblems den Anstoß zu bestimmten sozialethischen Entscheidungen; Schwierigkeiten erwachsen aus dem Versuch einer theologischen Begründung des Engagements (vgl. 3. Kapitel: Bibli-

---

[56] vgl. Anti-Rassismus Programm 16

[57] vgl. May, Sprache, hier bes. 280-282

sche Argumente werden auch zur Rechtfertigung der Apartheid angewandt.).

Auf seiten der EKD stimmt man grundsätzlich mit dem ÖRK überein in der Ablehnung des Rassismus', ebenso in der Einsicht in
die Notwendigkeit seiner Bekämpfung.

Dennoch kommt es zu Meinungsverschiedenheiten und Kommunika-
tionsstörungen, als der ÖRK mit der Verteilung von Geldern aus
dem Sonderfonds eine konkrete politisch wirksame Aktion vorge-
nommen hat, nicht allerdings schon zu einem früheren Zeitpunkt,
als der Sonderfonds zur Debatte stand. Nicht die theologische
Begründung also, sondern die praktische Umsetzung antirassi-
stischen Bewußtseins versetzt die EKD in Schwierigkeiten. J.
May zufolge beruht dies auf seiten der EKD auf dem "Fehlen
eines durch Erfahrung und Information gestützten Bewußtseins
der wirklichen Vorgänge in den ehemaligen europäischen Kolonien..."[58]. In der Debatte um Gewalt und Gewaltlosigkeit wird
von ihr nur das Faktum der Gewaltanwendung allein gesehen,
nicht sein jeweiliger Kontext.

ÖRK und EKD konsentieren also auf der grundlegenden Ebene
christlichen Verständnisses von Welt und Mensch; infolge des
Unterschiedes ihrer grundsätzlichen Schwierigkeiten aber erzie-
len sie keine Übereinstimmung bezüglich des Handelns zur Bekämpfung des Rassismus'.

Beckmann wiederum zeigt auf, daß gerade die Verpflichtung des
ÖRK auf konkrete Aktionen und die darauffolgende Auseinandersetzung Anstöße innerhalb der Bevölkerung der BRD gegeben hat,
ein neues Bewußtsein über die Probleme der Dritten Welt auszu-
bilden.[59]

Eine Möglichkeit, im Bereich der Theologie neues Bewußtsein in
der Frage des weltweiten Rassismus' zu schaffen, bietet die
Auseinandersetzung mit Schwarzem Bewußtsein und der theologi-

---

[58] a.a.O. 282

[59] vgl. Anti-Rassismusprogramm 21

- 171 -

sche Dialog mit Schwarzer Theologie.

Zum Schluß sei noch einmal die Beurteilung des Antirassismusprogramms durch Schwarze Theologen angesprochen.

Nach Auffassung A. Boesaks spiegelt sich in der Haltung weißer
und schwarzer Christen zum Antirassismusprogramm die Trennung
der Rassen wider.[60] Innerhalb der rassisch getrennten Kirchen
ist das Programm Anlaß zur Vertiefung der Differenzen zwischen
weißen Mutter- und schwarzen Tochterkirchen geworden - innerhalb der multirassischen Kirchen hat sich der Riß zwischen
schwarzen und weißen Mitgliedern vergrößert.

Die weiße NGK brach 1978 den Kontakt zur Gereformeerde Kerk in
den Niederlanden ab, weil diese ihren Mitgliedern empfohlen hatte, in den Sonderfonds des Antirassismusprogramms einzuzahlen.[61]
Die niederländische Kirche hatte die Empfehlung erst ausgesprochen, als sie sich vergewissert hatte, daß die schwarzen
reformierten Kirchen Südafrikas diesen Schritt begrüßten.
Boesak und D. Tutu beurteilen die Zuwendungen aus dem Sonderfonds als ein symbolisches Zeichen für die Identifikation der
Kirche mit den Unterdrückten, Leidenden und Armen und als eine
Bekundung internationaler Solidarität.[62]

2.2   Ansätze zum Dialog mit Schwarzer Theologie

Bereits zum Ende des 2. Kapitels habe ich vorläufige Überlegungen angestellt, an welchen Stellen sich Ansatzpunkte zu einem
Dialog zwischen 'europäischer' und Schwarzer Theologie ausma-
chen ließen. Im Brennpunkt der Auseinandersetzung könnte - so
daß Ergebnis des 2. Kapitels - das Thema Befreiung stehen. Befreiung in Jesus Christus und historische Befreiung lassen sich
nicht voneinander isolieren, dürfen andererseits aber nicht in-

---

[60] vgl. Im Zweifel 128; Boesak, Achillesferse 594

[61] vgl. DRC breaks Ties, in: Kairos 10 (1978) H. 3, 1

[62] vgl. Im Zweifel 128; Die Zeit 159

eins gesetzt werden. Die Rede Schwarzer Theologen von Gottes
Handeln in der Welt wendet sich zunächst an schwarze Menschen,
schließt aber tendenziell alle Menschen mit ein.
Versöhnung und Befreiung stehen - wie im 4. Kapitel erörtert -
in einer Spannung zueinander, die das eine ohne das andere un-
möglich macht. Versöhnung ohne Befreiung ist keine echte Versöhnung, sondern eine Verschleierung ungerechter Verhältnisse,
Befreiung ohne Versöhnung keine echte Befreiung, da die Chance,
zu wahrer Menschlichkeit zu gelangen, nicht die Dehumanisierung
der Unterdrücker bedeuten kann, sondern auch jene mit ein-
schließt.
Ein theologischer Dialog, in dem diese Aussagen ernst genommen
werden, muß sich mit der Überzeugung auseinandersetzen, daß
Gott alle Menschen vorbehaltlos liebt und annimmt, ohne aber
deshalb von seiner Parteilichkeit für die Armen und Entrechte-
ten abzurücken. Seine Botschaft lautet für die Mächtigen anders
als für die Machtlosen, für die Reichen anders als für die Armen.
Schwarze Theologen liefern für mein Verständnis ein eindrucksvolles Beispiel, wie dieses 'Dilemma' des Gottesbildes theologisch bewältigt werden kann.
In einem solchen Dialog müßten die Kirchen und die Christen in
Südafrika und etwa in der BRD sich fragen, wie sie dieser Überzeugung von Gottes bedingungsloser und parteilicher Liebe in
ihrem kirchlichen Leben Rechnung tragen. Wir, als Christen in
der BRD, könnten von Schwarzer Theologie und Schwarzem Bewußtsein lernen, wie wichtig es ist, sich um die eigene Lebenswirk-
lichkeit und die drängenden sozialen Probleme in unserer Gesellschaft zu kümmern, nicht im Sinne einer kirchlichen Bevormun-
dung autonomer Bereiche der Gesellschaft oder ihrer Bürger,
sondern im Sinne einer 'öffentlichen Praxis des Glaubens'.
Ebenso aber dürfen wir als Mitglieder eines der reichsten
Länder der Welt weder die internationalen Abhängigkeitsverhält-
nisse vergessen noch die Tatsache, daß die Unterstützung, die
Südafrika aus der westlichen Welt, gerade auch aus der BRD, er-
fährt, die Aufrechterhaltung des Apartheidssystems ermöglicht.

- 173 -

Im Dialog könnten Möglichkeiten erörtert werden, mit dieser Verantwortung der Christen der 1. Welt umzugehen - ein Beispiel ist
das Antirassismusprogramm.
Alle diese Anregungen sind sicherlich nicht neu, und ich möchte
keineswegs den Eindruck erwecken, als seien diese Probleme noch
nirgendwo im Dialog besprochen worden. Ziel dieses Abschnittes
war weder, Inhalt und Ablauf schon erfolgter Begegnungen zu re-
ferieren noch Rahmenrichtlinien für künftige auszuarbeiten.
Vielmehr möchte ich als wesentliche Erkenntnis über den ökumenischen Stellenwert Schwarzer Theologie als einer kontextuellen
Theologie festhalten:
Die Bedingung einer authentischen Rechenschaft über die Hoffnung
ist die Einheit von verkündigtem Wort und befreiender Tat -
eine gemeinsame Rechenschaft erwächst aus der Verbindung von
Dialog und praktizierter ökumenischer Solidarität.
Zum Schluß sei noch ein europäisches Zeugnis von der Hoffnung,
die in uns ist, zitiert - der Beschluß 'Unsere Hoffnung' der
Gemeinsamen Synode der Bistümer in der BRD. Aus der Überzeugung
heraus, daß in der Kirche Jesu Christi das neue Gottesvolk in
eucharistischer Gemeinschaft sichtbar wird und werden soll, erkannte die Synode die besondere Verantwortung der Kirche in der
BRD gegenüber den armen Kirchen in der Dritten Welt:

"Die Kosten, die uns dafür abverlangt werden, sind nicht ein nachträg-
liches Almosen, sie sind eigentlich die Unkosten unserer Katholizität,[63]
die Unkosten unseres Volk-Gottes-Seins, der Preis unserer Orthodoxie."

---

[63]Unsere Hoffnung. Ein Bekenntnis zum Glauben in dieser Zeit, in: Gemeinsame Synode der Bistümer in der Bundesrepublik Deutschland. Beschlüsse
der Vollversammlung. Offizielle Gesamtausgabe I, Freiburg u.a. 1976, 110

Verzeichnis der verwendeten Literatur

Zeitungsartikel erscheinen in diesem Verzeichnis nur, wenn sie eine Verfasserangabe tragen.

Accra 1974. Uniting in Hope. Reports and Documents from the Meeting of the Faith and Order Commission 23 July - 5 August, 1974, Genf 1975 (= F/O Paper No. 72)

Albrecht, Gisela, Soweto oder Der Aufstand der Vorstädte. Gespräche mit Südafrikanern, Reinbek 1977

Althusser, Louis, Für Marx, Frankfurt/M 1968

Ansprenger, Franz, Befreiungsbewegungen in der Republik Südafrika, Bonn: KAEF 1978 (= KAEF Arbeitspapier 8/78)

Anti-Rassismusprogramm der Ökumene. Dokumentation einer Auseinandersetzung, zus.gest. u. komm. v. Klaus-Martin Beckmann, Witten u.a. 1971 (= epd-Dokumentation 5)

Appell an die Kirchen der Welt. Dokumente der Weltkonferenz für Kirche und Gesellschaft, hg. v. ÖRK, Stuttgart-Berlin 1967

Bänziger, Andreas, Die Frontlinie verläuft im Arbeitssektor. Die Schwachstelle des Apartheidsstaats: wachsende Abhängigkeit von schwarzen Arbeitskräften, in: TA vom 24.2.1981

Bangalore 1978. Sharing in One Hope. Reports and Documents from the Meeting of the Faith and Order Commission, 15-30 August, 1978, Bangalore, India, Genf 1978 (= F/O Paper No. 92)

Bangalore 1978. Sitzung der Kommission für Glauben und Kirchenverfassung. Berichte, Reden, Dokumente, hg. v. Geiko Müller-Fahrenholz, Frankfurt/M 1979 (= Beiheft zur ÖR 35)

Beckers, Gerhard, Religiöse Faktoren in der Entwicklung der südafrikanischen Rassenfrage. Ein Beitrag zur Rolle des Kalvinismus in kolonialen Situationen, München 1969

Belo, Fernando, Das Markus-Evangelium materialistisch gelesen (Lecture materialiste de l'evangile de Marc; dt.), Stuttgart 1980

Bender, Wolfgang u.a., Wandel durch Sprache. Eine Einführung in die afrikanischen Literaturen, Nachdruck aus dem Börsenblatt Nr. 70 vom 22.8.1980

Bericht aus Nairobi 1975. Offizieller Bericht der fünften Vollversammlung des Ökumenischen Rates der Kirchen 23. November bis 10. Dezember 1975, hg. v. Hanfried Krüger u. Walter Müller Römheld, Frankfurt/M 1976

Bericht aus Uppsala 1968. Bericht über die vierte Vollversammlung des Ökumenischen Rates der Kirchen, Uppsala 4.-20. Juli
1968, hg. v. Walter Müller-Römheld, Genf 1968

Biko, Steve, I write what I like. A selection of his writings,
hg. v. Aelred Stubbs C.R., London u.a. 1979 (= African Writers Series 217)

ders., Schwarzes Bewußtsein und die Suche nach wahrer Humanität,
in: Moore, Basil (Hg.), Schwarze Theologie in Afrika. Dokumente einer Bewegung, Göttingen 1973, 50-63

Bilger, Harald R., Südafrika in Geschichte und Gegenwart, Konstanz 1976

Blatezky, Arturo, Sprache des Glaubens in Lateinamerika. Eine
Studie zu Selbstverständnis und Methode der "Theologie der
Befreiung", Frankfurt/M u.a. 1978 (= Studien zur interkultu-
rellen Geschichte des Christentums 20)

Boesak, Allan A., Civil Religion and the Black Community, in:
JThSA (1977) H. 19, 35-44

ders., Unschuld, die schuldig macht. Eine sozialethische Stu-
die über Schwarze Theologie und Schwarze Macht (Farewell to
Innocence. A Social-Ethical Study on Black Theology and
Black Power; dt.), Hamburg 1977

ders., Die Achillesferse der Weißen. Schwarze Reformierte trot-
zen der Apartheid, in: LM 17 (1978) 595-598

ders., Coming in out of the Wilderness, in: Torres, Sergio/Fa-
bella, Virginia (Hg.), The Emergent Gospel. Theology from
the Underside of History. Papers from the Ecumenical Dia-
logue of Third World Theologians, Dar es Salaam, August
5-12, 1976, New York 1978, 76-95

ders., Liberation Theology in South Africa, in: Appiah-Kubi,
Kofi/Torres, Sergio (Hg.), African Theology en route. Papers
from the Pan-African Conference of Third World Theologians,
December 17-23, 1977, Accra, Ghana, New York 1979, 169-175

ders., The Relationship Between Text and Situation, Reconciliation and Liberation in Black Theology, in: VThW 2 (1979)
H. 1, 30-40

ders., The Black Church and the Struggle in South Africa, in:
ER 32 (1980) 16-24

ders., Ein Fingerzeig Gottes. 12 Südafrikanische Predigten (Die

Vinger van God. Preke oor Geloof en die Politiek; dt.),
Hamburg 1980

ders., Mission to Those in Authority, in: IRM 69 (1980) 71-77

Braun, Annette, Die hungrigen Massen in den Homelands. Dürre und
eine verfehlte Wirtschaftspolitik führen in Südafrika zum
Massensterben, in: FR vom 6.10.1980

dies., Die staubige Straße, die ins Nichts führt. Die Zwangsumsiedlungen der südafrikanischen Regierung stoßen bei Bauern
auf Widerstand, in: KSA vom 8.2.1980

dies., Südafrikas Kirchen nehmen allmählich den Widerstand auf.
Immer mehr Geistliche lehnen eine spirituelle Komplizen-
schaft mit dem System der Apartheid entschieden ab, in: FR
vom 5.7.1980

Braun, Joachim, Tutu und sein verlorenes Privileg. Wie in Südafrika ein unbotmäßiger Bischof gezüchtigt wird, in: DAS
vom 19.4.1981

Broichhausen, Klaus, Das gefährliche Terrain Südafrika. Deutsche
Unternehmen im Kreuzfeuer, in: FAZ vom 19.2.1980

Brückner, Reinhard, Südafrikas schwarze Zukunft.Die Jugendun-
ruhen seit 1976 - ihre Ursachen und Folgen, Frankfurt/M 1977

Bruning, Frederick/Jensen, Holger, South Africa's Military
Buildup, in: Newsweek vom 29.9 1980

Buthelezi, Manas, Eine afrikanische Theologie oder eine Schwarze
Theologie, in: Moore, Basil (Hg.), Schwarze Theologie in
Afrika. Dokumente einer Bewegung, Göttingen 1973, 42-49

ders., Theologische Grundlagen für eine Ethik der Hoffnung, in:
Moore, Basil (Hg.), a.a.O., 168-178

ders., Wahre Humanität in theologischer Sicht, in: Moore, Basil
(Hg.), a.a.O., 111-121

ders., Rettet den weißen Bruder. Ernste Gedanken eines betroffenen schwarzen Christen, in: LM 13 (1974) 81-83

ders., Das Wagnis, für Christus zu leben, in: WW (1975) H. 2,
16-17

ders./Duchrow, Ulrich, Spricht die Bibel auch zu weißen Menschen? in WPKG 64 (1975) 434-442

ders., Ansätze Afrikanischer Theologie im Kontext von Kirche in
Südafrika, in: Tödt, Ilse (Hg.), Theologie im Konfliktfeld
Südafrika. Dialog mit Manas Buthelezi, Stuttgart-München

1976, 33-132

ders., The Christian Presence in Today's South Africa, in:
JThSA (1976) H. 16, 5-8

ders., Towards a Biblical Faith in South African Society, in:
JThSA (1977) H. 19, 55-58

ders., Die Bedeutsamkeit der Schwarzen Theologie, in: Arnoldshainer Protokolle (1978) H. 6: Rassismus in Deutschland,
63-70

ders., In Christus - eine Gemeinschaft im Heiligen Geist, in:
ZZ (1978) H. 4, 121-127

ders., Für eine Theologie der Veränderung. Das Ringen um die Befreiung der christlichen Wahrheit, in: LM 18 (1979) 132-134

ders., Violence and the Cross in South Africa Today, in: JThSA
(1979) H. 29, 51-55

Castillo, Fernando (Hg.), Theologie aus der Praxis des Volkes.
Neuere Studien zum lateinamerikanischen Christentum und zur
Theologie der Befreiung, München-Mainz 1978

Cone, James H., Black Theology and Black Power, New York 1969

ders., Schwarze Theologie im Blick auf Revolution, Gewaltanwendung und Versöhnung, in: EvTh 34 (1974) 4-16

ders., God of the Oppressed, New York 1975

Deissler, Alfons, Die Grundbotschaft des Alten Testaments. Ein
theologischer Durchblick, Freiburg 1972

Dejung, Karl-Heinz, Zum ökumenischen Stellenwert der "Schwarzen
Theologie", in: LR 24 (1974) 415-420

ders./Risse, Heinz Theo (Hg.), Kirchen zwischen Apartheid und
Befreiung. Dokumentation kirchlicher Stellungnahmen aus Süd-
afrika zur Apartheidpolitik August 1974 - Februar 1977,
Bonn: KAEF 1977

Dokumente der südafrikanischen Befreiungsbewegung von 1943-1976,
Bonn: ISSA 1977

Duchrow, Ulrich, Konflikt um die Ökumene. Christusbekenntnis -
in welcher Gestalt der ökumenischen Bewegung? München 1980

Es bleibt uns nicht viel Zeit. Gespräche mit Bischof Dr. Manas
Buthelezi, in: LM 16 (1977) 463-465

Fischer, Jens, Wolken über Südafrika, in: EvKomm 13 (1980) 379

Galtung, Johan, Eine strukturelle Theorie des Imperialismus, in:
Senghaas, Dieter (Hg.), Imperialismus und strukturelle Gewalt. Analysen über abhängige Produktion, Frankfurt/M ³1976,
29-104

Goba, Bonganjalo, Korporative Persönlichkeit: Das alte Israel
und Afrika, in: Moore, Basil (Hg.), Schwarze Theologie in
Afrika. Dokumente einer Bewegung, Göttingen 1973, 82-91

ders., The Task of Black Theological Education in South Africa,
in: JThSA (1978) H. 22, 19-30

ders., An African Christian Theology. Towards a Tentative Metho-
dology from a South African Perspective, in: JThSA (1979) H.
26, 3-12

ders., Doing Theology in South Africa: A Black Perspective. An
Invitation to the Church to be Relevant, in: JThSA (1980)
H. 31, 23-35

Hanf, Theodor, Koexistenz durch Konkordanzdemokratie in Südafrika? Die Machtteilung könnte ein Ausweg aus dem Dilemma
sein, in: FAZ vom 4.3.1981

ders./Weiland, Heribert/Vierdag, Gerda, Südafrika: Friedlicher
Wandel? Möglichkeiten demokratischer Konfliktregelungen -
eine empirische Untersuchung, München-Mainz 1977

Harding, Leonhard/Schulz, Manfred/Vogt, Hermann, Die Südafrikapolitik der UNO und der Kirchen, München-Mainz 1977

Das Heil der Welt heute. Ende oder Beginn der Weltmission? Dokumente der Weltmissionskonferenz Bangkok 1973, hg. v. Phi-
lip A. Potter, Stuttgart-Berlin 1973

Hermle, Reinhard (Hg.), Bericht zum Sozialverhalten von Tochtergesellschaften deutscher Unternehmen in Südafrika, Bonn:
KAEF 1979

Howe, Günter/Tödt, Heinz Eduard, Frieden im wissenschaftlich-
technischen Zeitalter. Ökumenische Theologie und Zivilisation, Stuttgart-Berlin 1966

Huber, Wolfgang, Theologie in der Begegnung. Überlegungen zur
Struktur ökumenischer Theologie, in: Schöpferische Nachfol-
ge. Festschrift für Heinz Eduard Tödt, hg. v. Christopher
Frey u. Wolfgang Huber, Heidelberg 1978, 419-444

Human Relations and the South African Scene in the Light of
Scripture. Official translation of the report Ras, Volk en
Nasie en Volkerverhoudinge in die lig van die skrif approved
and accepted by the General Synod of the Dutch Reformed
Church, October 1974, Cape Town-Pretoria 1976

Im Zweifel Gott mehr gehorchen. Gespräch mit Dr. Allan Boesak, Südafrika, in: LM 19 (1980) 128-130

In Südafrika droht ein Blutbad. Gespräch mit Bischof Desmond Tutu, Johannesburg, in: LM 19 (1980) 405-406

Ivar-Berglund, Axel, New Patterns in Ministry, in: Kairos 10 (1978) H. 9, 2

Karrer, Leo, Der Glaube in Kurzformeln. Zur theologischen und sprachtheoretischen Problematik und zur religionspädagogischen Verwendung der Kurzformeln des Glaubens, Mainz 1978

Kistner, Wolfram/Buthelezi, Manas, Die Verkündigung des Evangeliums und die übrigen Zeichen der Kirche, in: LR 26 (1976) 16-30

Löwen 1971. Studienberichte und Dokumente der Sitzung der Kommission für Glauben und Kirchenverfassung, hg. v. Konrad Raiser, Stuttgart 1971 (= Beiheft zur ÖR 18/19)

May, John, Sprache der Einheit - Sprache der Zwietracht. Der Rassismus als Testfall ökumenischer Kommunikation, in: Lengsfeld, Peter (Hg.), Ökumenische Theologie. Ein Arbeitsbuch, Stuttgart u.a. 1980, 251-284

Mbiti, John S., Afrikanisches Verständnis der Geister im Lichte des Neuen Testaments, in: Theologische Stimmen aus Asien, Afrika und Lateinamerika Bd. II, hg. v. Hans Werner Gensichen u.a., München 1967, 130-147

Militärische und nukleare Zusammenarbeit Bundesrepublik - Südafrika wird fortgesetzt. Dokumentation des African National Congress South Africa, Bonn 1977

Motjuwadi, Stanley, White Lies, in: Royston, Robert (Hg.), Black Poets in South Africa, London u.a. ²1978 (= African Writers Series 164)

Motlhabi, Mokgethi, Schwarze Theologie aus persönlicher Sicht, in: Moore, Basil (Hg.), Schwarze Theologie in Afrika. Dokumente einer Bewegung, Göttingen 1973, 92-98

ders., Schwarze Theologie und Autorität, in: Moore, Basil (Hg.), a.a.O., 137-148

Ntwasa, Sabelo/Moore, Basil, Die Gottesvorstellung in der Schwarzen Theologie, in: Moore, Basil (Hg.), a.a.O., 31-41

Peukert, Helmut, Wissenschaftstheorie - Handlungstheorie - Fundamentale Theologie. Analysen zu Ansatz und Status theologischer Theoriebildung, Düsseldorf 1976

Picht, Georg/Rudolph, Enno (Hg.), Theologie - was ist das?
Stuttgart-Berlin 1977

Pohl, Wolfram, Der Segen des Goldes. Wirtschaftsboom bietet
Chance für Heranbildung der Schwarzen, in: SZ vom 1.3.1980

Protokoll Nr. 374 der Tagung "Schwarze Theologie" vom 19.-20.
November 1974 in der Evangelischen Akademie Rheinland-West-
falen, Mülheim/Ruhr

Racism in Theology and Theology against Racism, Genf 1975

Rendtorff, Trutz, Universalität oder Kontextualität der Theo-
logie - eine "europäische" Stellungnahme, in: Europäische
Theologie - herausgefordert durch die Weltökumene, epd-
Dokumentation 18 (1976) 46-64

Ripken, Peter, Versagen die reichen Kirchen ihren Segen?
Schwerwiegende Konflikte bei der Antirassismus-Debatte des
Weltkirchenrates, in: FR vom 7.7.1980

Runge, Erika, Südafrika - Rassendiktatur zwischen Elend und Widerstand. Protokolle und Dokumente zur Apartheid, Reinbek
1974

Schillebeeckx, Edward, Christus und die Christen. Die Geschichte einer neuen Lebenspraxis, Freiburg 1977

Schumacher, Paul, Apartheid-Eiferer verlangen Aussiedlung.
Nichtweiße Südafrikaner sollen Wohnungen in weißen Gebieten verlieren, in: TA vom 26.2.1981

Schwartz, Rolf Dietrich, Betriebe sollen Ausbildung von Schwarzen vorantreiben. Nur 46 Unternehmen berichten über Tätigkeit in Südafrika, in: FR vom 7.1.1980

ders., Roth bezweifelt Firmenangaben zu Südafrika-Kodex. Parlament soll nachforschen. BDI verteidigt das Verhalten der
Unternehmen, in: FR vom 18.1.1980

Small, Adam, Schwarzsein gegen den Nihilismus, in: Moore, Basil
(Hg.), Schwarze Theologie in Afrika. Dokumente einer Bewegung, Göttingen 1973, 24-29

Taylor, John, The Vermont Connection, in: Newsweek vom 29.9.1980

Theologie für Afrikaner. Gespräch mit Dr. Manas Buthelezi, Natal (Südafrika), in: LM 10 (1972) 534-536

Thomas, Madathilparampil M., Die Herausforderung an die Kirchen
in den jungen afrikanischen und asiatischen Nationen, in:
Neu-Delhi Dokumente. Berichte und Reden auf der Weltkirchenkonferenz in Neu-Delhi 1961, hg. v. Focko Lüpsen, Witten

[2]1962, 437-454

Tödt, Ilse (Hg.), Theologie im Konfliktfeld Südafrika. Dialog
mit Manas Buthelezi, Stuttgart-München 1976

Tutu, Desmond, Church and Nation in the Perspective of Black
Theology, in: JThSA (1976) H. 15, 5-11

ders., Versöhnung ist unteilbar. Interpretationen biblischer
Texte zur Schwarzen Theologie, Wuppertal 1977

ders., God's Work - To Set Us Free, in: ThT 35 (1978) 304

ders., Menschenwürde und der Ruf nach Befreiung im Lichte der
südafrikanischen Situation, in: Sundermeier, Theo (Hg.),
Zwischen Kultur und Politik. Texte zur afrikanischen und
zur Schwarzen Theologie, Hamburg 1978, 83-91

ders., Euer Herr und meiner, in: EMW-Informationen 10 vom 15.
9.1979

ders., The Theology of Liberation in Africa, in: Appiah-Kubi,
Kofi/Torres, Sergio (Hg.), African Theology en route. Papers from the Pan-African Conference of Third World Theologians, December 17-23, 1977, Accra, Ghana, New York
1979, 162-168

Unsere Hoffnung. Ein Bekenntnis zum Glauben in unserer Zeit, in:
Gemeinsame Synode der Bistümer in der Bundesrepublik
Deutschland. Beschlüsse der Vollversammlung. Offizielle Ge-
samtausgabe I, Freiburg u.a. 1976, 84-111

Webb, Peter/Jensen, Holger, South African Black Power, in:
Newsweek vom 9.3.1981

Weimar, Peter/Zenger, Erich, Exodus. Geschichten und Geschichte der Befreiung Israels, Stuttgart 1975

Weiss, Ruth (Hg.), Frauen gegen Apartheid. Zur Geschichte des
politischen Widerstandes von Frauen, Reinbek 1980

Williams, Dennis A./Younghusband, Peter, An Investment in
Blacks, in: Newsweek vom 12.1.1981

Wirtschaftsbeziehungen zu Südafrika. Südafrikanischer Kirchenrat und Evangelische Kirche in Deutschland zur Frage von
Investitionen in Südafrika, Frankfurt/M 1978

World Council of Churches' Statements and Actions on Racism
1948-1979, hg. v. Ans J. van der Bent, Genf 1980

Die Zeit ist knapp geworden. Gespräch mit Desmond Tutu, Dekan
von Johannesburg, in: LM 15 (1976) 158-160

Zenger, Erich, Die Mitte der alttestamentlichen Glaubensge-
schichte, in: KatBl 101 (1976) 3-16

Literaturhinweise (nach Fertigstellung der Arbeit im Mai 1981 erschienene
bzw. mir erst zugänglich gewordene Titel)

AKAFRIK und Zentrale Arbeits- und Studienstelle der DEAE (Hg.), Südafrika-
Handbuch. Südafrika, Namibia, Zimbabwe. Politisches Lexikon Aktion,
Schule und Erwachsenenbildung, Wuppertal 1982 (= Handbücher für die
entwicklungspolitische Aktion und Bildungsarbeit 4)

Boesak, Allan A., Banning Black Theology in South Africa, in: ThT 38
(1981) 182-192

ders., Befreiung und die Kirche in Afrika. Hintergrundpapier für die 4.
AACC-Vollversammlung (gekürzt), in: NSt (1981) H. 11, 8-11

ders., Das Evangelium und die Erziehung zur Befreiung, in: EMW-Informationen 27 vom 3.9.1981

Dwane, Sigqibo, Christology and Liberation, in: JThSA (1981) H. 35, 29-37

Grant, Jacquelyn, Die schwarze Theologie und die schwarze Frau, in: Broo-
ten, Bernadette/Greinacher, Norbert (Hg.), Frauen in der Männerkirche,
München-Mainz 1982, 212-234 (= Gesellschaft und Kirche: Abt. Praxis
der Kirche 40)

Nthamburi, Zablon, African Theology as a Theology of Liberation, in: AfER
22 (1980) 232-239; 2. Teil in: AfER 22 (1980) 281-287 u. 303

Setiloane, Gabriel, Theological Trends in Africa, in: Missionalia 8 (1980)
47-53

Tutu, Desmond, Gott in Südafrika, in: EvKomm 15 (1982) 38-40

ders., Niemals einen Status quo absegnen. Die Kirche muß die Hoffnung der
Menschen wachhalten, in: LM 21 (1982) 29-31

Verstraelen, F.J., Allan Boesak: zwarte theologie en prediking voor armen
en rijken, in: Wereld en Zending 10 (1981) 82-91

Der Weg hindurch. Interview Jim Cochranes (Fakultät für Religiöse Studien
an der Universität Kapstadt) mit Dr. Allan Boesak, Studentenpfarrer
an der Universität der Westlichen Kapprovinz, in: NSt (1981) H. 4,
23-26

4

Abkürzungsverzeichnis

AACC	All-Africa Conference of Churches
AfER	African Ecclesiastical Review
AKAFRIK	Aktionskomitee Afrika, Bielefeld
ANC	African National Congress
ARB	Africa Research Bulletin
BPC	Black People's Convention
BW	Blick durch die Wirtschaft
CI(SA)	Christliches Institut im Südlichen Afrika
DAS	Deutsches Allgemeines Sonntagsblatt
DRC	Dutch Reformed Church
DT	Daily Telegraph
EMW	Evangelisches Missionswerk, Hamburg
ER	Ecumenical Review
FAZ	Frankfurter Allgemeine Zeitung
F/O	Faith and Order Commission
FR	Frankfurter Rundschau
FRELIMO	Fronte de Libertaçao de Mozambique
GA	Generalanzeiger
GfK	Gesellschaft für Kernforschung, Karlsruhe
IHT	International Herald Tribune
IRM	International Review of Mission
ISSA	Informationsstelle Südliches Afrika, Bonn
iz3w	Informationszentrum 3. Welt, Freiburg
JThSA	Journal of Theology for Southern Africa
KAEF	Katholischer Arbeitskreis Entwicklung und Frieden
KSA	Kölner Stadtanzeiger
LM	Lutherische Monatshefte
LR	Lutherische Rundschau
MT	Marches Tropicaux
NGK	Nederduits Gereformeerde Kerk
NSt	Neue Stimme
NUSAS	National Union of South African Students
NZZ	Neue Zürcher Zeitung
ÖRK	Ökumenischer Rat der Kirchen
PAC	Pan Africanist Congress
RSA	Republik Südafrika
SACC	South African Council of Churches
SASO	South African Students' Organization
StuZ	Stuttgarter Zeitung
SW	Star Weekly
SWAPO	South West African People's Organization
SZ	Süddeutsche Zeitung

TA	Tages Anzeiger
ThT	Theology Today
UCM	University Christian Movement
VThW	Voices of the Third World
WPKG	Wissenschaft und Praxis in Kirche und Gesellschaft
WW	Das Wort in der Welt
ZZ	Die Zeichen der Zeit

Anhang

1. Kurz-Lebensläufe der referierten Schwarzen Theologen

Allan Aubrey Boesak wurde 1946 in Südafrika geboren. Er studierte am Theologischen Seminar der Nederduits-Gereformeerde Sendingkerk in Bellville
bei Kapstadt.
Von 1968 an arbeitete er drei Jahre als Pfarrer in einer Gemeinde in Paarl,
Kapprovinz. Danach setzte er seine Studien fort an der Theologischen Akademie ausgehend von der Johannes Calvin-Stiftung zu Kampen und am Union Theological Seminary in New York. 1976 promovierte er zum Dr. theol. in Kampen;
der Titel seiner Dissertation lautet: Farewell to Innocence. A Social-Ethical Study on Black Theology and Black Power.
Danach kehrte Boesak nach Südafrika zurück und arbeitet seither als Studentenpfarrer in der Studentengemeinde der Universität von West-Kapland (= Universität für Coloureds), des Technischen Colleges und der Lehrerbildungs-
stätte in Bellville.

Manas Buthelezi wurde 1935 im jetzigen KwaZulu, Südafrika geboren. Er gehört der Evangelisch-Lutherischen Kirche im Südlichen Afrika an. Er studierte Theologie in Südafrika und in den USA, in Yale und an der Drew University, New York, wo er auch promovierte. Während der Vorbereitungen zu
seiner Dissertation verbrachte er acht Monate an der Universität zu Lund,
Schweden.
Danach arbeitete er zunächst als Dozent am Lutherischen Theologischen College in Umpumulo, Natal, dann als Gemeindepfarrer in Sobantu-Village, einem schwarzen Stadtteil von Pietermaritzburg.
1972 hielt er als Gastprofessor Vorlesungen in englischer Sprache an der
Theologischen Fakultät der Universität Heidelberg; im SS 1972 zum Thema:
Ansätze Afrikanischer Theologie im Kontext von Kirche in Südafrika.
1973 reiste er mit einer Gruppe im Rahmen des Projekts 'Mission auf sechs
Kontinenten' durch die USA. Bis 1975 arbeitete er als Regionaldirektor für
Natal am Christlichen Institut im Südlichen Afrika.
Am 6. Dezember 1973 wurde er von der südafrikanischen Regierung nach dem
Gesetz zur Unterdrückung des Kommunismus von 1950 gebannt. Das bedeutete:
Er durfte nicht mehr lehren, publizieren, zitiert werden und nicht mit
mehr als zwei Personen gleichzeitig reden. Nach massiven Protesten, insbe-
sondere durch die ausländische Öffentlichkeit hob die Regierung den Bann

im Mai 1974 wieder auf.
1975 hatte Buthelezi eine Gastprofessur am Wesley Theological Seminary,
Washington D.C. inne. Ab September desselben Jahres nahm er die Aufgaben
des beigeordneten Generalsekretärs der Föderation Evangelisch-Lutherischer
Kirchen im Südlichen Afrika (FELCSA) wahr.
1976 wurde er Mitbegründer und Vorsitzender der im Zusammenhang mit den Soweto-Unruhen entstandenen Organisation Black Parents' Association.
1977 wurde er wurde er zum Bischof der Zentralsynode der Evangelisch-Lutherischen Kirche im Südlichen Afrika ernannt.
Auf der Vollversammlung des Lutherischen Weltbundes 1977 in Dar es Salaam
spielte er eine gewichtige Rolle in der Vertretung afrikanischer Interessen. Eine Nominierung für das Amt des Präsidenten, die an ihn herangetra-
gen wurde, lehnte er ab.

Desmond M.B. Tutu, geboren 1931 in West-Transvaal, Südafrika, gehört der
anglikanischen Kirche an. Er studierte in Johannesburg und Krugersdorp und
wurde 1960 zum Diakon, 1961 zum Priester geweiht. Bis 1966 hielt er sich an
King's College University in London zu Studienzwecken auf.
Anschließend arbeitete er als Tutor am St. Peter's College of the Federal
Theological Seminary in Alice und als Studentenseelsorger an der Universität von Fort Hare. 1972-1975 war er als Afrika-Direktor des Theological
Education Fund in London tätig.
1975 übernahm er als erster Schwarzer das Amt des Dekans von Johannesburg.
Er lehnte es damals ab, in der Dienstwohnung des Dekans in einem weißen
Viertel zu wohnen, sondern lebte mit seiner Familie in Soweto.
1976, etwa um die Zeit der Soweto-Unruhen, wurde er zum Bischof von Leso-
tho, 1978 zum Generalsekretär des South African Council of Churches ernannt.

Bonganjalo Goba studierte Theologie am Federal Theological Seminary in
Alice, arbeitete dann als Kongregationalistenpfarrer in Kapstadt, setzte
seine Studien fort am Chicago Theological Seminary, USA, wo er 1978 pro-
movierte. Seine Dissertation trägt den Titel: Doing Theology in South
Africa. A Black Perspective. Meines Wissens ist sie bisher nicht veröf-
fentlicht.
Zurückgekehrt nach Südafrika lehrt Goba Theologie am Federal Theological
Seminary in Pietermaritzburg und ist Rektor des dortigen Albert-Luthuli-
Colleges.

2. Übersicht über die wichtigsten Rassengesetze Südafrikas aus: Harald R. Bilger, Südafrika in Geschichte und Gegenwart, Konstanz 1976, 692-701

1909 »South Africa Act« (Südafrika-Gesetz, verabschiedet vom britischen Parlament) schließt alle nichtweißen Einwohner Südafrikas vom Wahlrecht aus.

1911 »Mines and Works Act« (Bergwerks- und Industriegesetz) führte in der praktischen Anwendung dazu, daß »Farbige« in manchen Gebieten keine Zeugnisse als gelernte Arbeiter erhalten können.

1913 »Natives Land Act« (Eingeborenen-Landgesetz) verbietet Schwarzafrikanern den Erwerb von landwirtschaftlichem Besitz außerhalb der durch das Gesetz festgelegten »Eingeborenen-Reservate« (7,3 Prozent der Fläche der Union).

»Immigration Act« (Einwanderungsgesetz) ermächtigt den Innenminister, jedermann aus sozialen oder wirtschaftlichen Gründen von der Einwanderung auszuschließen. Das Gesetz beendet praktisch die indische Einwanderung.

1914 »Riotous Assemblies Act« (Gesetz zur Verhinderung aufrührerischer Versammlungen) ermächtigt die Regierung, öffentliche Versammlungen zu verbieten.

1923 »Natives (Urban Areas) Act« (Gesetz betreffend Eingeborene in städtischen Gebieten) führt die Trennung der Wohngebiete nach Rassen gesetzlich ein.

1924 »Industrial Conciliation Act« (Industrie-Schlichtungsgesetz) schließt durch seine Definition des »Angestellten« die meisten schwarzafrikanischen Männer von der Mitgliedschaft in registrierten Gewerkschaften aus.
»Wage Act« (Lohngesetz) führt die unterschiedliche Behandlung der Arbeiterschaft auch für kleinere Betriebe ein.

1926 »Mines and Works Amendment Act«, Ergänzungsgesetz zu dem Gesetz von 1911

1927 »Immorality Act« (Gesetz betreffend die Unmoral) verbietet den außerehelichen Geschlechtsverkehr zwischen Weißen und Schwarzafrikanern.

1930 »Natives (Urban Areas) Amendment Act«, Ergänzungsgesetz zu dem Gesetz von 1923

1930 »Motor Carrier Transportation Act« (Omnibus Transport Gesetz) ermächtigt die Behörden zu verfügen, daß Fahrzeuge für die Benutzung durch eine bestimmte Bevölkerungsklasse reserviert werden können.

1936 »Representation of Natives Act« (Gesetz zur Vertretung der Eingeborenen) schließt die Schwarzafrikaner von ihrem bisherigen direkten Wahlrecht in der Kapprovinz aus und richtet für sie eine getrennte Wählerliste ein.

1936 »Native Trust and Land Act« (Land- und Treuhandgesetz für Eingeborene) weist den Eingeborenen-Reservaten weitere 6,2 Millionen Hektar Land zu und erweitert damit diese Fläche auf etwa 13 Prozent der Gesamtfläche der Union.

1937 »Native Laws Amendment Act« (Ergänzungsgesetz zu den Eingeborenengesetzen) verbietet Schwarzafrikanern den Erwerb von weißem Grundbesitz in den Städten und legt fest, daß jede »Institution« (Kirche, Schule, Unterhaltungsetablissements, Krankenhaus, Club) für Schwarzafrikaner in weißen Städten von der Regierung genehmigt werden muß.

»Industrial Conciliation Amendment Act«, Ergänzung des Gesetzes von 1924

1942 »War Measure 145« (Kriegsmaßnahme 145) unterwirft Schwarzafrikaner besonders harten Streikbestimmungen (in Kraft bis 1953).

1946 »Asian Land Tenure and Indian Representation Act« (Gesetz über asiatischen Land-
besitz und die Vertretung von Indern) verbietet den Erwerb von weißem Grundbesitz
durch Asiaten in allen hierfür nicht besonders zugelassenen Gebieten. Der Abschnitt,
der die politische Vertretung der Inder regelte, wurde 1948 widerrufen.

1949 »Prohibition of Mixed Marriages Act« (Gesetz zur Verhinderung gemischter Ehen)
verbietet Eheschließungen zwischen Weißen und Nichtweißen.

1950 »Immorality Amendment Act« erweitert die Bestimmungen des Gesetzes von 1927
auf den Verkehr zwischen Weißen und allen Nichtweißen.

»Population Registration Act« (Gesetz zur Registrierung der Bevölkerung) legt die
Definition für die verschiedenen in der Bevölkerung vertretenen Rassengruppen fest
und führt die Registrierungspflicht ein.

»Group Areas Act« (Gesetz über die Gebietseinteilung für Bevölkerungsgruppen)
führt endgültig die Aufteilung der Wohngebiete usw. ein. Anonyme Gesellschaften
werden entsprechend der Rasse der Gesellschafter rassisch klassifiziert.

»Suppression of Communism Act« (Gesetz zur Unterdrückung des Kommunismus)
verbietet die kommunistische Partei und enthält eine sehr weitgehende Beschreibung
dessen, was als »kommunistisch« anzusehen ist. Das Gesetz gibt der Regierung
bestimmte nicht von Gerichten kontrollierbare Vollmachten.

1951 »Bantu Authorities Act« (Gesetz über Bantu-Behörden) löst den 1936 geschaffenen
»Natives Representative Council« wieder auf und führt stammesmäßige und regio-
nale »Bantu-Behörden« ein, an die bestimmte exekutive und administrative Funktio-
nen übertragen werden.
»Prevention of Illegal Squatting Act« (Gesetz zur Verhinderung unerlaubter Ansied-
lung) erschwert den Zuzug in städtische Gebiete und gibt den Behörden das Recht zur
Ausweisung beziehungsweise Umsiedlung.
»Separate Representation of Voters Act« (Gesetz zur Getrennten Vertretung der
Wähler) verfügt die Streichung der coloured und asiatischen Wähler von der allgemeinen Wählerliste und die Einrichtung eines »Coloured« und eines »Indian Council«.
Das Gesetz bekam zunächst nicht die erforderliche Mehrheit, wurde aber im Jahre
1956 durchgesetzt.

1952 »Natives (Abolition of Passes and Coordination of Documents) Act« (Eingeborenen-
gesetz zur Aufhebung des Paßzwanges und Koordinierung der Personalausweise): Es
werden statt der Pässe »Referenzbücher« eingeführt und ihr ständiges Mitführen auch
für Frauen und bisher von dieser Verpflichtung befreite Männer verbindlich gemacht.

»Native Laws Amendment Act« (Ergänzungsgesetz zu den Eingeborenengesetzen)
erweitert das System der Zuzugskontrolle in städtischen Gebieten und dehnt es auch
auf Frauen aus.

1953 »Native Labour (Settlement of Disputes) Act« (Gesetz zur Beilegung von Streit mit
eingeborenen Arbeitskräften) schließt in Erweiterung der Bestimmungen der
»Industrial Conciliation Acts« von 1924 und 1937 alle Schwarzafrikaner von der
Mitgliedschaft in registrierten Gewerkschaften aus. Hinsichtlich des Streikverbotes tritt
es an die Stelle der »War Measure 145« von 1942.

»Bantu Education Act« (Bantu Erziehungsgesetz) überträgt die Schulerziehung dem
Ministerium für Eingeborenenangelegenheiten. Der Staatsbeitrag zu den Schulkosten
wird fixiert. Darüber hinausgehende Kosten sind von der schwarzafrikanischen Bevölkerungsgruppe aufzubringen. Die Zuschüsse zu Missionsschulen werden eingestellt.

»Reservation of Separate Amenities Act« (Gesetz zur Reservierung von besonderen
Annehmlichkeiten) wurde wesentlich für die sogenannte »kleine Apartheid«, da es
den bis dahin geltenden Grundsatz aufhebt, daß Einrichtungen, die den verschiedenen
Rassen getrennt zugänglich sind, trotzdem in der Substanz gleich sein müssen.

»Criminal Law Amendment Act« (Ergänzungsgesetz zur Verbrechensgesetzgebung)
erhöht die Strafen für Proteste oder Protestkampagnen gegen die bestehende Gesetzgebung. Auch die Verleitung zu solchen Protesten wird strafbar (Geldstrafe oder Aus-
peitschung = 10 Schläge oder Gefängnis).

1954 »Riotous Assemblies and Suppression of Communism Amendment Act« (Ergänzungsgesetz zu den Gesetzen zur Unterdrückung aufrührerischer Versammlungen und des
Kommunismus) verschärft die bestehenden Bestimmungen und erweitert die Rechte der
Regierung insbesondere zur Beschränkung der Bewegungsfreiheit von Einzelpersonen
ohne Gerichtsverfahren und Berufungsmöglichkeiten.

»Native Trust and Land Amendment Act« erweitert das entsprechende Gesetz von
1936 dahingehend, daß die Möglichkeiten für »labour tenants« (Pächter mit der Verpflichtung zu bestimmten Arbeitsleistungen) auf weißen Farmen weiter eingeschränkt
werden. Auch die Regelungen für die übrigen auf weißen Farmen lebenden Schwarzafrikaner werden verschärft.

1955 »Criminal Procedure and Evidence Amendment Act« (Strafverfahrens- und Beweis-
aufnahme-Ergänzungsgesetz) erweitert die Vollmachten der Polizei erheblich und
ermöglicht ihr auch ein Vorgehen ohne Durchsuchungsbefehl.

»Motor Carrier Transportation Amendment Act« erweitert das Gesetz von 1930.

1956 »Natives (Urban Areas) Amendment Act« (Ergänzungsgesetz zum Eingeborenen-
gesetz für die städtischen Gebiete) erweitert die gegen Schwarzafrikaner anwendbaren
Ausweisungsbefugnisse städtischer Behörden.

»Natives (Prohibition of Interdicts) Act« (Gesetz zur Verhinderung von gerichtlichen
Verboten bei Eingeborenen) ermächtigt die Regierung durch öffentliche Bekannt-
machung zu verfügen, daß kein Gericht eine Aufhebung oder vorläufige Aussetzung
einer angeordneten Entfernung von Schwarzafrikanern aus bestimmten Gebieten verfügen darf.

»Industrial Conciliation Act« (Industrie-Schlichtungsgesetz) verbietet die Registrierung von weiß und nichtweiß gemischten Gewerkschaften. Fernerhin wird die »Job
Reservation«, die Arbeitsplatzreservierung für bestimmte rassische Bevölkerungsgruppen, eingeführt.

»Native Administration Amendment Act« (Ergänzungsgesetz zur Eingeborenen-
verwaltung) verfügt, daß eine Aufenthaltsverfügung für Schwarzafrikaner von diesen
zu befolgen ist, auch wenn sie in der Sache nicht gehört worden sind.

1957 »Group Areas Amendment Act« erweitert die Bestimmungen des Gesetzes von 1950.

»Nursing Act« (Krankenpflegegesetz) legt fest, daß der »Nursing Council«
(Krankenpflegerat), der die Ausbildung und Registrierung von Krankenpflegepersonal
überwacht, nur aus Weißen bestehen darf.

»Natives Laws Amendment Act« (Ergänzungsgesetz zur Eingeborenengesetzgebung)
legt fest, daß die Regierung nach Anhörung der entsprechenden Verwaltungsbehörden
verfügen kann, daß Schwarzafrikaner in weißen Stadtteilen keinen Gottesdienst
besuchen und auch keine Schulen, Krankenhäuser, Clubs usw. unterhalten können.

»State-Aided Institutions Amendment Act« (Ergänzungsgesetz zum Gesetz über
staatlich unterstützte Institutionen) gibt diesen Institutionen (Galerien, Museen, Zoos,
öffentlichen Parks, Bibliotheken usw.) das Recht, unterschiedliche Öffnungszeiten für
bestimmte rassische Gruppen festzulegen.

»Native Laws Amendment Act« (Ergänzungsgesetz zur Eingeborenengesetzgebung)
legt fest, daß die Regierung Versammlungen in weißen Städten, an denen Schwarzafrikaner teilnehmen sollen, verbieten kann.

1958 »Natives Taxation and Development Act« (Gesetz zur Besteuerung und Entwicklung
der Eingeborenen) erhöht und erweitert die Besteuerung von Schwarzafrikanern durch
eine (von der Einkommenssteuer absetzbare) Sondersteuer. Diese Steuer belastet die
untersten Einkommensgruppen der Schwarzafrikaner mehr als die unteren Einkommensgruppen der anderen Bevölkerungsgruppen.

Die Regierungsverfügung R 52 von 1958 ermächtigt die Regierung, die Ein- und Aus-
reise in bestimmte schwarzafrikanische Gebiete einer Sonderkontrolle zu unterwerfen.

»Criminal Procedure Amendment Act« verschärft einige Bestimmungen der vorausgehenden entsprechenden Gesetzgebung.

1959 »Promotion of Bantu Self-Government Act« (Gesetz zur Förderung der Bantu-Selbstregierung) beendet die Vertretung der Schwarzafrikaner im Parlament und anerkennt acht schwarzafrikanische »Nationale Einheiten«: Nordsotho, Südsotho, Tswana, Zulu, Swasi, Xhosa, Tsonga, Venda.

Der in dem »Separate Representation of Voters Act« von 1951 vorgesehene »Union Council for Coloured Affairs« (Rat der Südafrikanischen Union für Coloured-Angelegenheiten) wird provisorisch eingerichtet.

Durch Regierungsbekanntmachung wird eine Reihe von Bestimmungen verschärft, die insbesondere den Aufenthalt von Frauen in den schwarzafrikanischen Wohnstädten im weißen Gebiet betreffen.

»Extension of University Education Act« (Gesetz zur Erweiterung der Universitätsbildung) bildet die Grundlage für die Schaffung rassisch getrennter Universitäten.

1960 »Unlawful Organizations Act« (Gesetz gegen Gesetzwidrige Organisationen) gibt der Regierung Vollmacht, Organisationen, die die öffentliche Sicherheit oder die Aufrechterhaltung der öffentlichen Ordnung gefährden oder gefährdet können, zu »Gesetzwidrigen Organisationen« zu erklären und sie zu verbieten. Das Gesetz richtet sich zunächst speziell gegen den African National Congress (ANC) und den Pan-African Congress (PAC).

1961 »Urban Bantu Councils Act« (Gesetz über Bantu-Stadträte) legt den Grund zur Einrichtung solcher »Stadträte«. In entscheidenden Fragen, wie beispielsweise in allen finanziellen Dingen, haben die Stadträte nur »beratende« Befugnisse.

»Defence Amendment Act« (Ergänzungsgesetz zum Verteidigungsgesetz) überträgt der Regierung eine Reihe von Vollmachten, die bisher nur im Kampf gegen einen äußeren Feind in Anspruch genommen werden konnten, auch für den Fall, daß Operationen zur Verhinderung oder Unterdrückung innerer Unruhen erforderlich werden.

»Police Amendment Act« schafft eine Reserve-Polizei (Bürgerwehr), die bei anderweitiger Beanspruchung der Polizei eingezogen werden kann.

»General Law Amendment Act« (Ergänzungsgesetz zur allgemeinen Gesetzgebung) ermächtigt die Regierung zu Inhaftierungen bis zu zwölf Tagen und verschärft die Bestimmungen, die öffentliche Versammlungen betreffen.

»Indemnity Act« (Straflosigkeitsgesetz) verfügt nachträglich Straffreiheit für die Verantwortlichen für die zahlreichen Inhaftierungen, die 1960 in der Bekämpfung der vielen Aktivitäten von ANC, PAC und der sonstigen Unruhen erfolgt waren.

1962 »Group Areas Amendment Act« (Ergänzungsgesetz zum Gesetz über die Gebietseinteilung für Bevölkerungsgruppen) legt den Grund für die Schaffung von beratenden Ausschüssen in den coloured und indischen »Group Areas«.

Durch Regierungsdruck wird die Rassentrennung in wirtschaftlichen Organisationen und im Sport eingeführt (Horrell, »Legislation«, S. 79f.)

»General Law Amendment Act« (Ergänzungsgesetz zur allgemeinen Gesetzgebung) regelt die Bestrafung von »Sabotage«, erweitert die Rechte der Regierung in der Notstandsgesetzgebung, verschärft die Bestimmungen gegen »Gesetzwidrige Organisationen«, gibt der Regierung neue Vollmachten für »Bannungen« usw.
»General Law Further Amendment Act« (weiteres Ergänzungsgesetz zur Allgemeinen Gesetzgebung) stellt das unerlaubte Anbringen von Plakaten usw. unter Gefängnisstrafe.

»Coloured Development Corporation Act« (Gesetz über die Entwicklungsgesellschaft für Coloureds). Hierdurch wird eine wirtschaftliche Entwicklungsgesellschaft für Coloureds gegründet.

1963 »General Law Amendment Act« (Ergänzungsgesetz zur Allgemeinen Gesetzgebung)
verschärft die Bestimmungen gegen gesetzwidrige Organisationen. Es gibt ferner der
Regierung die Möglichkeit, politische Gefangene nach Verbüßung der gerichtlichen
Strafe weiter in Haft zu behalten. (Bestimmung wurde von Jahr zu Jahr verlängert.)
Das Gesetz führt weiterhin die Möglichkeit ein, Inhaftierungen bis zu 90 Tagen ohne
Haftbefehl vorzunehmen. Wiederholungen dieser Inhaftierungen sind möglich, auch
sofort im Anschluß an die vorausgegangene Inhaftierung.

»Defence Amendment Act« (Ergänzungsgesetz zum Verteidigungsgesetz) erweitert
die Vollmachten der Regierung, Truppen zur Verstärkung der Polizeikräfte einzusetzen.

»Transkei Constitution Act« (Gesetz über die Verfassung der Transkei) schafft die
Transkei als erstes der geplanten Homelands.

»Bantu Laws Amendment Act« (Ergänzungsgesetz zur Bantugesetzgebung) legt fest,
daß die Bantustadträte (Urban Bantu Councils Act) ihre Befugnisse »im Auftrage«
der weißen städtischen Behörden auszuüben haben. Das Gesetz verschärft ferner die
Kontrolle der in den schwarzafrikanischen Wohnstädten im weißen Gebiet lebenden
Schwarzafrikaner.

»Coloured Development Corporation Amendment Act« bringt einige Ergänzungs-
bestimmungen zu dem Gesetz von 1962.

»Rural Coloured Areas Act« (Gesetz über ländliche Coloured-Gebiete) faßt die bisherige Gesetzgebung über Gebiete zusammen, die in Colouredbesitz waren (1 669 000
Hektar).

1964 »Bantu Laws Amendment Act« (Ergänzungsgesetz zur Bantugesetzgebung) bringt
eine Unzahl verschärfender Bestimmungen für das Wohnen in den schwarzafrikanischen Städten im weißen Gebiet, ebenso auch für die Beschäftigung von Schwarzafrikanern auf weißen Farmen.

»General Law Amendment Act« (Ergänzungsgesetz zur Allgemeinen Gesetzgebung)
verschärft eine Reihe von Bestimmungen über Zeugenaussagen vor Gericht, über die
Strafverfolgung nach dem Gesetz zur Unterdrückung des Kommunismus und nach den
Verfügungen gegen gesetzwidrige Organisationen. Ferner wird festgelegt, daß Personen, die auf Grund der Bestimmungen des entsprechenden Gesetzes von 1963 sich für
90 Tage in Haft befinden, keine Kopie ihrer Aussagen zugänglich gemacht werden soll.

1965 »Criminal Procedure Amendment Act« (Strafverfahrensergänzungsgesetz) enthält
Bestimmungen über eine Schutzhaft von 180 Tagen, die von der Regierung verfügt
werden kann, wenn die Gefahr der Verschleierung von Tatbeständen, der Nötigung
usw. besteht. Die Inhaftierung kann im Interesse des Betroffenen oder der Justizver-
waltung erfolgen.

»Suppression of Communism Amendment Act« (Ergänzungsgesetz zum Gesetz zur
Unterdrückung des Kommunismus) gibt der Regierung das Recht, Zeitungen zu »ban-
nen«, und legt fest, daß Artikel von »gebannten« Personen nicht veröffentlicht werden dürfen.

1966 »Civil Defence Act« (Zivilverteidigungsgesetz) bringt eine neue Organisation für die
Zivilverteidigung. Eine Reihe von einschneidenden Bestimmungen (Auskunftspflicht,
Anweisungen an alle zivilen Stellen, Abgabe beziehungsweise Freigabe von Land,
Gebäuden, Durchsuchungen) werden hierdurch mit der Erklärung des Notstandes
durch die Regierung in Kraft gesetzt. Jedermann im Alter zwischen 17 und 65 kann zu
Dienstleistungen herangezogen werden.

»General Law Amendment Act« (Ergänzungsgesetz zur Allgemeinen Gesetzgebung)
verfügt die rückwirkende Ausdehnung der Bestimmungen des Gesetzes zur Unterdrückung des Kommunismus auf Südwestafrika. – Jeder höhere Polizeioffizier erhält
die Berechtigung zur Festnahme von Personen, von denen er annimmt, daß sie
»Terroristen« seien. Personen, die verdächtigt werden, im Ausland an Sabotage- und
Terroristenausbildung teilgenommen zu haben, haben nachzuweisen, daß der Verdacht

unberechtigt ist.

1967 »Suppression of Communism Amendment Act« (Ergänzungsgesetz zum Gesetz zur Unterdrückung des Kommunismus) verbietet Personen, die im Sinne des Gesetzes straffällig geworden sind, weiterhin eine Praxis als Rechtsanwalt, Notar und ähnliches auszuüben; sie dürfen auch nicht mehr in bestimmten Organisationen tätig werden.

»Terrorism Act« (Gesetz gegen den Terrorismus) gilt rückwirkend ab 1962 und auch für Südwestafrika. Was »Terrorismus« ist, wird sehr weit gefaßt. Das mögliche Strafmaß erstreckt sich bis zur Todesstrafe. Das Gesetz richtet sich im wesentlichen gegen im Ausland ausgebildete Untergrundkämpfer und jeden, der sie unterstützt. Jeder höhere Polizeioffizier kann aufgrund des Gesetzes Verhaftungen ohne gerichtlichen Haftbefehl anordnen. Die Haftdauer ist nicht befristet.

Durch eine ministerielle Verfügung wird angeordnet, daß in der Kapprovinz westlich der Linie Aliwal North-Kat/Fish-Fluß nach den Weißen bevorzugt Coloureds beschäftigt werden müssen, östlich dieser Linie jedoch Schwarzafrikaner.

Ein anderer ministerieller Erlaß verfügt, daß Frauen keine Familienwohnungen in den schwarzafrikanischen Wohnstädten im weißen Gebiet zugeteilt werden dürfen. Witwen müssen mit ihrer Familie in ihr Heimatland zurückkehren, wenn sie keine persönliche Aufenthaltserlaubnis (wegen eigener Tätigkeit) besitzen.

»Physical Planning and Utilization of Resources Act« (Gesetz zur Planung des industriellen Bestandes und der Nutzung der Bodenschätze) ermächtigt die Regierung, den Neubau und die Erweiterung von industriellen Unternehmen in von ihr festgelegten Gebieten zu kontrollieren. Das Gesetz sollte die Dezentralisierung der Industrie und die »Grenzindustrien« begünstigen.

»Mining Rights Act« (Bergrechtsgesetz) erweitert die Schürfrechte für Coloureds auf alles Land, das sich in ihrem Besitz befindet.

»Training Centres for Coloured Cadets Act« (Gesetz über Übungslager für Coloureds) führt eine Arbeitsdienstpflicht für Coloured-Männer im Alter von 18 bis 24 Jahren ein.

1968 »Prohibition of Political Interference Act« (Gesetz zur Verhinderung politischer Einmischung) verbietet die Zugehörigkeit zu Parteien mit rassisch gemischter Mitgliedschaft sowie die Entgegennahme von Geldspenden aus dem Ausland zur Förderung der Interessen einer politischen Partei.
»Separate Representation of Voters Amendment Act« (Ergänzungsgesetz zum Gesetz über die getrennte Vertretung der Wähler) beendet die weiße Vertretung der Coloureds in den weißen Parlamenten.

»Coloured Persons' Representative Council Act« (Gesetz über den Rat zur Vertretung der Coloureds) und »South African Indian Council Act« (Gesetz über den Indischen Rat von Südafrika) führen je ein »Parlament« für Coloureds und Inder ein, die jedoch nur Empfehlungen aussprechen können.

»Development of Self-Government for Native Nations of South West Africa Act« (Gesetz zur Entwicklung der Selbstregierung der Eingeborenenvölker von Südwestafrika) bereitet die Einführung der Homelandgesetzgebung in Südwestafrika vor.

Durch Regierungserlaß R 74 wird die Einrichtung von Arbeitsvermittlungsbüros in den schwarzafrikanischen »Homelands« angeordnet. Diese haben alle Arbeitsverträge mit einjähriger Dauer abzuschließen. Die Arbeitsverträge können verlängert werden; das erfordert jedoch die vorherige Rückkehr des Arbeiters.

Eine ministerielle Verfügung ordnet an, daß Schwarzafrikaner in den Wohnstädten im weißen Gebiet keine eigenen Häuser mehr in Erbpacht bauen dürfen. Es soll nur noch Mietwohnungen geben.

Durch Regierungsverfügung R 1036 wird angeordnet, daß Familienwohnungen nur noch Männern zugeteilt werden dürfen.

»Promotion of Economic Development of Homelands Act« (Gesetz zur wirtschaftlichen Entwicklung der Homelands) ermächtigt die Regierung, Gesellschaften zu gründen, die sich mit der Entwicklung der Homelands in finanzieller, wirtschaftlicher, handelspolitischer und ähnlicher Hinsicht zu befassen haben.

»Dangerous weapons Act« (Gesetz gegen das Waffentragen) ermächtigt die Regierung, das Mitführen aller Gegenstände zu verbieten, die sie als Waffen ansieht.
Der Regierungserlaß R 268 verbietet in Bantugebieten die Durchführung von Veranstaltungen, bei denen mehr als zehn Schwarzafrikaner anwesend sind (Ausnahmen: religiöse, sportliche und gesellschaftliche Veranstaltungen).

1969 »Public Service Amendment Act« (Ergänzungsgesetz zur Gesetzgebung über den öffentlichen Dienst) schafft ein direkt dem Ministerpräsidenten unterstelltes Staatssicherheitsbüro. Seine Finanzierung wird durch den »Security Service Special Account Act« (Sonderrechnungsgesetz für den Sicherheitsdienst) sichergestellt.

»General Law Amendment Act« (Ergänzungsgesetz zur Allgemeinen Gesetzgebung) ordnet an, daß niemand zu einer Aussage vor Gericht gezwungen werden kann, wenn er eine Bestätigung der Regierung darüber vorlegt, daß seine Aussage aus Gründen der Staatssicherheit verweigert werden muß.

»Electoral Laws Amendment Act« (Ergänzungsgesetz zu den Wahlgesetzen) entzieht allen Personen, die aufgrund des Gesetzes zur Unterdrückung des Kommunismus oder des Gesetzes gegen den Terrorismus bestraft worden sind, jedes politische Wahlrecht auf Lebenszeit.

Eine ministerielle Verfügung ordnete an, daß schwarzafrikanischen Männern und Frauen nur dann Räume zur Berufsausübung in den schwarzafrikanischen Wohnstädten im weißen Gebiet zugeteilt werden dürfen, wenn sie dort ständige Wohnrechte haben.

Die fünf nichtweißen Universitäten, Fort Hare, Universität des Nordens, Universität des Zululandes (Universitäten für verschiedene schwarzafrikanische Bevölkerungsgruppen), Universität der westlichen Kapprovinz (Coloureds) und Universität Durban-Westville (Inder) erhalten durch jeweils besonderes Gesetz den vollen Universitätsstatus zuerkannt.

1970 »Bantu Laws Amendment Act« (Ergänzungsgesetz zur Bantugesetzgebung) verfügt unter anderem, daß Schwarzafrikaner, die sich unerlaubt in schwarzafrikanischen Städten im weißen Gebiet aufhalten, in Arbeitskolonnen, Besserungsanstalten oder sonstige Institutionen eingewiesen werden können. Weiterhin enthält das Gesetz Bestimmungen darüber, daß die Regierung die Räumung usw. von schwarzafrikanischen Städten im weißen Gebiet, von Übernachtungsheimen und ähnlichem ohne vorherige öffentliche Anhörung verfügen kann.

1971 »Bantu Homelands Constitution Act« (Gesetz über die Verfassung der Bantu Homelands) bereitet die Verselbständigung der Homelands vor.

»Publications and Entertainments Act« (Gesetz über Veröffentlichungen und Aufführungen) macht auch die Zensur für Filme erforderlich, die privat aufgeführt werden sollen. Ferner erhalten die Mitglieder der Kontrollbehörde das Recht, sich überall dort Zutritt zu verschaffen, wo sie vermuten, daß unerwünschte Aufführungen stattfinden.

»Bantu Affairs Administration Act« (Gesetz über die Verwaltung der Bantuangelegenheiten) schafft bei dem Minister für Bantuverwaltung und -entwicklung eine zentrale Behörde für alle von Schwarzafrikanern außerhalb der Homelands bewohnten Gebiete. Dadurch erhält die Regierung direkte Eingriffsrechte in alle Wohngebiete.

»General Law Amendment Act« (Ergänzungsgesetz zur allgemeinen Gesetzgebung) erweitert die Möglichkeiten der Regierung, Zeugenaussagen vor Gericht im Interesse der Staatssicherheit zu verhindern.

»Suppression of Communism Amendment Act« (Ergänzungsgesetz zum Gesetz zur Unterdrückung des Kommunismus) erweitert das Verbot der Zugehörigkeit zu Organisationen dahingehend, daß ehemaligen Mitgliedern verbotener Organisationen die Mitgliedschaft auch in anderen Organisationen verboten wird.

- 193 -

1973 »Gatherings and Demonstrations Act« (Versammlungs- und Demonstrationsgesetz) verbietet alle Versammlungen und Demonstrationen in Kapstadt (Sitz des Parlamentes) unter freiem Himmel.
In einigen Gebieten wird die Schulpflicht für Coloured-Kinder eingeführt.

1974 »Affected Organizations Act« (Gesetz über befallene Organisationen) schafft die Rechtsgrundlage dafür, daß bestimmten Organisationen, die als politisch unzuverlässig gelten, die Entgegennahme von Unterstützungsgeldern aus dem Ausland untersagt werden kann.
»Defence Further Amendment Act« (Weiteres Verteidigungsgesetz) macht die Verleitung zur Wehrdienstverweigerung strafbar.

»Riotous Assemblies Amendment Act« (Ergänzungsgesetz zu dem Gesetz zur Verhinderung aufrührerischer Versammlungen) ermächtigt die Ortsbehörden, jede Zusammenkunft von mehreren Personen, wo auch immer, zu verbieten.

»Publications Act« (Veröffentlichungsgesetz) verschärft die Zensurbestimmungen für Publikationen, Filme und Aufführungen

Okoro, John
ÜBER DIE EINSTELLUNG ZUM TOD
Bern, Frankfurt/M., Las Vegas, 1981. 224 S.
Europäische Hochschulschriften: Reihe 23, Theologie. Bd. 158
ISBN 3-261-04879-4   br. sFr. 40.50

Heutzutage ist das Problem des Todes einer der wichtigsten Bereiche der wissenschaftlichen Forschung geworden. Ziel solcher Forschung ist hauptsächlich Menschen zu helfen mit dem Tod fertig
zu werden und darüber hinaus ein besseres Verständnis über diese Tatsache zu bekommen. Bei
diesem Buch handelt es sich um die Einstellung zum Tod zwischen zwei Generationen, Eltern und
ihren Kindern.
Aus dem Inhalt: Die Einstellung zum Tod bedeutet also das Sich-Befassen, das Sich-Verstehen,
das Betroffen-Sein, das Sich-Konfrontieren mit dem eigenen Tod als solchem und mit dem Tod
anderer Menschen.

Zengel, Jörg
ERFAHRUNG UND *ERLEBNIS*
Studien zur Genese der Theologie Karl Barths

Frankfurt/M., Bern, 1981. IV, 218 S.
Europäische Hochschulschriften: Reihe 23, Theologie. Bd. 163
ISBN 3-8204-5930-8   br. sFr. 51.–

Die beiden Begriffe dienen als Leitfaden einer Analyse, die das Zentrum des Barthschen Den-
kens von den ersten Veröffentlichungen im Jahre 1909 bis zur 2. Auflage des «Römerbriefes»
auf einem anderen Wege als die bisherigen Darstellungen zu erfassen sucht. Ein besonderer
Akzent wird dabei auf das Verhältnis zur Theologie W. Herrmanns gelegt.
Aus dem Inhalt: U.a. Die Legende vom «unbekannten Pfarrer aus Safenwil» – Barths «Bruch
mit der liberalen Theologie»: Gab es einen «dies ater»? – Unmittelbarkeit und Skepsis.

Verlag Peter Lang · Bern und Frankfurt am Main
Auslieferung: Verlag Peter Lang AG, Jupiterstr. 15, CH-3000 Bern 15
Telefon (0041/31) 32 11 22, Telex verl ch 32 420

Guist, Roswita

DIE RELIGIONSPÄDAGOGISCHE VERTRETBARKEIT DER BIBLISCHEN VATERFIGUR
Zum Problem der Gottesdarstellung

Frankfurt/M., Bern, 1981. 120 S.
Europäische Hochschulschriften: Reihe 23, Theologie. Bd. 152
ISBN 3-8204-5856-5   br. sFr. 31.–

Sind wir als Eltern oder Gemeindeglieder, als Pfarrer, Lehrkräfte und Kindergottesdiensthelfer überhaupt berechtigt, Gott ausschliesslich als «Vater» zu verstehen, zu erfahren und zu lehren? Wir tun es jedenfalls. Woher nehmen wir die Berechtigung dazu? Aus der Bibel? Aus der Tradition? Oder aus einer einseitigen Auslegung? Versperren wir uns und unseren Nachkommen damit nicht wichtige Möglichkeiten der Gotteserfahrbarkeit?
Aus dem Inhalt: Theologische und pädagogische Überlegungen – Fragebogen mit Auswertung – Das biblische Vaterbild – Die sich ändernde Vaterrolle in unserer Gesellschaft – Probleme der Gott-Vater-Vorstellung – Zur religiösen Erziehung in Elternhaus und Schule.

Schmalenberg, Erich

TÖTENDE GEWALT
Eine theologisch-ethische Studie

Frankfurt/M., Bern, 1981. 307 S.
Europäische Hochschulschriften: Reihe 23, Theologie. Bd. 167
ISBN 3-8204-5955-3   br. sFr. 56.–

Die Gewaltproblematik wird hier eingegrenzt auf die sogenannte tötende Gewalt in allen ihren Spielarten. In Auseinandersetzung mit der einschlägigen Literatur soll gezeigt werden, dass der Christ darauf verzichten kann, sich an Gottes Stelle zu setzen und über andere Menschen den Tod zu verhängen.
Aus dem Inhalt: U.a. Selbstmord – Selbstverbrennung – Euthanasie – Mord – Abtreibung – Todesstrafe – Todesschuss der Polizei – Krieg – Soziale Verteidigung.

Verlag Peter Lang · Bern und Frankfurt am Main
Auslieferung: Verlag Peter Lang AG, Jupiterstr. 15, CH-3000 Bern 15
Telefon (0041/31) 32 11 22, Telex verl ch 32 420

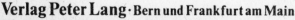